꿈이란 무엇인가?
인간인 이상, 그리고 잠을 자는 이상, 우리는 누구나 꿈을 꾸게 된다.
그런데 잠을 자면서 현실과는 다른 이상한 경험을 하게 되는 꿈은 도대체 무엇일까?

다양한 꿈을 풀이한 꿈해몽의 결정판

88%
꿈해몽
지식사전

편저 **김영진**

 법문 북스

시작하면서

꿈이란 무엇인가?

인간인 이상, 그리고 잠을 자는 이상, 우리는 누구나 꿈을 꾸게 된다. 그런데 잠을 자면서 현실과는 다른 이상한 경험을 하게 되는「꿈」이라는 것은 도대체 무엇일까?

프로이드는 "꿈이란 소망에 대한 자기 충족이다. 또한, 다분히 예시적이며 예언적인 일면을 가지고 있다."라고 주장한다. 그러나 꿈의 영역은 현실과는 다르기 때문에 어떤 상환이 표출되는 방법도 현실과는 다른 경우가 많다.

때문에 꿈의 길흉을 풀어서 판단하는「해몽」이라는 과정이 필요하게 된다. 꿈은 현재나 미래의 어떤 일을 예시해 주는 잠재적인 힘을 가지고 있다니 꿈이 가지고 있는 뜻을 올바로 해석하는 것은 매우 중요한 일이라고 말할 수 있다.

그래서 많은 사람들이 예부터 좀더 정확히 꿈을 해석하려고 애써 왔으며, 해몽과 관련된 서적들도 몇 가지나 출판되었다. 하지만 그것들의 대부분은 심리학자들의 손에 의해 쓰여겼기 때문에 너무나 전문적이어서 일반인들이 부담없이 쉽게 읽기가 곤란했다.

　이 책은 본인이 오랫동안 수집한 자료들을 바탕으로 해서 가능한 한 쉽고, 친밀감 있는 내용으로 구성한 해몽서이다. 따라서 학문적인 뒷받침이 희박한 내용들도 포함되어 있다.

　이 책을 통해서 당신의 몸과 마음의 자기 분석을 시작하며 당신이 취할 길을 명확히 설정하여 당신의 인생을 풍요롭게 만들기 바란다. 당신의 꿈이 주는 메시지를 가장 정확하게 느끼며 해석할 수 있는 사람은 결국 당신 자신이니까 말이다.

엮은이

차 례

제 24 장 : 식물에 관한 꿈

제 1 장
천체에 관한 꿈

1) 하 늘

◈ 자기가 하늘로 올라가는 꿈은 / 성공, 출세하거나 깨달음을 얻게 된다.

◈ 하늘의 문이 열렸다가 닫힌 것을 본 꿈은 / 연구하던 일의 결과를 얻거나 승진을 하게 된다.

◈ 뇌성과 함께 나타난 무지개를 본 꿈은 / 은근히 걱정하고 있던 국가적인 사건이 현실로 나타나게 된다.

◈ 청정한 하늘을 바라보는 꿈은 / 근심 걱정이 사라지고, 원하던 일이 이루어진다.

◈ 공중에서 나는 큰 소리를 들은 꿈은 / 국가적으로 좋지 않은 일이 생긴다.

✥ 밤하늘의 달빛을 치마폭에 담은 꿈은 / 딸이 태어난다.

✥ 하늘이 무너지거나 두 갈래로 갈라져 깜짝 놀랐던 꿈은 / 인연을 맺고 있었던 사람과 헤어지거나 주위에서 좋지 않는 변화가 일어나게 된다.

✥ 검은 구름이 온 하늘을 뒤덮는 꿈은 / 불길하고 불안한 일이 생긴다.

✥ 하늘과 땅이 맞붙는 꿈은 / 모든 일이 원했던 대로 이루어진다.

✥ 하늘에서 천사가 자기를 부르는 꿈은 / 기다리던 사람이 나타난다.

✥ 하늘에 노을이 짝 깔려 있는 꿈은 / 하는 일이 순조로워 의욕적인 생활이 된다.

✥ 하늘이 붉어지는 꿈은 / 집안에 재난이 일어나거나 나라에 걱정스러운 일이 생긴다.

✥ 어두운 공간으로부터 하늘이 크게 열려지는 꿈은 / 다른 사람과 분쟁이 일어나게 되지만 그 결과는 곧 좋게 된다.

✥ 사람이나 동물이 하늘을 날고 있는데, 그것이 순식간에 시야

에서 사라져 버리는 꿈은 / 일이 끝장나거나 가까운 사람이 죽게
된다.

✦ 하늘의 문을 통해서 하늘로 들어간 꿈은 / 생애 최고의 목적
이 달성되며 명예로운 자리에 추대된다.

✦ 하늘에서 사람들의 음성이 들렸던 꿈은 / 자신과 관련된 여러
가지 일이 우후죽순 격으로 일어나게 된다.

✦ 용이 승천한 뒤 용이 있었던 자리에 교회가 생긴 꿈은 / 사회
사업을 할 일이 생기고 그 일을 기꺼이 받아들이게 된다.

✦ 어떤 물체가 허공에서 완전히 분해되어 버린 것을 본 꿈은 /
형제처럼 지내던 사람이 사망 또는 행방불명되거나 하던 사업이
큰 타격을 입게 된다.

✦ 하늘을 날아가는 새나 비행기, 물건 등을 보는 꿈은 / 엄청난
일이나 빅 뉴스가 세상에 알려진다. 사업이 호전되고, 선수는 승
승장구할 꿈이다.

✦ 자기가 구름을 타고 다니는 꿈은 / 높은 관직에 오르거나 단
체를 이끌어가는 지도자가 된다.

✦ 자기가 하늘로 날아올라가 물건을 가져오는 꿈은 / 입신출세
하여 높은 관직에 오를 꿈이다.

✥ 자기가 우물 속에 들어가서 하늘을 내다보는 꿈은 / 가정이 빈궁해질 꿈이다.

2) 눈과 비·천둥·번개

✥ 눈과 비가 함께 섞여서 내리는 꿈은 / 다른 사람과의 심한 경쟁 등으로 일이 이루어지지 않는다.

✥ 산과 들이 온통 하얀 눈으로 뒤덮여 있는 꿈은 / 자기의 힘이 세상을 덮게 된다.

✥ 음산하게 눈이 내리고 사방이 어두워지는 꿈 / 좋지 않은 일이 일어난다.

✥ 함박눈을 맞으며 한없이 걸었던 꿈은 / 국가의 지원을 받게 되며 법을 지켜야 할 일과 직면하게 된다.

✥ 폭설이 쏟아져 수많은 건물이 내려 않는 것을 목격한 꿈은 / 자기가 하고 있는 개인적인 일을 국가가 협조해서 크게 번창하게 된다.

✥ 목욕을 하는데 수온이 급격히 내려가서 몸이 꽁꽁 얼어 버린 꿈은 / 하는 일마다 승승장구해서 만족감을 맛보게 된다.

✤ 얼음을 깨고 그 물 속에서 목욕을 하는데 물이 따뜻했던 꿈은 / 헤어나기 어려웠던 일이 슬슬 풀려서 고민이 사라지게 된다.

✤ 비가 충분히 내리는 꿈은 / 정신적인 안정감이 찾아들며 물질적으로도 흡족하게 된다.

✤ 우박이 눈처럼 쌓인 것을 본 꿈은 / 물질적으로나 정신적으로 큰 만족감을 얻을 일과 직면하게 된다.

✤ 눈 위에서 썰매나 스키를 탄 꿈은 / 사업가는 사업이 급속도로 성장하게 되고 취직, 시험 등에 좋은 소식을 듣게 된다.

✤ 비가 와서 말랐던 논에 물이 가득 고인 꿈은 / 재물이 생기거나 막강한 세력을 얻게 된다.

✤ 살얼음이 얼어 있는 것을 본 꿈은 / 오랜 세월이 지난 후에 결과를 보게 될 일을 하게 된다.

✤ 집 안 가득 눈이 쌓인 꿈은 / 집 안에 근심이 생긴다.

✤ 큰비나 폭설로 길이 막힌 꿈은 / 재앙이 다가온다. 특히 가까운 사람에게 불행이 있기 쉽다.

✤ 자기의 온몸을 눈이 와서 덮는 꿈은 / 모든 일이 순조롭게 잘

되며 오래 산다.

◈ 이슬과 서리가 내리는 꿈은 / 원하는 바가 이루어지지 않고, 방해물이 생겨 고민하게 된다.

◈ 눈길을 걷는데 앞서 지나간 사람의 발자국을 따라가는 꿈은 / 스승을 만나 그의 가르침을 받고 그 위덕을 기리게 된다.

◈ 비바람이 세차게 몰아치는 꿈은 / 불안, 초조, 위험을 느끼게 된다.

◈ 우박이 오거나 싸락눈이 내리는 꿈은 / 재수가 없고, 원하는 일도 잘 되지 않는다.

◈ 말리기 위해 헤쳐 놓은 물건 위에 빗방울이 떨어진 꿈은 / 남의 물건을 빌려 주거나 빚을 주고 떼이게 된다.

◈ 비가 내리는데 그 속에 눈이 섞여 있는 꿈은 / 하는 일마다 두 마리의 토끼를 쫓는 꼴이 되어 일이 이루어지지 않는다.

◈ 갑자기 비가 쏟아지는데 우산을 갖고 있지 않는 꿈은 / 살고 있는 집을 어쩔 수 없이 떠나서 이사할 꿈이다.

◈ 길을 걷다가 비를 만나는 꿈은 / 술을 얻어 마시게 될 꿈이다.

❖ 비를 피하기 위해 처마 밑으로 들어간 꿈은 / 시비를 걸어오는 사람이 있거나 사회적인 제재를 받을 일이 있어도 순조롭게 피해 간다.

❖ 강가에 널려 있는 조약돌 위에 비가 내리는 걸 본 꿈은 / 자기가 일에 대해 타인으로부터 칭찬을 받거나 작품전에 출품한 작품이 입상을 하게 된다.

❖ 유리창문으로 빗방울이 거세게 들이친 것을 본 꿈은 / 자신의 신분이나 실력을 많은 사람들로부터 인정받게 된다.

❖ 오랜 장마가 그치고 날씨가 맑게 개이는 꿈은 / 근심 걱정이 없어지고 만사가 순조롭게 풀린다.

❖ 맑은 하늘에서 천둥 번개가 요란한 꿈은 / 자기의 이름이 신문에 나거나, 아니면 국가의 정책 등이 톱뉴스로 발표된다.

❖ 나무가 벼락을 맞아 꺾어진 것을 본 꿈은 / 사업에 큰 타격을 입거나 추진 중인 일이 잘 풀리지 않는다.

❖ 벼락이 떨어졌는데 그 벼락이 공처럼 땅 위에서 굴러다니는 걸 본 꿈은 / 응시한 시험에 합격하거나 감히 상상도 할 수 없었던 일을 성사시켜 많은 사람들로부터 칭송을 듣게 된다.

✥ 길을 가는데 벼락이 등에 떨어진 꿈은 / 사업의 동업자나 자신을 협조해 주던 사람에게 좋은 일이 일어난다.

✥ 번개가 온 누리를 밝게 했던 꿈은 / 막혔던 일이 슬슬 풀리고 기쁜 소식까지 듣게 된다.

✥ 뇌성이 사방에서 일어나는 것을 보는 꿈은 / 하는 일마다 뜻대로 성취되며, 각처에서 자기의 사업이 번창된다.

✥ 맑은 날씨인데도 천둥소리가 요란한 꿈은 / 톱뉴스를 듣게 되거나 누구로부터 경고당할 일이 생긴다.

✥ 어디인지는 모르지만 멀리 떨어진 곳에서 천둥소리가 희미하게 들렸던 꿈은 / 멀리 떨어진 곳, 즉 외국 등지에서 무슨 소식이 오게 된다.

3) 해와 달·별

✥ 태양을 바라보는 꿈은 / 태몽이며 태어나는 아이는 자라서 학식과 덕이 높게 되며 뭇사람의 존경을 받게 된다.

✥ 해가 두 쪽으로 갈라진 것을 본 꿈은 / 집안에 분열이 생기거나 자기와 관계된 단체 등에서도 분열이 생기게 된다.

❖ 해를 단숨에 꿀꺽 삼켜 버린 꿈은 / 어느 모임이나 단체에서 지도자격의 자리에 앉게 된다.

❖ 해를 향해서 경건한 마음으로 절을 한 꿈은 / 국가기관에 부탁할 일이 생기고 그 부탁이 받아들여져서 어떤 이득을 취하게 된다.

❖ 햇빛이 침실 안을 비추는 꿈은 / 운세가 트이며, 여자일 경우엔 귀한 아들을 가질 태몽 꿈이다.

❖ 해나 달이 이즈러져 보이고 날씨가 어두워지는 꿈은 / 다른 사람과 다툴 일이 생긴다.

❖ 해가 하늘 한가운데 걸려 있는 꿈은 / 환자의 병이 완쾌되며, 사업가는 사세가 번창된다.

❖ 강이나 산 위에서 이제 막 떠오르는 해를 보는 꿈은/ 하고 있는 일이 성공적으로 추진되고 있음을 나타내는 꿈이다.

❖ 하늘에 두 개의 해가 함께 떠 있는 것을 보는 꿈은 / 정권이 분리되거나 기관, 기업체 등이 두 개로 분열됨을 나타내는 꿈이다.

❖ 떨어진 해를 받아서 안고 방으로 들어간 꿈은 / 초년, 중년은 지극히 평범하나 늘그막에 부귀영화를 누리게 된다.

✧ 강에서 해가 떠오르는 것 같았는데 눈 깜짝할 사이에 중천까지 치솟아 있는 것을 본 꿈은 / 모자가 이별을 하게 되지만 자식이 성공한 다음에 다시 만나게 된다.

✧ 해가 지붕에 떨어져 데굴데굴 구르는데 그것이 태몽인 꿈은 / 예술가나 과학자가 되어 세계에 그 이름을 떨칠 만한 아이가 태어나게 된다.

✧ 해와 달이 서로 충돌하여 천지에 그 소리가 요란했던 꿈은 / 두 개의 작품이 동시에 세상에 발표된다. 발표된 두 작품이 서로 합치되어 세상을 놀라게 한다.

✧ 햇빛이 유난히 따사롭다고 느낀 꿈은 / 누군가를 위해 사랑과 자비를 베풀 일일 생긴다.

✧ 해가 둥글지 않고 찌그려진 것을 본 꿈은 / 현재 추진하고 있는 일에 발전이 없다.

✧ 햇빛이 자기 몸을 감싸고 있었던 꿈은 / 병에 걸려 있는 사람은 치료가 되며 직장인은 진급이 되고 계획했던 일은 성공을 거두게 된다.

✧ 해와 달이 한 하늘에 동시에 떠 있는 것을 보는 꿈은 / 가까운 사람이나 고용인이 자기를 속이게 된다.

✤ 구름이 벗겨지고 태양이 찬란하게 빛을 발하는 꿈은 / 근심이
사라지고 모든 일이 잘된다.

✤ 구름이 햇빛을 가리는 꿈은 / 남의 비방을 듣게 된다.

✤ 떨어지는 해를 치마폭으로 받았는데 그것이 태몽인 꿈은 / 국
가와 사회를 위해 헌신적으로 일할 아이가 태어난다.

✤ 상식적으로는 햇빛이 들 수 없는 방 등에 햇빛이 밝게 비친
꿈은 / 남에게서 축하받을 일이 생기게 된다.

✤ 손으로 해를 움켜잡았는데 그것이 태몽인 꿈은 / 일 가체가
크건 작건 우두머리가 될 아이가 태어나게 된다.

✤ 이른 새벽에 해가 붉게 솟아오르는 꿈은 / 자손이 길하며, 집
안에 경사스러운 일이 자주 생긴다.

✤ 해를 품고 방 안으로 들어가는 꿈은 / 지금까지 잘 안 되던
일이 점차로 풀리게 된다.

✤ 전쟁이 일어나거나 사람이 해 가운데 있는 것을 보는 꿈은 /
기관이나 사업체 또는 직장 등의 내부에 분쟁이 있게 된다.

✤ 창문으로 달빛이 들어와 대낮같이 밝아지는 꿈은 / 심적 고민

거리가 사라지고 반가운 소식이 오며 집안에 경사가 생긴다.

✛ 달을 꼬옥 품에 안은 꿈은 / 결혼할 상대자가 나타나게 된다.

✛ 물 속에 달그림자가 비치는 꿈은 / 계획한 일이 마음대로 되지 않는다. 혼담이 깨지고 계약이 파기되는 꿈이다.

✛ 별이 흘러도 떨어지지 않는 꿈은 / 이사하게 되거나 직장을 옮기게 될 꿈이다.

✛ 하늘에서 달이 떨어졌는데 흔적도 없이 사라져 버린 꿈은 / 사회적으로 유명한 지도자급 인사가 사망하게 된다.

✛ 달을 바라보며 술을 한잔 마신 꿈은 / 막중한 책임이 주어지거나 어떤 일을 했을 때 큰 성과를 거두게 된다.

✛ 둥근 보름달이 아닌 기타의 달을 본 꿈은 / 자신과 관계된 일 중에서 일부분을 여러 사람에게 공개할 일이 생긴다.

✛ 밝은 달이 하늘을 비추고 있는 꿈은 / 집안이 화목하고 근심이 없어진다.

✛ 어두컴컴한 달밤에 상갓집에 간 꿈은 / 원수처럼 지내거나 사이가 좋지 않았던 사람과 진지하게 상의할 일이 생긴다.

❖ 샛별이 유난히 찬란하게 빛나고 있는 걸 본 꿈은 / 이름을 날릴 일이 생기거나 사업을 권장하는 사람이 나타나게 된다.

❖ 경건한 마음으로 달을 향해 절을 한 꿈은 / 상급기관이나 상사에게 무슨 일을 부탁할 일이 생기며 그 일이 해결된다.

❖ 달무리가 무지개처럼 찬란하게 보인 꿈은 / 부부 사이가 매우 호전되어 행복해지며 남에게 자랑할 만한 일이 생기게 된다.

❖ 동쪽 하늘에서 혜성이 나타나는 꿈은 / 귀인이 나타나 자기의 길을 인도한다.

❖ 머리 위에 북두칠성이 떠 있는 꿈은 / 귀인을 만나 출세의 길이 열리고 크게 성공하게 된다.

❖ 북극성이 잘 보이지 않았던 꿈은 / 자신을 시기하는 사람이 나타나고, 자신이 존경하는 사람이 어려움을 겪는 것을 보게 된다.

❖ 별이 떨어지며 사방으로 흩어지는 꿈은 / 쥐었던 재물을 놓치며, 협조세력이 자기를 떠난다.

❖ 별이 날아가는 것을 보는 꿈은 / 여자 때문에 쫓겨 다니거나 정사하게 될 꿈이다.

✧ 많은 별 속에서 유난히 밝게 빛나는 별을 본 꿈은 / 어떤 단체에서 최고 높은 자리에 앉게 되거나 자기 작품에 대해 좋은 평가를 받게 된다.

✧ 동쪽 하늘에서 밝은 별이 세 차례 반짝거리다가 사라지고 그곳으로 비행물체가 지나가는 걸 본 꿈은 / 거의 비슷한 일을 세 차례 겪고 난 다음 좋은 일을 얻게 된다.

✧ 자신이 별 네 개를 단 대장이 된 꿈은 / 사회적으로 적어도 네 가지 이상의 공로를 세워서 각종 단체의 우두머리로 추대된다.

✧ 별이 날아가는 것을 본 꿈은 / 시비를 가려야 할 일이 생기거나 건강이 나빠진다.

✧ 하늘에서 무수한 별이 쏟아져 땅에 쌓인 꿈은 / 연구 자료를 수집할 일이 생기거나 창작품을 발표하게 된다.

✧ 자기가 하늘의 은하수를 건너가는 꿈은 / 원하는 바가 이루어진다.

4) 무지개와 안개·구름·바람

✧ 무지개나 천연색 구름을 보는 꿈은 / 여러 사람에게 감동을

주거나 신비감을 주게 될 인기 직장, 인기 사업 등을 얻게 된다.

❖ 집 안이나 하늘에 오색 빛깔이 노을처럼 깔리는 것을 보는 꿈은 / 태몽이며, 아이가 자라면 유명인, 인기인, 훌륭한 학자가 된다.

❖ 조명기구, 네온사인 등이 오색 찬란하게 빛을 발하고 있는 것을 본 꿈은 / 명예로운 일이나 경사스러운 일이 생기게 된다.

❖ 나무나 꽃 등의 식물에서 찬란한 빛이 피어오르는 꿈은 / 어려운 일을 쉽게 처리하게 되거나 부귀영화를 누리게 된다.

❖ 자기 집에서 무지개가 피어오르는 꿈은 / 진행중이던 혼담이 성사되거나 멀리 객지에 나갔던 가족이 무사히 돌아오게 된다.

❖ 어떤 물체에서 무지개빛이 자꾸만 새는 꿈은 / 갈팡질팡하던 일에 어떤 결정을 내리게 되고 남의 입에 자신의 이름이 오르내리게 된다.

❖ 불상이나 성모상 등 신령적인 물체에서 빛이 발산된 꿈은 / 종교적 지도자나 위인으로 일컬어지는 사람과 관계하게 되며 종교성을 띤 작품과도 인연을 갖게 된다.

❖ 찬란하던 무지개가 갑자기 희미해지거나 중앙이 끊어진 꿈은 / 기대했던 일이 깨어지거나 약속이 취소되는 등 좋지 않은 일과

관계한다.

✥ 안개가 자욱하게 몰려와서 갑자기 세상이 어두워지는 꿈은 / 병을 얻거나 실패할 꿈이다.

✥ 갑자기 구름이 나타나 별을 가리는 꿈은 / 자기에게 해를 가할 사람이 기다리고 있는 꿈이다.

✥ 신선처럼 구름을 타고 다닌 꿈은 / 어떤 모임이나 단체에서 최고의 자리에 앉게 되며 현재 하고 있는 사업도 승승장구한다.

✥ 청천 하늘이 갑자기 흐려지며 밤처럼 어둡게 변한 꿈은 / 나라에 큰 혼란이 일어나 시끄러워지게 된다.

✥ 하늘로 승천한 용이 구름 속으로 모습을 감춘 꿈은 / 국가와 관계되는 기관에서 중요한 직책을 맡게 된다.

✥ 하늘의 구름이 서서히 노란색으로 변한 꿈은 / 명예로운 일과 재물을 한꺼번에 얻게 된다.

✥ 빨갛게 물든 저녁노을을 바라보고 있었던 꿈은 / 오래 사귀다 보면 큰 도움을 줄 사람과 만나게 된다.

✥ 먹구름이 끼고 연속적으로 번개가 치는 꿈은 / 어떤 회사에서 귀찮을 정도로 입사를 권고하거나 신문에 자기에 대한 좋은 기사

가 실리게 된다.

✤ 넓은 하늘이 온통 먹구름뿐이었던 꿈은 / 무슨 일을 하거나 불쾌감과 불만감이 동반하게 된다.

✤ 휘황찬란한 오색 구름을 본 꿈은 / 모든 사람들이 부러워하며 긍정적으로 생각할 사업을 벌이게 된다.

✤ 안개가 잔뜩 끼어서 사물의 형체를 알아볼 수가 없었던 꿈은 / 질병에 걸리거나 재난을 당하고 걱정거리가 생기게 된다.

✤ 음산한 바람결에 눈이 날리며 사방이 캄캄해진 꿈은 / 질병에 걸리거나 집안에 우환이 생긴다.

✤ 폭풍우가 마구 몰아치는 꿈은 / 전염병에 걸릴 위험이 있다.

✤ 순풍이 불어 돛단배가 순항을 한 꿈은 / 관청 등 힘있는 협조 세력의 도움을 받아 하고 있는 사업이 날로 번창한다.

✤ 태풍이 불어 무수하게 많은 나무들이 꺾어진 꿈은 / 친분이 두터운 훌륭한 인재나 재산이 외부의 압력을 받아 사망하거나 없어지게 된다.

✤ 태풍이 불어 바닷물이 뒤집히거나 육지의 온갖 식물이 꺾어지는 등 아수라장이 된 꿈은 / 자신의 능력이나 재산 따위를 자랑

하다가 봉변을 당하거나 몰락하게 된다.

✧ 비바람이 무서움을 느낄 정도로 세차게 몰아친 꿈은 / 사회에 커다란 혼란이 일어나거나 개인적으로는 질병에 걸리기 쉽고 까닭도 없이 불안에 떨게 된다.

✧ 의복이나 소지품이 바람에 날린 꿈은 / 외부의 간섭으로 인해 손해를 입게 되며 해결하기 힘든 일을 다른 사람에게 부탁하게 된다.

✧ 바람이 세차게 불어 흙이나 돌멩이 등이 날아다녔던 꿈은 / 신앙적인 기적이 일어나는 것을 목격하게 된다.

✧ 불이 난 현장에 바람이 들이쳐 불길이 거세어진 꿈은 / 여러 방면으로부터 도움을 받아 사업 등이 불길처럼 번창한다.

✧ 바람을 일으키는 기구를 사용한 꿈은 / 모든 면에서 도움을 받을 수 있는 협조 기관과 유대를 맺게 된다.

✧ 태풍이 부는 중에도 작업을 한 꿈은 / 권력기관의 간섭에 의해 진행중인 일이 중단되어 좌절감을 맛보게 된다.

✧ 불상이 있는 곳으로 매운 바람이 들이친 꿈은 / 사회적으로 유명한 종교인과 관계를 맺게 된다.

제 2 장
물에 관한 꿈

1) 강과 호수·바다

◇ 물길이 두 갈래로 갈라진 꿈은 / 신앙이나 사업이 방향을 잃어버리거나 두 방향으로 나누어진다.

◇ 물이 없는 강바닥에 물고기, 조개, 게 등이 있는 꿈은 / 정신적이나 물질적인 사업에서 많은 이득을 얻는다.

◇ 개울물이 말라붙어 버린 꿈은 / 회사의 재정이 고갈되고, 거의 마른 개천에 물고기가 우글거리면 유리한 조건에서 돈을 취득하게 된다.

◇ 흐르는 물이 갑자기 폭포로 변해 소리가 요란해졌던 꿈은 / 어떤 작품 발표로 인해 세상 사람들의 입에 오르내린다.

◇ 자기가 물 속에 빠져 버린 꿈은 / 구설수에 오른다. 물에서 빠져 나오면 좋다.

◇ 자신이 물 속을 헤엄쳐 다닌 꿈은 / 학문을 연구하거나 제3자의 비밀을 알고 싶어한다.

◇ 계곡의 물 가운데 단정하게 서 있는 사람을 본 꿈은 / 개척 사업이나 교회 사업이 잘 추진된다.

◇ 강물이 흐르는 강가에서 탐스러운 꽃 한 송이를 꺾는 꿈은 / 대하소설이나 큰 학술 서적을 펴내서 유명해진다.

◇ 호수나 바다 가운데 무덤이 있는 꿈은 / 외무 사원을 많이 두거나 해외에 영향을 주는 회사의 상징이다.

◇ 호수가 보라색으로 변한 꿈은 / 어떤 기관에서 자기에게 여러 방면으로 도움을 많이 준다.

◇ 냇물에서 손발을 씻은 꿈은 / 어떤 단체에서 자기가 소원한 일이 성취된다.

◇ 동물이 호수로 들어간 꿈은 / 어떤 기관에 입사하거나 작품 발표를 하게 된다.

◇ 강물에서 몸을 씻는데 기름이 묻어서 오히려 더러워져 버린 꿈은 / 애써 일을 하지만 성과는 얻지 못하고 직장에서 헤어나려고 해도 헤어날 수가 없다.

◇ 강물이 거꾸로 흐르는 꿈은 / 자기의 주장을 여러 곳에서 반발을 하고 나선다.

◇ 호수나 강물이 얼어 있는 꿈은 / 여러 방면으로 사업자금이 동결되거나 정체된다.

◇ 강물이 맑은 꿈은 / 자신이 하고 있는 일에 만족을 느낀다.

◇ 물살이 거세게 흐르는 곳의 산 위에 분홍꽃이 활짝 피어 있는 꿈은 / 여성 잡지사에 작품 발표의 기회가 주어진다.

◇ 물통을 던지니 물은 없고 그릇만 뎅그렁 굴러 나온 꿈은 / 동업을 하는 사람을 믿고 일을 추진했으나 사기를 당하고 실속 없는 일을 포기해 버린다.

◇ 강변에서 파도가 부딪히는 바위에 서는 꿈은 / 타인과 시비가 생기고 부득이 사회적인 조류에 따르게 된다.

◇ 폭포의 물줄기에 네모난 흰 물체가 수없이 쏟아지고 그 아래의 폭포물은 점점 불어나는 꿈은 / 출판, 저술 등이 히트하여 돈을 벌게 된다.

◇ 기름샘이 솟아오르는 꿈은 / 진리나 사상을 전파할 일이 있게 된다.

◇ 자신이 바다 근처에 있는 높은 산 속으로 들어간 꿈은 / 죽음을 예지한 꿈이거나 외국에 갈 꿈이다.

◇ 맑은 물이 개간지 중앙을 흐르는 것을 본 꿈은 / 어떤 계몽 사업이나 교화 사업을 뜻대로 잘 추진해 나간다.

◇ 넓은 바다에서 수영을 한 꿈은 / 매사에 하는 일이 잘 추진된다.

2) 홍수와 해일

◇ 홍수가 탁하고 흙물인 꿈은 / 사회적인 재난이나 이질적인 사상으로 환란이 있거나 감화를 만들게 된다.

◇ 꽉 메워진 바닷물이 멍석을 말듯 없어져 버리고 광활한 해저가 드러나는 꿈은 / 외래 사상, 기존 학설, 기존사상, 외세 등이 사라지고 자기 이념을 펼 수가 있다.

◇ 홍수가 나서 집에 물이 가득 찬 꿈은 / 자녀가 아프거나 해로운 일이 생긴다.

◇ 바닷물이 점점 밀려나가는 것을 본 꿈은 / 어떤 강력한 세력이나 기존 사상에서 점차적으로 벗어난다.

◇ 육지의 신야에 바닷물이 들었다 빠진 흔적을 본 꿈은 / 사회 사업이 기초적인 단계에서 중단된다.

◇ 모세가 바닷물을 둘로 갈라놓듯이 바닷물을 갈라서 길을 만들어 놓은 꿈은 / 낡은 사상, 풍습, 종교, 사회제도 등을 혁신할 일이 생긴다.

◇ 홍수나 바닷물이 집 안으로 밀려들어온 꿈은 / 많은 재물이 생겨 부자가 된다.

◇ 해일이 일어 산야를 뒤덮은 꿈은 / 거대한 사업으로 크게 부귀로와진다.

◇ 동물이 바닷물 속으로 모습을 감추어 버린 꿈은 / 일의 종말이나 사람의 실종을 뜻한다.

◇ 거북이가 바다에서 하천으로 나오는 꿈은 / 국영기업 또는 해외에서의 일이 개인 소유나 국내의 일로 전환되어 크게 성공한다.

3) 우물과 수돗물·기타

◇ 집 안에 갑자기 우물이 생겨난 꿈은 / 직장이나 사업체가 생

기거나 혼담이 성사된다.

◇ 우물이 무너지는 꿈은 / 부부가 이혼하며, 집안에 재난이 생긴다.

◇ 약수물을 마신 꿈은 / 근심 걱정이 해소되고 새로운 진리를 깨닫게 된다.

◇ 우물에 가서 물을 길어오는 꿈은 / 사회로 진출하게 된다.

◇ 우물이 불어나 가득 차는 꿈은 / 부자가 되지만 우물물이 넘쳐흐르면 재산을 모으기는 하나 거의 탕진하게 된다.

◇ 밑빠진 독에 자꾸 물을 붓는 꿈은 / 아무리 벌어도 재물이 모아지지 않고 소비되어 버린다.

◇ 뜨거운 물을 마신 꿈은 / 여러 방면으로 자기가 소원한 일이 성사된다.

◇ 어떤 남자와 한 우물에서 두레박질을 번갈아 가면서 한 처녀의 꿈은 / 혼담이 여러 번 오고간 다음에 결혼이 성사된다.

◇ 물을 시원하게 마시지 못한 꿈은 / 어떤 일이 성사는 되지만 만족스럽지가 않다.

◇ 물을 찾아 헤매다가 우물을 발견하는 꿈은 / 취직이나 사업 관계 일을 청탁한 것이 이루어진다.

◇ 우물물을 파서 손발을 씻은 꿈은 / 근심 걱정이 해소되고 미혼자는 결혼이 성사된다.

◇ 자신이 세탁한 옷을 물그릇에 담가 둔 것을 본 꿈은 / 자기의 직업이 바뀌고 하는 일마다 남의 이목을 받게 된다.

◇ 물이 방 안에 가득 고인 꿈은 / 좋은 아이디어를 개발하여 사업이 번창해진다.

◇ 우물 속에 산이 들어 있는 꿈은 / 배우자가 나타나거나 사업체가 생기게 된다.

◇ 집 안에 있는 물통에 물이 가득 차 있는 것을 본 꿈은 / 많은 재물이 여러 곳에서 생긴다.

◇ 우물물이 흐려서 처음엔 못 마셨다가 나중에 맑아져서 떠 마신 꿈은 / 하고 싶은 일이 어려운 난관에 부딪혔다가 성사된다.

◇ 그릇에 담긴 물이 엎질러진 꿈은 / 재물의 손실이 따르고 자기가 소원했던 꿈이 좌절된다.

◇ 몸을 뜨거운 물로 씻는 꿈은 / 여러 사람의 도움으로 무난히

시험에 합격한다.

◇ 우물 속에 사람을 넣고 묻어 버리는 꿈은 / 비밀을 영원히 간직하거나 장기 저축과 같은 일이 있게 된다.

◇ 신령이나 선녀가 우물 속에서 나오는 꿈은 / 교회, 관청. 학원 등에서 훌륭한 인재가 나타나거나 진리의 서적이 출판된다.

◇ 물이 여러 군데에서 펑펑 쏟아져 고여 있는 꿈은 / 여러 가지 방면으로 재물을 모아 부자가 된다.

◇ 그릇에 담긴 물이 새는 데가 없는지 살펴 본 꿈은 / 사업체를 운영해 나가면서 경비를 절약해서 쓴다.

◇ 샘물이 들에도 마당에서도 솟아나는 꿈은 / 언론 기관에 자신의 작품을 연재하여 많은 돈이 생기게 된다.

◇ 샘물의 꿈은 / 사상, 물질적인 재물, 진리 등의 표상으로 나타난다.

◇ 사람이 우물 안에서 나온 것을 본 꿈은 / 어떤 단체에서 훌륭한 인재를 배출하거나 진리가 담긴 서적이 출판된다.

◇ 일부러 우물에 들어가 빠지거나 나오지 못한 꿈은 / 자기 꾀에 자기가 넘어가거나 어떤 것에 의해 구속받게 된다.

◻ 출처가 분명하지 않은 곳에서 여러 번 물을 떠다가 우물에 붓는 꿈은 / 세일즈맨이 돈을 수금할 일이 생긴다.

◻ 샘물이 산 아래에서 솟아난 꿈은 / 어떤 기관에서 여러 방면으로 재물을 얻게 된다.

◻ 우물에 들어간 꿈은 / 어떤 기관에 취직을 하거나 볼일이 있어 들어가게 된다.

◻ 뒤집힌 우물물이 흙탕물로 변한 꿈은 / 가정에 우환이 있고 사업체에서 부정한 일을 하게 된다.

◻ 동물이 깊은 우물에서 나온 꿈은 / 이것이 태몽이라면 정부기관이나 사회적으로 대성할 자손을 얻게 된다.

◻ 공중에 기둥 같은 호수가 생겨 동네가 물바다를 이룬 꿈은 / 잡지에 어떤 작품이 실려 세상 사람에게 감명을 주게 된다.

◻ 우물이 끓어서 뜨거운데 그 속에서 물고기가 우글거리는 꿈은 / 교회에서 열성적으로 신앙을 믿는다.

◻ 수돗물이 나오지 않는 꿈은 / 사업체나 가정이 경제적으로 어려움을 겪는다.

◇ 물이 나오는 수도꼭지를 잠그려다 파이프에 몸이 얼어붙어 세 번 소리를 지른 꿈은 / 어느 기관을 통해서 자기 일이 세 번 성취되고 막대한 재물을 얻어 세상에 소문이 퍼진다.

◇ 수돗물이 많이 쏟아지지만 받을 그릇이 없는 꿈은 / 사업상 빚만 잔뜩 지고 소비할 일만 생긴다.

◇ 물이 담긴 그릇을 집어 던져 버린 꿈은 / 서류나 원고의 상자를 책상에서 아래로 내려놓은 것을 투시한 상징적인 꿈이다.

◇ 이고 가던 물동이를 던져 버린 꿈은 / 물동이에 물은 없고 바가지만 남았다면 동업하는 사람에게 사기를 당하고 실속 없는 일을 포기해 버리게 된다.

◇ 빨래를 맑은 물에서 한 꿈은 / 하고 있는 일이 뜻대로 순조롭게 이루어진다.

◇ 방 안에 물이 가득 고여 그 안에서 목욕하거나 헤엄친 꿈은 / 생활이 윤택해지고 자본이 많은 회사를 통해 자기의 소원을 충족시킨다.

◇ 샘물이 땅에서 솟아나와 그것이 흘러 냇물이 된 꿈은 / 어떤 서적이 출판되어 베스트셀러가 된다.

◇ 샘물에 관한 꿈은 / 이것이 태몽이라면 사업가나 문학가가 될

자손을 얻게 된다.

◇ 한 들판과 동네가 맑은 물로 덮이는 꿈은 / 부자가 되거나 세력을 크게 펴고 세상을 감동시킬 글을 써내게 된다.

◇ 공동 목욕탕이나 온천에서 여러 사람과 목욕을 하는 꿈은 / 면학이나 신앙 등에 몰두하거나 지상에 자신의 작품이 연재될

◇ 사막에서 오아시스를 만나는 꿈은 / 난관에 처해있던 사업, 계획한 일, 희망, 생활 등이 고통에서 해방된다.

제 3 장
몸에 관한 꿈

1) 얼굴

◈ 세수를 하는 꿈은 / 직위나 신분이 새로워지거나 근심 걱정이
해소된다.

◈ 자기 얼굴이나 남의 얼굴이 거울에 비칠 때 검게 보이는 꿈은
/ 보기 싫은 사람, 또는 만나기 싫은 사람과 관계할 일이 생긴다.

◈ 자기의 얼굴에 검은 사마귀가 나는 꿈은 / 하고자 하는 일들
이 순조롭게 진행되지 않는다. 얼굴에 나 있는 사마귀를 없애 버
리는 꿈은 길조다.

◈ 얼굴과 얼굴이 겹쳐지는 꿈은 / 서로 다른 상표의 선물을 받
거나 집 안의 가구 등을 옮기게 된다.

◈ 자신의 이마가 커다랗게 되었던 꿈은 / 출세할 징조이며 생활
의 안정을 얻는다. 이마를 다치거나 부상을 당하는 꿈은 여러 사

람에게 비난을 받아 고통을 당해서 마음이 편하지 못하게 된다.

✤ 얼굴이 검은 아이를 본 꿈은 / 누구나 싫어하는 일을 떠맡게 된다.

✤ 얼굴 부위를 치료하거나 수술한 꿈은 / 자신의 주위에서 무언가 옮겨지는 일을 행하게 된다. 즉 문패를 새로 갈아 단다든지 방문을 다시 고쳐 다는 등의 일을 하게 된다.

✤ 자기 얼굴에 코가 두 개 있는 꿈은 / 다른 사람과 다투게 된다.

✤ 면도를 하거나 또는 이발을 하는 꿈은 / 하는 일이 속 시원하게 잘 풀린다.

✤ 얼굴 전체를 붕대로 감은 사람을 본 꿈은 / 누구에게 사기를 당하거나 불의의 사고를 당하게 된다.

✤ 얼굴이 거울에 맑게 비치는 꿈은 / 예기치 않았던 사람을 만나거나 소식을 전해 듣게 된다.

✤ 머리가 길어서 자기의 얼굴을 가린 꿈은 / 한 마디로 말해서 길몽이다. 뜻하지 않은 사람의 도움으로 어려운 상황을 극복하는 일이 있거나 출세를 하게 될 징조이다. 뿐만 아니라 좋은 친구나 연인을 만나게 되는 등 좋은 일이 있다.

❖ 자기의 얼굴에 사자나 호랑이의 귀가 생기는 꿈은 / 남의 모략에 걸리게 되는 꿈이다.

❖ 얼굴에 주사를 맞는 꿈은 / 직장이나 집안 일에 변화가 있게 된다.

❖ 얼굴에 부스럼이나 종기가 나는 꿈은 / 자신이 한 행동이나 일들이 남의 일에 오르내려 구설수에 휘말리게 된다.

❖ 얼굴을 가린 사람을 만난 꿈은 / 전혀 신분을 모르는 사람으로부터 폭행 등의 피해를 당하게 된다.

❖ 얼굴이 커지거나 붉어지는 꿈은 / 사귀고 있는 이성 간의 문제가 해결된다. 애정적인 성공을 거두게 된다.

❖ 이가 나는 꿈은 / 오래 살고, 건강할 꿈이다.

❖ 이가 빠지는 꿈은 / 가까운 사람이 죽게 된다. 윗어금니는 아버지를 의미하며 아래어금니는 어머니를, 앞니는 동생이나 손아랫사람을, 송곳니는 손윗사람을 뜻한다. 또한 윗니는 남자를, 아랫니는 여자를 뜻한다. 해당되는 이가 빠지면 그 사람이 죽게 된다.

❖ 이가 부러지는 꿈은 / 어떤 병에 걸리거나 하는 사업에 지장

이 있을 징조이다.

❖ 앓던 이가 빠지는 꿈은 / 병중에 있는 환자가 사망을 하거나 자기가 부리던 직원이 사표를 내고 퇴사하게 된다.

❖ 거울을 통해서 자신의 덧니를 보게 된 꿈은 / 부인이 아닌 여자와 관계를 갖거나 사업상의 동업자가 나타나게 된다.

❖ 남의 이가 빠져 흐르는 피를 본 꿈은 / 자기에게 방해가 됐던 사람이 사망하거나 사직을 당해 자신에게 큰 이득이 되는 일이 생긴다.

❖ 이가 모두 빠져 버린 꿈은 / 하고 있는 일을 완전히 새롭게 할 징조이다.

❖ 이의 일부가 빠진 꿈은 / 자신이 하고 있는 일의 일부분에 변화가 생기게 된다.

❖ 자기도 모르는 사이에 이가 빠지는 꿈은 / 평소 존경하던 사람이 죽게 되거나 좋지 않은 소식을 듣게 된다.

❖ 이가 검고 누렇게 변하는 꿈은 / 집안이나 직장 등에서 좋지 않은 일이 발생하게 된다.

❖ 이를 뽑고서 허전함을 느꼈던 꿈은 / 세상에 자기 혼자만 있

는 것 같은 고독감을 맛볼 일이 생기게 된다.

✥ 빠진 이 대신 물리적인 이를 해 넣은 꿈은 / 관계 없던 사람과 만나 친분을 맺게 된다.

✥ 해 넣은 이가 밝게 빛나는 꿈은 / 능력 있는 직원을 얻거나 훌륭한 사람과 관계하게 된다.

✥ 이 하나가 빠지는 꿈은 / 일가친척 중의 한 사람이 죽거나 아니면 이별을 하게 되며 자기 주위의 이로웠던 사람과도 헤어지게 된다.

✥ 어린아이의 이가 새로 나는 것을 본 꿈은 / 소원이 성취되거나 그간 부족했던 것이 채워지게 된다.

✥ 자기가 장님이 되는 꿈은 / 후손에게 나쁜 일이 생긴다.

✥ 장님을 만나거나 보게 되는 꿈은 / 하는 일이 어려움에 부딪히게 되며 매사가 잘 풀리지 않는다.

✥ 눈이 나빠져서 먼 곳을 제대로 보지 못하는 꿈은 / 하는 일에 대해 크게 실망하게 된다.

✥ 자기의 눈에서 빛이 나며 먼 곳을 환하게 볼 수 있는 꿈은 / 사업상으로 이익을 볼 수 있게 된다.

◈ 자기가 봉사였는데 눈을 뜬 꿈은 / 막혔던 운세가 한꺼번에 트이게 된다.

◈ 자기의 눈이 붉게 충혈된 꿈은 / 눈은 대체적으로 여성을 나타내고 있다. 충혈된 눈을 보는 것은 처녀성 상실에 대한 불안한 마음을 뜻하고 있다. 무엇인가를 잔뜩 응시하고 있는 꿈을 남자가 꾸면 공격성을 나타내는 것이고, 감시하고 있는 꿈을 꾸는 것은 도덕적 양심을 뜻한다.

◈ 장님이었던 사람이 눈을 뜬 것을 본 꿈은 / 무슨 일을 하든지 심한 반대에 부딪혀 어려움을 겪게 된다.

◈ 눈병을 얻은 꿈은 / 사업이 잘 풀리지 않아서 고통을 받거나 집안에 좋지 않은 일이 일어나게 된다.

◈ 자기의 눈썹이 하얗게 되는 꿈은 / 우두머리가 된다.

◈ 자기의 눈썹이 몽땅 빠져 버리는 꿈은 / 몸이 아프거나 지위를 잃게 된다.

◈ 자기의 눈썹이 갑자기 길어지는 꿈은 / 부귀를 얻게 되며, 연애중인 사람은 연애에 성공하게 된다.

◈ 부녀가 눈썹을 깎는 꿈은 / 이삿수가 있다.

✥ 눈빛이 희미하고 광채가 없는 사람을 본 꿈은 / 소견이 좁은 사람과 사귀게 된다.

✥ 한쪽 눈이 없는 사람과 만나거나 보게 되는 꿈은 / 소극적인 사람, 또는 의견이 편협한 사람과 만나거나 관계하게 된다. 균형을 잃은 일거리나 정상적이 아닌 사건 등과 마주치게 되는 수도 있다.

✥ 눈빛이 유난히 빛나는 사람을 만난 꿈은 / 특출한 능력을 겸비한 사람을 만나게 된다.

✥ 눈에 티가 들어갔는데 그것을 뽑아낸 꿈은 / 누구에겐가 부탁한 일이 좋게 해결되며 하는 일이 번창하게 된다.

✥ 코가 유난히 큰 사람을 본 꿈은 / 물질 등 모든 면에서 풍요로운 사람과 접촉할 일이 생긴다.

✥ 자기의 코가 커지는 꿈은 / 길조이다. 부귀를 얻게 된다. 단순히 코가 커 보이는 꿈은 남의 시기를 받을 꿈이다.

✥ 코가 썩어서 떨어지는 꿈은 / 잠자리 때문에 걱정할 일이 생긴다.

✥ 자기의 코가 높아 보이는 꿈은 / 나쁜 일이 생기고, 구설수가

있게 된다.

❖ 코가 평소보다 길어 보이는 꿈은 / 부귀를 얻을 징조.

❖ 코가 두 개 있는 꿈은 / 남과 싸울 징조.

❖ 병원에 가서 코를 자주 푼 꿈은 / 관공서 등에 가서 자신의 주장을 내세울 일이 생긴다.

❖ 코를 다치는 꿈은 / 다른 사람에게 꼬임을 당하여 손해를 보게 된다.

❖ 코가 비뚤어진 사람을 만나는 꿈은 / 자기 일을 방해하고 괴롭힐 사람을 만나게 된다.

❖ 코가 없어져 버린 꿈은 / 힘들여 쌓아올렸던 명예나 권세 등이 실추될 일을 당하게 된다.

❖ 코에 상처가 났는데 그 부위가 곪은 꿈은 / 숨겼던 비밀이 폭로되거나 내세웠던 자존심이 상하게 된다.

❖ 코피가 쏟아지는 꿈은 / 뜻밖의 일이 잘 풀리고 매사가 순조롭게 이루어진다.

❖ 자기가 귀머거리가 되는 꿈은 / 온 가정이 고요하고 신상이

편안해진다.

❖ 자기의 귀가 여러 개 있는 꿈은 / 좋은 친구를 많이 얻게 되며, 명예와 덕망을 얻게 된다.

❖ 사람들의 귀가 부처님처럼 크고 복스러워 보인 꿈은 / 누구에게 무슨 일을 부탁하든 선선히 승낙을 받게 된다.

❖ 귀먹고 안 들리는 꿈은 / 신상이 편안해 진다.

❖ 귀가 여러 개 나 있는 꿈은 / 좋은 벗과 충북을 얻는다.

❖ 귀를 씻는 꿈은? / 벗과 축복을 얻는다.

❖ 귀에 쌀과 보리가 들어가는 꿈은 / 재수가 있다.

❖ 자기의 몸에 당나귀나 소의 귀가 생기는 꿈은 / 남의 집 일꾼이 된다.

❖ 갑자기 귀머리가 돼 버린 꿈은 / 기다리던 소식이 끝내 오지 않게 되고 누구에겐가 소식을 전하려 했던 일도 그만 두게 된다.

❖ 남의 귀를 잘라 버린 꿈은 / 원만하던 사이의 사람과 싸울 일이 생기고 그로 인해 자신이 손해를 보게 된다.

✥ 여러 갈래로 찢어진 귀를 달고 다니는 사람을 본 꿈은 / 꿈 속에서 봤던 사람에 의해 물질적인 손해를 입거나 정신적으로 큰 피해를 입게 된다.

✥ 자기의 귀가 커지고 아름다워지는 꿈은 / 승진이나 승급이 되고 부자가 된다.

✥ 귀를 다치는 꿈은 / 가장 믿는 사람에게 배신을 당한다.

✥ 자기의 귀뿌리가 잘리는 꿈은 / 가정에 불화가 일고, 친척 간에 다툼이 일어난다.

✥ 자기의 귓속에 물건이 들어박히는 꿈은 / 남의 충고를 받게 되거나 유혹을 받게 된 징조이다. 충고를 받지 않으면 실패하게 되고, 유혹을 받으면 재앙을 입게 된다.

✥ 귓속을 파내는 꿈은 / 그 동안 진행이 부진했던 일들이 잘 풀려 나간다.

✥ 연예인과 키스를 하는 꿈 / 생애 최고의 명예가 될 일에 관계하게 되고 자신이 직접 그러한 상을 수상하게 된다.

✥ 혀가 두 개인 사람을 본 꿈은 / 거짓말을 잘 하는 사람과 사귀게 된다.

✛ 여자의 음부에 혀가 달린 것을 본 꿈은 / 사람들 앞에서 자기 주장을 과장되게 했다가 철회하게 된다.

✛ 입이 매우 큰 사람을 만난 꿈은 / 재산이 많은 부자나 권력가 등 유명인사와 만나게 된다.

✛ 자기의 입으로 동물이나 사물 등을 통째로 삼키는 꿈은 / 어떤 일거리를 집 안이나 기관에 끌어들이는 데 성공한다.

✛ 입을 벌렸는데 속에서 벌레가 나온 꿈은 / 근심걱정이 없어지고 무슨 일이든 만사형통한다.

✛ 자기의 입 안에 털이 나는 꿈은 / 재복이 있게 된다. 부자가 되어 편안하게 살게 된다.

✛ 입이 상하는 꿈은 / 모든 일이 실패하게 되고 패가망신한다.

✛ 자기의 입이 커지는 꿈은 / 일이 잘 풀리고, 재물을 얻게 된다.

✛ 입을 씻는 꿈은 / 밥벌이를 하고 있는 직장이나 사업체에서 물러날 징조이다.

✛ 입이 막혀서 아무것도 먹을 수 없는 꿈은 / 질병에 걸린다. 여자일 경우는 구설수가 있게 된다.

✧ 혓바닥이 갈라지거나 잘라지는 꿈은 / 자기의 주권을 잃는다. 직장에서의 명령권이나 집안에서의 주도권을 다른 사람에게 빼앗기게 된다.

✧ 눈가에 털이 난 꿈은 / 허풍장이와 동업을 하게 된다.

✧ 눈썹이 하얗게 변한 꿈은 / 어떤 모임에서든 높은 중책을 맡아 보게 된다.

✧ 눈썹이 머리카락처럼 길게 난 꿈은 / 어떤 형태로든 금전적인 이익을 얻게 된다.

✧ 자기의 눈썹을 깎아 버리는 꿈은 / 직장을 옮기거나 이사할 일이 생긴다.

2) 섹스와 엉덩이·항문

✧ 다른 사람의 섹스를 관심 있게 바라본 꿈은 / 남이 하는 일에 관여해서 창피를 당하게 된다.

✧ 사람들이 보는 곳에서 전혀 거리낌 없이 섹스를 하는 꿈은 / 많은 사람이 관심을 갖고 있는 일에 손을 대 성공을 거두게 된다.

❖ 이성이 성기를 보여 준 꿈은 / 사업상 유혹을 받을 일이 있거나 자신의 실력을 자랑할 일이 생긴다.

❖ 남자가 여자의 성기를 만지는 꿈은 / 동업자가 생겨 사업을 같이 하거나 남의 물건을 감정할 일이 생긴다.

❖ 자신의 성기를 꺼내 놓고 자랑하는 꿈은 / 자기의 작품성이 있는 물건이나 자식을 자랑할 기회가 생긴다.

❖ 강한 성욕을 느꼈으면서도 성교를 하지 못한 꿈은 / 하는 일이 심하게 꼬이고 자식이 대들 일이 생긴다.

❖ 남의 성기가 굉장히 커 보였는데 알고 보니 모조품이었다는 사실을 알게 된 꿈은 / 누구에게 감언이설로 속았던 사실을 깨닫게 되거나 어떤 물건에 대해 과대평가했던 것을 비로소 깨닫게 된다.

❖ 남자는 여자, 여자는 남자의 성기가 유난히 훌륭하다고 생각하며 최고로 만족스러운 성교를 한 꿈은 / 자신이 어떤 일을 했을 때 주위로부터 칭찬을 받는다.

❖ 이성의 상대가 성기를 노출시켜 보이는 꿈은 / 다른 사람이 사업상 유혹해 온다.

✛ 다른 사람의 성기와 자기의 성기를 비교해 보는 꿈은 / 자기의 작품 또는 자식을 다른 사람의 것과 비교해 볼 일이 생긴다.

✛ 남에게 강간을 당하는 꿈은 / 재물을 얻게 된다.

✛ 섹스 행위중에 방해를 받은 꿈은 / 하는 일마다 방해자가 나타나 괴롭히며 심지어는 계약 상태의 일도 깨지는 경우가 있다.

✛ 섹스를 하다가 실제로 사정을 하는 꿈 / 과격한 운동을 하다 빈혈증세 등으로 다칠 염려가 있다.

✛ 여자가 소변 보는 것을 훔쳐본 꿈은 / 경쟁자에게 뒤떨어지거나, 경쟁했던 사람이 크게 성공하자 패배의식에 빠져 몹시 괴로워하게 된다.

✛ 여자가 남성의 성기를 만지작거린 꿈은 / 가까운 사람들로 인해 정신적인 괴로움을 당하게 된다.

✛ 남자가 여성기를 달고 있는 꿈은 / 활동적인 사업을 벌이거나, 현재 벌이고 있는 상태라면 좋은 결과를 얻게 된다.

✛ 여자가 남자의 성기 두 개를 놓고 비교 검토한 꿈은 / 모든 일에 자신을 포함한 삼각관계가 형성돼 쉽게 단안을 내리지 못할 일이 생긴다.

❖ 노력을 하는데도 성기가 발기 불능이 돼 초초해한 꿈은 / 하고 있는 일에 애착이 가지 않으며 결국은 실패하게 된다.

❖ 여러 명의 상대와 차례대로 성교하는 꿈은 / 전공과 뒤떨어진 일거리가 전부 처리하지 못할 만큼 많이 생긴다.

❖ 남이 자신의 성기를 볼까 봐 고심한 꿈은 / 자신이 했던 일에 대해 심한 부끄러움을 느끼며 의기소침해질 일이 생긴다.

❖ 섹스를 하며 오르가슴을 느낀 꿈 / 대인 관계나 직업, 기타 자기와 관계된 일에 불만족을 조금도 느끼지 않게 된다.

❖ 아무런 감정도 없이 졸고 있는데 성기가 발기한 꿈 / 일을 해도 결과가 의욕을 뒤따르지 못하며 질병에 걸리기 쉽다.

❖ 자기가 남의 아내를 애무하는 꿈은 / 재물과 명성이 한꺼번에 들어온다.

❖ 술집에서 접대부를 희롱한 꿈은 / 건강에 이상이 생길 징조이다.

❖ 옛날에 사랑했던 사람을 만나 섹스하는 꿈은 / 언제 해결이 될지도 몰랐던 묵은 일, 또는 포기하고 있었던 일을 다시 시작하게 된다.

✜ 근친 상간을 하는 꿈은 / 평소에 존경하거나 짝사랑하던 사람과 급속도로 가까워질 기회가 생기게 된다.

✜ 여자의 엉덩이를 똑똑히 본 꿈은 / 집을 지을 때 기초를 잘못 다듬었으며 무슨 일을 하든 하단부에서 실수를 저지르게 된다.

✜ 뒤에서 여자를 안고 성교하는 꿈 / 믿고 의지하던 사람과 상의할 일이 생기거나 상품 거래, 부동산 등 계약할 일이 생긴다.

✜ 항문에 값비싼 패물을 감추는 꿈은 / 아무도 모르게 돈 따위의 귀중품을 빼돌릴 일이 생긴다.

✜ 항문으로 빠져나온 창자를 깨끗이 닦아서 다시 밀어넣는 꿈은 / 자신이 벌여 놓은 사업 등의 일에 마무리를 해야 할 일이 생긴다.

✜ 배설하는 소를 본 꿈은 / 부정한 행위를 하는 현장을 목격하게 된다.

4) 알몸

✜ 자기의 온몸이 땀으로 뒤범벅이 된 꿈은 / 흉몽이다. 좋지 않은 일이 일어날 암시를 주는 꿈으로 모든 일에 있어서 신중을 기

하여야 한다. 이 때 땀을 닦아도 곤란한 정도로 계속해서 흐르는 꿈은 본인이 현재 어떠한 일로 긴장하고 있거나 흥분하고 있다는 것을 뜻한다.

✦ 거울을 앞에 놓고 옷을 모두 벗는 꿈은 / 몹시 반가운 사람을 만나는데 그 사람으로부터 신세 한탄을 듣게 된다.

✦ 벌거숭이가 됐는데 그 알몸을 가리지 못해 몹시 당황해한 꿈은 / 사업상의 일로 자신을 도와 줄 사람이 없어 애태우게 된다.

✦ 알몸으로 서서 용변을 보는데 부끄럽다거나 더럽다는 생각이 들지 않는 꿈은 / 누구에겐가 자기의 숨겼던 과거를 고백하고 새로운 희망을 갖게 된다.

✦ 옷을 말쑥하게 입고 있는 꿈은 / 하는 일 모두가 순조로워진다.

✦ 상반신을 벗고 일을 한 꿈은 / 무슨 일이던 윗사람으로부터 협조를 받지 못한다.

✦ 하반신을 벗고 일을 한 꿈은 / 무슨 일을 하던 아랫사람에게 협조를 받지 못한다.

✦ 홀딱쇼를 구경한 꿈은 / 자신과는 전혀 무관한 싸움 구경을 하게 된다.

✦ 자신의 몸이 화상을 입는 꿈은 / 추진 중인 사업이나 기타 계획한 일이 뜻밖의 기쁨을 가져다 주고, 고귀한 인물과 인연을 맺을 징조이다.

✦ 어깨가 살지고 우람해 보이는 꿈은 / 만사가 잘 될 길몽이다.

✦ 털이 난 남의 몸을 본 꿈은 / 거래상 만난 사람이 솔직한 애기를 하지 않으며 그것으로 인하여 싸움을 하게 된다.

✦ 누군가 머리를 감고 단정하게 빗는 것을 본 꿈은 / 자기 자신에게 자해를 하거나, 내가 잘못된 것을 남이 좋아하는 일을 당하게 된다.

✦ 알몸인 상태로 성교를 한 꿈은 / 사업 등의 일로 인한 대인관계에서 감추어야 할 일이 전혀 생기지 않는다.

✦ 옷을 벗고 몹시 부끄러워한 꿈은 / 지금껏 숨겨왔던 일이 탄로날까 봐 조마조마해하거나, 숨겼던 일이 탄로나 창피를 당하게 된다.

✦ 몸이 수척해지는 꿈은 / 하는 일마다 모두 이루어지긴 하지만, 거기에는 고생이 따른다.

✦ 자기가 발가벗고 있는 꿈은 / 모든 일이 순조롭게 잘 이루어

진다.

◈ 자기 몸에서 광채가 나는 꿈은 / 몸에서 나는 광채가 황금빛이면 좋은 일이 일어날 꿈이지만, 그렇지 못하면 병이 생기거나 위독해질 꿈이다.

◈ 자기의 발바닥에 털이 난 꿈은 / 회사나 관직의 변동이 없고, 모든 일이 순조롭게 잘 된다.

◈ 자기의 온몸에서 피고름이 나오는 꿈은 / 길조이다. 재수가 있고, 모든 일이 잘 풀리며 금전적으로 넉넉해진다.

◈ 자기의 몸이 뚱뚱해지는 꿈은 / 불길한 징조이다.

◈ 목욕을 하기 위해서 옷을 벗는 꿈은 / 무슨 일을 하든 정직하게 행해서 감출 것이 없게 된다.

◈ 자신의 알몸에 자신이 도취한 꿈은 / 남이 자신을 우러러볼 일이 생기며 알게 모르게 형제들의 도움을 받는다.

◈ 몸의 일부를 노출시키는 꿈은 / 과시할 일, 공개할 일들이 줄을 잇는다.

◈ 화가 앞에서 알몸인 채로 모델이 되는 꿈은 / 철학에 관계된 사람에게 자신의 운세를 상담할 일이 생긴다.

❖ 온몸에 털이 많이 난 사람을 보는 꿈은 / 수완이 좋은 사람과 만나서 일을 진행하지만, 결과는 실패로 끝난다.

❖ 몸에 부스럼이 나는 꿈은 / 작은 각시나 양자 때문에 구설수가 있게 된다.

❖ 속옷만 입고 움직인 꿈은 / 신분의 보장을 받지 못하게 되거나 심한 고독감에 빠지게 된다.

❖ 자신의 몸이 땅 속으로 들어간 꿈은 / 꿈 속에서 땅 속으로 자신의 몸이 들어가고 있는 것은 현실적으로 고민되었던 일이나 방황했던 일에서 해방될 것을 암시해 주고 있는 것이다. 따라서 어떠한 일에 대해 결정 내릴 일이 생기며, 새로운 계획을 세우거나 마음을 새롭게 다지게 된다.

❖ 자기의 몸에 날개가 나서 공중을 날아다닌 꿈은 / 모든 일이 순조롭게 잘 풀리고, 사업이 번창한다.

❖ 자기의 몸에 혹이 나는 꿈은 / 운수가 대통한다.

❖ 자기가 불구자가 된 꿈은 / 어딘가로 도피해야 할 일이 생긴다.

❖ 다른 사람이 불구자가 되는 것을 의식하는 꿈은 / 하는 일이

험난하게 되고 고생이 많게 된다.

4) 몸의 각 부분

✥ 자기의 머리가 세 개 달려있는 꿈 / 머지않아 출세의 문이 활짝 열릴 징조로 크게 성공할 것을 암시해 주는 꿈이다.

✥ 머리털이 검어지는 꿈은 / 재수가 있다. 부귀를 얻게 된다.

✥ 머리가 몹시 아픈 꿈은 / 모든 일에 발전이 있게 된다. 관직에 있는 사람은 승진할 꿈이다.

✥ 자기의 머리털이 백발이 되는 꿈은 / 모든 일이 잘 되고, 오래 살 꿈이다.

✥ 자기의 머리털이 빠지는 꿈은 / 길한 일보다는 흉한 일이 많게 된다.

✥ 자기의 머리가 대머리가 되는 꿈은 / 나쁜 일, 흉한 일이 일어날 징조이다.

✥ 머리에 뿔이 나는 꿈은 / 다른 사람과 다툴 일이 생긴다.

✥ 남에게 머리를 숙인 꿈은 / 누구에겐가 복종할 일이 생긴다.

◈ 남이 자신에게 머리를 숙인 꿈은 / 자기가 주장하는 일을 많은 사람들이 받아들인다.

◈ 여러 개의 동물 머리가 한 곳에 붙어 있는 꿈은 / 한 단체에 두 가지의 사상이나 이념이 있어 두 파로 갈라져 있음을 뜻한다.

◈ 잘린 머리를 천장에 매단 꿈은 / 곧 처리해야 할 급한 일, 다른 부서에 부탁할 일이 생긴다.

◈ 다른 사람의 목을 베어 보는 꿈은 / 학생은 수석이 되며, 회사원은 상부기관에 영향을 주는 어떤 일을 성사시키게 된다.

◈ 자기의 머리가 사자나 호랑이, 또는 용의 머리로 변하는 꿈은 / 어떤 기관의 우두머리나 고급관리 장성 등이 된다.

◈ 맹수의 머리를 구하는 꿈은 / 진행 중인 큰 일이 성사되거나 권리와 명예를 한꺼번에 얻을 수 있다.

◈ 전쟁에서 적장의 머리를 얻거나 본 꿈은 / 대사가 순조롭게 성취되며 권리와 명예도 동시에 얻는다.

◈ 동물이나 사람의 머리에게 쫓기는 꿈은 / 하는 일이 심하게 꼬여 정신적으로도 큰 괴로움을 받는다.

✦ 자신의 뒤통수를 본 꿈은 / 자신의 이력 등 모든 관계를 재검토할 일이 생긴다.

✦ 상대방의 뒤통수를 본 꿈은 / 다른 사람에게 무슨 일을 시키면 자기 뜻대로 잘 들어 준다.

✦ 누구의 뒤통수를 때린 꿈은 / 꿈 속에 나타났던 사람의 모든 걸 들추어내는데 어려움이 없으며 쉽게 벌을 줄 수 있다.

✦ 누군가의 목을 때린 꿈은 / 부정을 저지른 사람에게 죄상을 추궁하게 된다.

✦ 자신의 목에 누군가가 목말을 탄 꿈은 / 남에게 심한 간섭을 받게 된다.

✦ 자신이 남의 목에 목말을 탄 꿈은 / 여러 사람의 추대를 받아 높은 지위에 오르게 된다.

✦ 다른 사람에 의해 자기의 목이 졸리는 꿈은 / 다른 사람의 방해를 받게 되거나 장차 재난이 닥치게 된다.

✦ 목에 낀 때를 깨끗이 씻는 꿈은 / 혼자서 뒤집어썼던 누명이 벗어지게 된다.

✦ 목구멍의 가래를 뱉어내는 꿈은 / 막혔던 일이 술술 풀리고

원했던 것을 이룰 수가 있다.

✤ 목을 송곳에 찔린 꿈은 / 편도선과 관련된 병으로 한동안 고생하게 된다.

✤ 어깨에 붙인 견장이 밝게 빛나는 꿈은 / 남들 앞에서 권력을 뽐내게 되며 막중한 자리에 앉게 된다.

✤ 목을 장식품으로 치장하는 꿈은 / 하는 일이 잘 이루어지고 사업이 번창한다.

✤ 목 하나에 머리가 여러 개 달린 것을 보는 꿈은 / 출세하게 된다.

✤ 다른 사람에게 목이 졸려 기절하는 꿈은 / 가족이나 친지에게 불행한 일이 닥치거나 귀금속을 도둑맞게 된다.

✤ 닭이나 오리, 황새 등의 목을 꺾는 꿈은 / 좋은 일이 생긴다. 승진이나 축복받는 일이 이루어진다.

✤ 누군가의 목을 때려서 죽인 꿈은 / 시험을 치면 수석으로 합격하며 일을 벌이면 성취할 수 있다.

✤ 어떤 물건이 목에 걸려 호흡이 곤란한 꿈은 / 누구에게 부탁한 일이 잘 성사되지 않으며, 받아먹은 뇌물 때문에 말썽이 생긴

다.

◈ 자기의 목이 갑자기 커지는 꿈은 / 사업이 확장되거나 작품의 평가가 좋게 되는 길몽이다.

◈ 자기의 목이 작아지는 꿈은 / 운세가 약해지는 꿈이다. 사업이 쇠퇴해지고, 명성이 사라지게 된다.

◈ 눈썹이나 수염 등 몸에 난 털을 깎는 꿈은 / 집안이나 가까운 사람 등의 누군가가 죽게 되며 망신당할 일이 생긴다.

◈ 머리를 빗을 때 머리에서 비듬 등이 눈처럼 많이 쏟아지는 꿈은 / 지금까지 꼬이기만 하던 일이 봇물이 터지듯 일시에 풀리게 된다.

◈ 머리카락이 실뭉치처럼 엉켜서 빗기가 어려운 꿈은 / 걱정거리가 생기며 하고 있는 일도 잘 풀리지 않는다.

◈ 머리를 감거나 말쑥하게 빗는 꿈은 / 걱정하던 일이 잘 풀리고 멀리서 반가운 손님이 온다.

◈ 세수를 하고 머리를 감는 꿈은 / 걱정거리가 없어지고 모든 일이 새롭게 진행된다.

◈ 누군가가 강제로 자기의 머리를 깎은 꿈은 / 직계가족 누군가

가 해를 입게 된다.

❖ 멋을 내기 위해 머리를 깎거나 손질한 꿈은 / 갈망하고 있던
소원이 이루어지거나 뜻하지 않았던 기쁜 소식을 듣게 된다.

❖ 백발인 사람들이 여러 명 모여 음식을 먹고 있는 광경을 본
꿈은 / 걱정거리가 생겨 괴로워하는 사람들을 만나게 된다.

❖ 긴 머리의 처녀나 총각을 본 꿈은 / 고집이 조금 세긴 하지만
무슨 일에든 정열적이고 솔선수범하는 협력자를 만난다.

❖ 이발소에 갔는데 자기보다 앞서 이발을 하고 있는 사람을 본
꿈은/ 회사나 어떤 단체에서 동료가 자기보다 먼저 승진을 하게
된다.

❖ 뱃속에 들어 있는 털을 꺼낸 꿈은 / 타지방으로 가 있어서 만
나기 어려웠던 친척이나 가까운 사람이 갑자기 들어온다.

❖ 누군가의 배를 갈라서 죽인 꿈은 / 하고 있는 사업이 성공을
거두고 숨기고 있었던 일을 만천하에 공개할 일이 생긴다.

❖ 누구에겐가 업힌 꿈은 / 무엇이든지 믿고 맡길 수 있는 사람
과 만나게 된다.

❖ 칼을 찬 사람의 등을 본 꿈은 / 자신의 뜻에 무조건 따르는

사람을 만나게 된다.

✦ 유방이 커지는 꿈은 / 기혼자는 태몽 꿈이고, 미혼자는 결혼을 예고하는 꿈이다. 길몽이다.

✦ 유방이 드러난 그림이나 사진, 조각품 등을 본 꿈은 / 멀리 떨어져 있는 사람의 소식을 듣거나 사진, 편지 등을 받게 된다.

✦ 여자의 유방을 거칠게 애무한 꿈은 / 직계가족이나 가까운 사람과 싸울 일이 생기며 부모에게 불효할 일까지 겹친다.

✦ 임신한 여자를 보는 꿈은 / 새로운 정보나 창작 아이디어, 고민거리 등을 가진 사람과 어울리게 된다.

✦ 배를 가르고 내장을 꺼낸 꿈은 / 어떤 일의 제일 중요한 일을 맡아 하거나 또는 그 일을 감도, 관리하게 된다.

✦ 유난히 큰 여자의 유방을 봤는데도 성적 충동이 전혀 일지 않았던 꿈은 / 오래 떨어져 있던 형제·자매를 만나거나 어떤 소식을 듣게 된다.

✦ 유방이 드러난 여자의 가슴을 보는 꿈은 / 가까운 사람(형제)의 신변이 위험해지는 것을 알게 된다.

✦ 여자의 젖을 빨아먹는 꿈은 / 형제로부터 금전적인 도움을 받

는다.

✥ 여러 개의 유방을 가지는 꿈은 / 정조에 파탄이 생긴다. 유방에서 피가 나오면 출산이 끊기게 된다.

✥ 어린아이가 아닌데도 어머니의 젖을 빨아먹은 꿈은 / 조상의. 유산을 물려받거나 뜻하지 않은 금전적 도움을 받을 일이 생긴다.

✥ 가슴을 풀어헤친 여자를 본 꿈은 / 가까운 사람 중 누군가가 위험에 직면하게 되고 그 위험을 처리해 주게 된다.

✥ 어린아이가 자기의 젖을 빨아먹은 꿈은 / 자본을 투자하면 그만한 성과를 볼 일과 접하게 된다.

✥ 처음 본 여자에게 칼로 가슴을 찔린 꿈은 / 무슨 병엔가 걸려 수술할 일이 생긴다.

✥ 유방이 크고 아름답게 보이는 꿈은 / 건강하고 행복해지게 된다.

✥ 유방에 털이 나는 꿈은 / 임신할 징조이다.

✥ 가슴에 훈장을 단 자신의 사진을 본 꿈은 / 자기가 발표한 작품에 대해 좋은 평가를 받게 된다.

❖ 누군가의 가슴을 강하게 때리거나 칼로 찌른 꿈은 / 경쟁자의 사업체나 하는 일의 중심부에 타격을 주어 자기의 하는 일이 이득을 보게 된다.

❖ 괴한이 가슴을 압박해서 몹시 괴로웠던 꿈은 / 질병에 걸리거나 가까운 사람이 괴로움에 시달리게 된다.

❖ 가슴에 훈장을 단 꿈은 / 많은 사람들에게 자신의 솜씨나 실력을 과시할 일이 생긴다.

❖ 다른 사람의 가슴을 흉기로 찌르는 꿈은 / 거래처나 상대편의 수뇌부에 타격을 주어 일이 이루어진다.

❖ 손이나 팔이 아름답고 굳세 보이는 꿈은 / 사람들의 존경을 받게 되고, 사업이 번창하며, 재물을 얻게 된다.

❖ 자기의 손이 작아지는 꿈은 / 데리고 있는 하수인이나 고용인에게 사기를 당하게 된다.

❖ 손이 잘리거나 움직일 수 없도록 다치게 되는 꿈은 / 가난해지고, 가정적으로 파탄이 온다. 원하는 일이 성취되지 않고 마음만 애태우게 된다.

❖ 오른손을 사용하여 무슨 일을 한 꿈은 / 누구보다도 정의롭고

옳은 일을 하게 된다.

◈ 왼손을 사용하여 무슨 일을 한 꿈은 / 옳지 못한 일에 협조하고 또는 직접 일을 저지르게 된다.

◈ 의자에 앉아서 자기의 손을 본 꿈은 / 중요한 물건을 잃어버리거나 누구에겐가 모함을 받는다.

◈ 다른 사람이 물건을 훔치는 것을 보는 꿈은 / 자기의 물건이나 재산, 권리 등을 도둑맞거나, 다른 사람의 모함을 받아 손해를 보게 된다.

◈ 빈 의자에 손을 얹는 사람을 보는 꿈은 / 반역자, 음모자, 승진 모함자를 예시해 주는 꿈이다.

◈ 자기의 팔과 손의 힘이 세어지는 꿈은 / 협조 세력이 늘어나게 되며, 능력이 왕성해지게 된다.

◈ 손을 들어 거수경례를 하는 꿈은 / 상부 기관에 청원할 일이 생기며, 그 일은 반드시 이루어진다.

◈ 자기의 손등과 손바닥에 검은 털이 나 있는 꿈은 / 일이 뜻대로 되지 않거나 근심되는 일이 생긴다. 계획한 일이 순조롭지 못하며, 건강이 나빠질 징조이다.

❖ 다른 사람의 손이 자기의 의자에 닿는 것을 보는 꿈은 / 자기의 사업체나 직위를 뺏으려는 사람이 생긴다.

❖ 손가락이 꺾이는 꿈은 / 손가락은 자손을 의미한다. 직계 자손에게 해가 되는 일이 생긴다.

❖ 넓은 공간을 덮을 만큼 자기 손이 커지는 꿈은 / 사업이 널리 화장 되거나 권세를 얻게 된다.

❖ 자기의 손톱이 평소보다 길어지는 꿈은 / 좋은 일이 생긴다. 길몽이다.

❖ 손톱이 평소보다 짧아지는 꿈은 / 손해를 보게 된다. 걱정거리가 생긴다.

❖ 손톱을 자르는 꿈은 / 집안이 불안하고, 하는 일에 난관이 닥쳐 고민하게 된다.

❖ 손톱을 까 보이는 꿈은 / 몸을 다칠 징조이다. 대수롭지 않은 사건이 크게 확대되어 고민하게 된다.

❖ 손가락이 잘리는 꿈은 / 주위의 친구들을 잃게 된다.

❖ 자기의 손가락이 여러 개가 되는 꿈은 / 새로운 친구를 사귀게 되며, 하는 일이 희망적이다.

✥ 손에 털이 나는 꿈은 / 걱정거리가 생긴다.

✥ 손바닥에 불을 올려놓아도 뜨겁지 않은 꿈은 / 어려움을 극복하고 일을 성사시키게 된다.

✥ 빠진 손목을 다시 맞춘 꿈은 / 사업상 동거 동락했던 사람과 당분간 헤어질 일이 생긴다.

✥ 열 손가락을 모두 사용하여 무슨 일을 했던 꿈은 / 많은 사람들이 함께 임해야 하는 일이 생긴다.

✥ 잘라진 손을 줍는 꿈은 / 작품을 완성시킨다. 남의 손을 잘라 가지게 되면, 남의 작품을 얻게 되는 꿈이다.

✥ 손바닥 안을 들여다보는 꿈은 / 형제지간의 일을 간섭할 일이 생긴다.

✥ 오른쪽 팔이 부러지는 꿈은 / 가장 가까운 사람에게 불행이 닥칠 징조이다.

✥ 왼쪽 팔이 부러지는 꿈은 / 어머니의 자매가 화를 입게 된다.

✥ 양 팔이 모두 부러지는 꿈은 / 큰 병을 얻거나 수감당할 일이 생긴다.

✧ 팔에 부스럼이 나는 꿈은 / 하는 일이 잘 안되고 고생할 징조이다.

✧ 자기의 문패를 검은 손이 떼어가는 것을 보는 꿈은 / 자기가 죽게 되거나 몰락하게 된다. 꿈 속에서 다른 사람이 문패를 떼어가는 것을 보면 그 사람의 가정이 몰락하거나 그가 죽게 된다.

✧ 손으로 그릇에 담겨 있는 물을 젓는 꿈은 / 친척지간에 재물을 얻어 쓰게 되고, 상부 기관에 청원할 일이 생긴다.

✧ 자기가 다른 사람을 손으로 구타하는 꿈은 / 주위의 도움을 받아 다른 사람을 공격하게 된다.

✧ 팔이 굽은 사람을 보는 꿈은 / 많은 경쟁자들을 물리치고 자기가 승리하게 된다.

✧ 한 사람에게 여러 개의 팔이 달린 것을 본 꿈은 / 많은 부하를 거느린 우두머리 격의 사람과 만나게 된다.

✧ 팔이 부서지는 꿈은 / 자기의 몸이 아프거나 가까운 사람이 다치게 되며, 여자일 경우엔 남편과 별거하게 되고, 정치가일 경우엔 실각 당하게 된다.

✧ 팔이 커지고 굳세 보이는 꿈은 / 여자일 경우엔 남편에게 재

수가 있다.

✦ 팔에 털이 많이 나는 꿈은 / 매사가 순조롭게 잘 풀린다. 하고 있는 일이 조만간에 이루어진다.

✦ 손과 발을 함께 씻는 꿈은 / 환자의 병이 나을 꿈이다.

✦ 넓적다리를 다치는 꿈은 / 객지에서 병을 얻게 된다. 또는 결혼하여 멀리 가게 되며 기혼자일 경우는 자식을 잃거나 아내를 잃게 될 징조이기도 하다.

✦ 무릎을 다친 꿈은 / 사업상으로 영업이 부진해진다. 걸음을 걷지 못할 정도로 무릎을 많이 다친 꿈은 직장을 잃을 징조이다.

✦ 다친 무릎이 완쾌되는 꿈은 / 어려움이 가시고 운수가 트여 모든 일이 잘된다.

✦ 달리듯이 빠르게 걷는 꿈은 / 앞으로 모든 일이 쉽게 잘 풀릴 징조이다.

✦ 발이 부어서 아프거나 삐어서 잘 걸을 수 없는 꿈은 / 친구나 고용인에게 사기를 당한다.

✦ 몸이 무겁고 다리가 아파서 잘 걷지 못하는 꿈은 / 병이 나는 경우도 있으며, 생활이 어려워지거나 사업 난에 봉착하게 된다.

✥ 자기의 발에 피나 물감이 묻는 꿈은 / 하고 있는 일이나 사업, 또는 작품이나 사업상의 계약이 이루어진다.

✥ 다리에서 피가 흐르는 꿈은 / 돈을 많이 벌게 되며, 주위로부터 선망의 대상이 된다.

✥ 다리에 부상을 입은 꿈은 / 하는 일이 잘 풀리고, 사업이 확장된다.

✥ 발바닥에서 피가 난 꿈은 / 아랫사람에게 재물상의 손해를 입게 된다.

✥ 허벅지에 총알이 박힌 꿈은 / 경쟁자에게 져서 승복하게 되고 그의 뜻에 따르게 된다.

✥ 허벅지에 총알을 맞은 처녀의 꿈은 / 혼담이 이루어진다.

✥ 학생이 허벅지에 총알을 맞은 꿈은 / 입학시업 등 각종 시험에 합격하게 된다.

✥ 자기의 다리가 진흙탕에 빠져서 빠지지 않았던 꿈은 / 항상 적극적인 행동을 취하고 싶다는 것을 뜻한다. 한편으로는 섹스에 대해 무관심하다는 것을 나타내기도 한다.

◈ 유부녀가 허벅지에 총알을 맞은 꿈은 / 임신을 하게 된다.

◈ 어느 한쪽다리에 상처를 입은 꿈은 / 자신의 지난날을 평가받을 일이 생기거나 자기를 도와 주던 사람이나 자손이 어떤 해를 당하게 된다.

제 4 장
사람의 행동에 관한 꿈

1) 성교 행위와 포옹·입맞춤

◈ 상대방의 육체를 완전히 정복함으로써 화끈한 성행위를 하는 꿈은 / 진행하고 있는 일이나 계획하고 있는 일이 의외로 잘 되며 만족스럽게 끝나게 된다.

◈ 한 여자를 여러 남자가 돌려가며 강간하는 꿈은 / 어떤 한 가지 일을 놓고 여러 사람이 의논할 일이 있게 된다. 창녀를 여러 남자가 강간하는 꿈은 술자리에서 여러 사람이 술과 안주를 먹을 일이 있게 된다.

◈ 성교를 하다가 실제로 사정을 해 버린 꿈은 / 과격한 운동을 하다 빈혈증세 등으로 다칠 염려가 있다.

◈ 여러 명의 여자와 차례대로 성교를 한 꿈은 / 전공과 뒤떨어진 일거리가 전부 처리하지 못할 만큼 많이 생긴다.

◈ 할머니와 성적 행위를 한 꿈은 / 질질 끌어오던 케케묵은 일거리를 해결하게 된다.

◈ 성교 도중 사람이 갑자기 나타나 목적을 이루지 못한 꿈은 / 하는 일마다 방해자가 나타나 괴롭히며 심지어는 계약 상태의 것도 해약이 되는 경우가 있다.

◈ 아무런 감정도 없이 졸고 있는데 성기가 발기한 꿈은 / 일을 해도 결과가 의욕을 뒤따르지 못하며 질병에 걸리기 쉽다.

◈ 다른 사람에게 자기가 안기는 꿈은 / 다른 사람에게 용서를 구하거나 청혼할 일 또는 지도를 받을 일이 생긴다.

◈ 멀리 떨어져서 살고 있다는 생각이 든 이성과 관계한 꿈은 / 외교적인 일과 관련해서 정도의 차이를 막론하고 자신이 직접 개입하게 된다.

◈ 서양인들이 나누는 인사처럼 간단하게 나눈 인사의 꿈은 / 어떤 사람에게 맹세할 일이나 굴복할 일이 생긴다.

◈ 지나가는 사람에게 윙크를 했는데 그가 따라온 꿈은 / 자신이 어떤 일을 계획하든 반대하는 사람이 없다.

◈ 교미하고 있는 동물을 본 꿈은 / 어떤 사람과 동업할 일이 생기거나 어떤 형태로든 재물이 불어나게 된다.

✧ 사정하는 것을 보는 꿈은 / 계약조건 따위의 관계되는 꿈으로, 정신적 물리적인 소모가 따르게 된다.

✧ 옛날에 사랑했던 사람을 다시 만나 성교를 한 꿈은 / 언제 해결이 될지도 몰랐던 묵은 일, 또는 포기하고 있었던 일을 다시 시작하게 된다.

✧ 유부녀와 아무런 거리낌없이 성교를 한 꿈은 / 남의 일에 간섭을 해 눈총을 받아도 금전적으로는 큰 이익을 보게 된다.

✧ 오르가슴의 기분을 강렬하게 느꼈던 꿈은 / 물질적으로 큰 손해를 보거나 괴로운 일을 당해 정신적 시달림을 받게 된다.

✧ 근친상간을 한 꿈은 / 평소에 존경하거나 짝사랑하던 사람과 급속도로 가까워질 기회가 생기게 된다.

✧ 나이가 자기보다 어린 아이와 성행위를 하는 꿈은 / 자기보다 지식수준이 낮거나 전문지식이 없는 사람과 계약을 체결하거나 작고 별 볼일 없는 일이 뜻밖에 좋은 결과로 끝을 맺게 된다.

✧ 강간에 성공해서 만족해 한 꿈은 / 자기에게 주어진 일에 대해서는 강압적으로라도 성취시키나 큰 만족감을 맛보지 못해 심적 고통을 받게 된다.

✥ 성교를 했는데 최고의 만족감을 체험했던 꿈은 / 대인 관계나 직업, 기타의 자기와 관계된 일에 불만족을 조금도 느끼지 않게 된다.

✥ 동물을 사람으로 여기고 성교를 한 꿈은 / 어떤 일을 하는데 있어서 순리를 벗어나긴 해도 결과는 만족을 얻는다.

✥ 키스와 성교를 같은 차원으로 생각하며 행했던 꿈은 / 한꺼번에 두 가지의 일을 성취시키며 실업자에겐 여러 곳에서 취직을 알선해 준다.

✥ 부처나 예수 등 신적 존재와 성교한 꿈은 / 신앙에 의지할 일이 생기거나 그 방면의 학문에 심취되게 된다.

✥ 사람들이 수치스럽게 생각하는 곳을 본 꿈은 / 어떤 일을 하던 미수에 그치게 되고 그로 인해 불쾌감에서 벗어나지 못한다.

✥ 발가벗은 나체를 감추려고 하지만 마음과 뜻대로 되지 않는 꿈은 / 직위나 신분이 위험하게 되고 하고 있는 일이나 사업, 작품 등에 한 동안 패배의식을 느끼게 되며, 모든 일이 슬럼프에 빠지게 된다.

✥ 하찮은 곤충이 교미하는 것을 본 꿈은 / 유치한 일이나 아무도 거들떠보지 않는 하찮은 일에 신경 쓸 일이 생긴다.

◈ 사람들이 보는 곳에서 전혀 거리낌없이 성교를 한 꿈은 / 많은 사람들이 관심을 갖고 있는 일에 손을 대 성공을 하게 된다.

◈ 다른 사람의 성교하는 관심 있게 바라본 꿈은 / 남이 하는 일에 관여를 해서 창피를 당하게 된다.

◈ 부부간에 성교를 한 꿈은 / 사업상의 계약이 성립되고 집안과 관계된 모든 일이 순풍에 돛단 듯이 순조롭다.

◈ 사랑하는 사람과의 뜨거운 키스가 열열하고 만족스럽게 끝나는 꿈은 / 다른 사람으로부터 기쁜 소식이나 자백을 얻게 된다. 결혼 승낙이나 교제 허락을 받게 되기도 한다.

◈ 갓 태어난 아이를 안은 꿈은 / 자기 능력으로는 해결할 수 없는 일을 맡아 고민하게 된다.

◈ 이성이 아닌 동성간의 열렬한 포옹의 꿈은 / 여러 사람이 모여 토론을 해도 의견 일치를 보게 된다.

◈ 장시간 동안 키스를 했던 꿈은 / 누구를 만나든 그 사람에 대한 모든 것을 정확히 알게 된다.

◈ 키스를 한 꿈은 / 어떤 일을 하던 결실을 맺지 못하고 자신의 능력을 비관하게 된다.

✥ 이성인 상대방과 포옹을 한 꿈은 / 감히 생각지도 못했던 일이 생겨 고민에 빠지게 된다.

✥ 사랑하는 사람과 입맞춤을 했는데 몹시 만족스러웠던 꿈은 / 애인에게서 기쁜 소식을 듣게 되며 많은 일거리를 부탁받게 된다.

✥ 어떤 형태로든 키스를 했던 꿈은 / 기다리던 소식이 오거나 의심스러웠던 진상을 알게 되거나 누군가를 고소할 일 등이 생긴다.

✥ 무엇인가를 뚫어지게 바라본 꿈은 / 무슨 일을 하든 확실한 결과를 보게 되며 어떤 사업의 관리를 맡게 된다.

✥ 빛이 너무나 강렬해서 눈을 뜰 수 없을 정도였던 꿈은 / 상대하는 사람의 능력, 정열 등에 눌려 자신의 능력을 제대로 발휘하지 못하게 된다.

✥ 키스를 하는데 어느 사이에 성기가 팽창한 꿈은 / 자기보다 연하인 사람에게 훈계할 일이 있지만 열심히 훈계한 만큼 성과를 얻지 못한다.

✥ 상대방이 눈짓으로 무슨 지시를 한 꿈은 / 떳떳하지 못한 거래를 할 일이 생긴다.

✤ 상대방이 자신의 전신을 찬찬히 뜯어본 꿈은 / 자기에 대해서 자세히 알려고 하는 사람이 생기거나 어떤 기관으로부터 조사받을 일이 있게 된다.

✤ 일하고 있는 상대방을 바라보고 있었던 꿈은 / 직접적인 자신의 일이나 자신과 연관이 되는 남의 일에 종사하게 된다.

✤ 누군가가 자기를 꼭 안아 준 꿈은 / 이성에게 구혼을 청하거나 신령적인 존재에게 자비를 구할 일이 생긴다.

✤ 키스를 했는데 몹시 불만스러웠던 꿈은 / 누구에겐가 잘못을 저질러 죄스러웠던 점을 용서받으려고 하지만 받아 주지 않는다.

✤ 다른 사람이 차에 치이는 것을 보는 꿈은 / 현재 자기가 하고 있는 일이 다른 사람에 의해 성취된다.

✤ 이성이 윙크를 했는데 어쩔 줄 몰라 했던 꿈은 / 명예에 손상이 될 일을 당하거나 누군가의 모함에 말려들게 된다.

✤ 어떤 물건을 두 팔로 꼭 안았던 꿈은 / 어떤 업무나 작업의 책임자로 발탁되게 된다.

2) 만남과 이별

❖ 오랫동안 만나지 못했던 친구를 만나게 되는 꿈은 / 그 동안 마음속으로 품고 있었던 의문점이 가시고 문제 해결의 실마리를 찾게 된다.

❖ 고기를 잡으러 바다에 나갔다가 백발의 도사를 만난 꿈은 / 현실에서의 위험을 예지하는 꿈이다. 하고자 하는 일을 당장 중단하지 않으면 화를 입는다. 만약 꿈에서 도사가 손을 들어 가리키며 그쪽으로 가라고 하면 현실에서 새로운 길을 모색해서 가는 것이 좋다.

❖ 자기보다 나이 어린 사람을 만나 극장에 간 꿈은 / 하는 일에 실패하게 되므로 만사에 주의를 기울여야 하며 항상 웃어른에게 물어서 안전한 길을 가도록 하는 것이 상책이다.

❖ 뱀 한 마리와 닭 한 마리가 싸우는 곳을 보며 여우를 만난 꿈은 / 남의 집안 싸움에 신경을 쓰지 말라. 사고 현장에 있게 되면 자기가 남의 죄를 뒤집어쓰게 된다.

❖ 이성 친구를 만나 여관으로 들어간 꿈은 / 무엇인가 알지 못할 사건이 기다리고 있다. 현재로서는 그 꿈이 길몽인지 흉몽인지를 정확히 분간하기 힘들므로 조심할 것. 만약 불이 꺼진 여관으로 들어갔다면 흉몽이다. 건강이 나빠지거나 신변에 불안한 일이 생긴다.

❖ 미친 여자를 만나서 대화를 나눈 꿈은 / 그 여자의 옷차림이

남루하고 해어진 옷이라면 길몽이다. 현실에서 무엇인가 좋은 일이 일어나게 된다.

◈ 화가를 만나 자기의 초상화를 그려 달라고 부탁하는 꿈은 / 현실에서 자기의 생애에 대한 감정을 뛰어난 도인(道人)에게 의뢰하게 된다.

◈ 개를 만나서 함께 토끼를 쫓는 꿈은 / 현실에서 다른 사람과 작당하여 나쁜 음모에 가담하게 된다. 남의 꼬임에 주의하는 것이 상책이다.

◈ 숲 속에서 호랑이를 만나 서로 싸운 꿈은 / 현실에서 무엇인가 승부 내기에 도전할 꿈이다. 운동선수일 경우에는 세계 타이틀에 도전하게 되며, 사업가는 경쟁 회사와 각축전을 벌이게 된다. 호랑이에게 이기게 되는 꿈은 길몽이지만, 호랑이에게 지는 꿈은 흉몽으로 도전하는 일에 실패하거나 패배하게 된다.

◈ 숲속 길을 걸어가는데 나무가 자기에게 말을 걸어오는 꿈은 / 귀인을 만나 출세할 꿈이다.

◈ 현실에서 보기 싫고 만나기 싫던 사람이 찾아와서 하는 수없이 만난 꿈은 / 하기 싫은 일이나 직장에 억지로 나가서 감수해야 할 징조이다. 또는 직장을 옮기게 될 꿈이다.

◈ 불 속에서 뛰어나오는 용과 만나 함께 하늘을 날아간 꿈은 /

귀인의 도움으로 출세하게 된다.

✧ 물건을 사러 가게에 들어갔으나 주인은 없고 다른 손님이 대신 있는 꿈은 / 현실에서 하고자 하는 일이 제대로 이루어지지 않는다. 이런 때에는 너무 조급하게 서두르지 말고 기다려야 한다.

✧ 까만 예복을 입은 사람이 찾아와서 뭐라고 손짓을 한 꿈은 / 시험에 합격하거나 높은 관직에 임용되어 귀하게 될 꿈이다. 찾아온 사람이 아무런 표정도 없이 그저 지나가는 꿈은, 시험은 최종 시험에서, 관직은 결정적인 순간에 임용이 포기된다.

✧ 어린아이를 만나는 꿈은 / 집안이나 자기의 신상에 걱정거리가 생길 징조이다.

✧ 시골에서 노부모가 찾아와 만나는 꿈은 / 부모에게 근심이 생기거나 건강이 나빠질 징조이다.

✧ 형제를 만나는 꿈은 / 친척들 간에 다툼이 있을 징조이다.

✧ 이미 세상을 떠난 조상을 만나는 꿈은 / 현실의 예시이다. 조상이 어떤 몸짓이나 표정, 또는 말로서 자기의 미래에 대한 불길한 징조를 알려 주는 꿈이다. 꿈에 나타나는 조상은 주로 나쁜 일에 대한 예시이다.

◈ 헤어졌던 애인을 다시 만나는 꿈은 / 중단되었던 일이나 작품 활동이 다시 재게 된다.

◈ 집 안에 도둑이 들어와서 만나 보니 평소에 잘 아는 사람인 꿈은 / 믿는 도끼에 발등 찍히는 격이 된다. 가장 가깝다고 믿었던 사람이 배신하게 된다. 주위 사람이 배신을 하게 되면 금전적인 손해를 보게 되므로 주의해야 한다.

◈ 기자들을 만나 인터뷰를 하는 꿈은 / 장차 자기의 신분이나 업적 등을 세상에 널리 알리게 된다.

◈ 신문사 편집국장을 만나 이야기를 나누는 꿈은 / 상급 기관에 상의하여 자기의 이름을 날리게 되거나 남의 도움을 받아서 출세하게 된다.

◈ 나무 위로 올라가는 원숭이를 만나서 함께 나무를 타고 놀았던 꿈은 / 남의 함정에 빠질 위험이 있다. 결코 남과 경쟁하려고 하지 말라.

◈ 길을 가다가 자기의 애인이 다른 사람과 함께 데이트하는 것을 보는 꿈은 / 현실의 동일시이거나, 아니면 애인의 신변에 위험이 닥치고 있음을 예시한 꿈이다.

◈ 옛 은사를 만나는 꿈은 / 현실에서 계속 진학할 수 있게 되거나 상급 기관에 자문을 구할 일이 생긴다.

✧ 죽은 사람을 만나서 대화를 나누는 꿈은 / 근심 걱정이 많을 때 이런 꿈을 꾼다. 흉몽이니 길몽이니를 따질 성질의 꿈이 아니다.

✧ 동굴 속으로 불을 켜 들고 들어가는데 중간 지점에서 불이 꺼지며 여우를 만나는 꿈은 / 남의 모함에 빠져 고생하게 된다. 주위의 모든 사람에 대해 경계해야 하며, 익히 아는 일이 아니면 하지를 말고, 정도(正道)가 아니면 걷지를 말라.

✧ 빚쟁이를 만나 고민하는 꿈은 / 현실의 동일시이다. 고민거리가 너무 강렬하여 꿈으로 변환한 것이다.

✧ 기러기 떼를 만난 꿈은 / 부모를 잃게 되거나 애인과 이별할 징조이다.

✧ 참새 몇 마리를 만난 꿈은 / 고생만 하고 실속 없는 일만 생긴다. 만나는 사람마다 자기에게 손해를 끼친다.

✧ 숲에서 사슴을 만난 꿈은 / 부귀 영화를 누리게 된다. 뿔이 왕성하게 뻗어 있는 사슴을 만나면 높은 관직에 올라 큰 벼슬을 누리게 될 꿈이다.

✧ 이웃집 여자를 만나서 성교를 한 꿈은 / 진행중인 일이 대성공으로 끝난다.

✦ 욕망을 가지고 덤벼든 여인의 육체를 끝내 정복하지 못한 꿈은 / 현실에서 어떤 일이나 창작, 시험 등에 도전하지만 결과는 실패로 끝난다.

✦ 여자 두 명을 한꺼번에 정복하여 성교를 만족하게 끝낸 꿈은 / 어떠한 일이나 창작, 연구 등을 한꺼번에 두 가지를 동시에 진행하여 둘 다 크게 성공시킨다.

✦ 안고 있던 갓난아기를 지나가는 사람에게 건네 준 꿈은 / 근심과 걱정 속에 파묻혔던 일들이 밝게 전개된다.

✦ 우상이나 신에게 재물을 바친 꿈은 / 어떤 권력을 가진 사람에게 계획 등을 내놓고 성취시켜 주기를 부탁할 일이 생긴다.

✦ 사랑하던 사람과 헤어지는 꿈은 / 현실의 동일시로 볼 수 있다. 또는 사랑하는 사람의 신변에 변화가 일어나고 있다.

✦ 늘 아끼고 사랑하던 고양이가 죽어 버리는 꿈은 / 평소에 꺼리고 두려워하던 사건이 일단락되어 불안감이 없어진다.

✦ 집에서 기르던 돼지가 집을 나가는 꿈은 / 집안이 파산하게 될 꿈이다.

3) 연설·시험·소식

✧ 시험이라는 관념을 생각하게 되는 꿈은 / 현재 하고 있는 일이나 계획한 일이 어렵지만, 하지 않으면 안 될 일이라는 것을 암시해 주는 꿈이다.

✧ 시험에 떨어져서 슬퍼하거나 많은 사람들로부터 질책을 받은 꿈은 / 어떤 일이든 순조롭게 진행되며 시험칠 일이 있으면 무난히 합격한다.

✧ 시험을 치는데 남의 것을 훔쳐본 꿈은 / 시험에 떨어져 슬퍼했던 꿈과 똑같은 결과에 직면한다.

✧ 시험에 떨어진 것을 확인하고 집으로 돌아오다 꿈이 깬 꿈은 / 시험을 치르면 수석을 하거나 우수한 성적으로 합격하게 된다.

✧ 시험 감독관에게 작성한 답안지를 제출한 꿈은 / 전근을 가게 되거나 직장을 옮기게 된다.

✧ 전혀 관계 없는 사람이 시험을 치fms 꿈은 / 앞으로 계획한 일이나 소망, 취업, 시험 등을 체험하게 된다.

✧ 합격자 발표를 하는데 자신의 이름이 유난히 돋보인 꿈은 / 수석으로 합격하게 된다.

◈ 시험을 치르는데 필기구가 없어서 마음을 졸였던 꿈은 / 시험에도 떨어지고 취직이 되지 않아 의기소침해진다.

◈ 시험을 치르는데 문제가 몹시 어려웠던 꿈은 / 해결할 수 없는 문제가 발생해 여러 방면으로 고통을 받을 일이 생긴다.

◈ 시험 감독관 앞에서 답안지를 작성한 꿈은 / 신원 조회를 받거나 불심 검문을 받게 된다.

◈ 시험을 치러 갔는데 늦게 도착한 꿈은 / 무슨 일을 하던 남에게 인정을 받지 못한다.

◈ 구술시험을 본 꿈은 / 사업상의 일 등으로 사람을 만나 논쟁을 벌일 일이 생긴다.

◈ 많은 이야기를 한 꿈은 / 실질적으로 많은 말을 해야 할 일이 생긴다.

◈ 군중들 앞에서 열렬하게 웅변을 토한 꿈은 / 어떤 단체에 가입해 기반을 닦게 되고 작품 등을 발표하게 된다.

◈ 연설을 하는 도중에 모였던 군중들이 흩어져 버린 꿈은 / 자신의 계획에 동조해 줄 사람이 많아서 무슨 일을 하든 무난히 처리된다.

❖ 아무도 없는 산꼭대기에서 연설을 한 꿈은 / 세상 사람들이 크게 놀랄만한 일을 혼자서 쉽게 처리한다.

❖ 연설을 하는데 군중이 꾸역꾸역 몰려든 꿈은 / 큰 사업을 시작해도 잘 풀리지 않아 도산의 위기에 처하게 된다.

❖ 허공에서 말이 들려오는 꿈은 / 또 다른 자기의 자아가 자기에게 어떤 일에 대한 경고를 하거나 예지 등을 말해 주는 꿈이다. 사회적인 어떤 소식통을 통하여 어떤 사건을 알게 되기도 한다.

❖ 시험 때문에 몹시 괴로워했던 꿈은 / 풀리지 않는 일을 풀려고 노력하지만 그러면 그럴수록 꼬이기만 한다.

❖ 사촌이 성혼을 했다는 소식을 들었던 꿈은 / 가까운 사람이 동거생활에 들어갔다는 사실을 알게 된다.

4) 놀이와 여행

❖ 흐린 물 속에서 헤엄을 치는 꿈은 / 몹쓸 병에 걸리거나 나쁜 꾀임에 빠지게 된다.

❖ 어딘가를 가다가 생각지도 않았던 곳에서 수영을 한 꿈은 / 어느 사업장에서 임시직원으로 일해 달라는 부탁을 받는다.

✥ 보트를 타지 않고 헤엄을 쳐서 강을 건넌 꿈은 / 직장에서 진급을 하거나 작품을 심사기관에 출품한 사람은 입상했다는 통지를 받는다.

✥ 동물이 헤엄치는 것을 본 꿈은 / 정부기관의 개입에 의하여 자신이 하고 있는 일이 발전한다.

✥ 물살이 센 강이나 시내에서 수영을 한 꿈은 / 사악한 꼬임에 빠지거나 질병에 걸릴 염려가 있다.

✥ 거울 같이 수면이 잔잔한 곳에서 수영을 한 꿈은 / 모든 생활이 원만하여 어려움이 없고 하는 일도 거의 실패가 없다.

✥ 물 속에서 아무리 헤엄을 쳐도 앞으로 나아가지 않고 제 자리에 있는 꿈은 / 하고 있는 일이나 사업 자금, 소원, 경쟁, 섹스 등이 정체되거나 불안한 상태가 된다.

✥ 옷을 입은 채로 수영한 꿈은 / 자신의 직권을 이용하여 잘못된 일을 옳다고 우길 일이 생긴다. 그러나 스스로 잘못을 뉘우치고 후회하게 된다.

✥ 두더지처럼 땅 속에서 헤엄을 친 꿈은 / 위법성을 띤 일에 손을 대게 되어 정부기관에 해를 끼치게 된다.

❖ 항해 도중 배가 파손되어 헤엄을 치다가 구조된 꿈은 / 실직이나 파산·파혼 직전에 사건이 호전되어 제 위치를 찾게 된다.

❖ 바다 속으로 헤엄쳐 들어가는 꿈은 / 자기가 평소에 생각하지 못했던 뜻밖의 사람이나 사건을 만나게 된다.

❖ 큰 강을 헤엄쳐서 건너가는 꿈은 / 계획한 일이나 진행하고 있던 작품, 연구 등이 소기의 목적을 달성하여 마무리된다.

❖ 물에 빠진 사람을 구해서 함께 헤엄쳐 나온 꿈은 / 주어진 일을 열심히 하지만 아무런 보람도 못 느낀다.

❖ 팬티도 입지 않은 채로 수영을 한 꿈은 / 무슨 일을 하든 간섭하는 사람이 없어 그 누구보다도 자유스럽다.

❖ 새처럼 날아 나무에 오르는 꿈은 / 회사에서 승급, 승진하거나 이성과의 사랑이 열매를 맺게 된다.

❖ 어린이들이 날아다니는 것을 보게 되는 꿈은 / 학교나 직장에서의 성적이 우수하거나 같은 나이 또래의 사람들이 할 수 없는 일을 하게 된다. 장래에 출세할 수 있다는 것을 예지해 주는 꿈이기도 하다.

❖ 바위가 공중을 날아다니는 것을 보는 꿈은 / 사업체나 학문적인 업적이 사회적으로 두드러지게 나타나게 된다.

◈ 창공을 날고 있는 새를 본 꿈은 / 잔잔하던 생활에 갑작스레 변화가 생기거나 정부기관으로부터도 간섭을 받는다.

◈ 애인과 함께 창공을 날아다닌 꿈은 / 진행 중이던 혼담이 성사되고 어떤 일거리를 맡았을 때 순조롭게 진행된다.

◈ 높은 곳으로 날아오른 꿈은 / 모든 일을 대하고 행함에 있어서 꿈 속에서 날아오른 높이에 비례해서 그만큼 호전된다.

◈ 새가 되어 공중을 날아다닌 꿈은 / 권력이나 명예를 얻게 되며, 주요 관직에서 민정 시찰이나 행정감사 등의 업무를 한동안 맡게 된다.

◈ 소풍이나 수학여행을 떠나는 꿈은 / 아직 알려지지 않은 미개척 분야의 일에 착수하거나 외부의 기관으로부터 일거리가 달성되기도 한다.

◈ 교통사고를 당한 꿈은 / 자신의 주장이 채택되거나 상급기관에 청탁한 일이 좋은 결과를 가져온다.

◈ 차나 비행기, 배 등을 탄 꿈은 / 어떤 단체의 일원이 되어 보람 있는 일을 하게 된다.

◈ 어떤 사람에게 물건을 판 꿈은 / 어떤 단체나 개인에게 헌신

적으로 봉사할 일이 생기게 된다.

◈ 현금을 주고 가게에서 물건을 산 꿈은 / 어떤 일거리나 제물 등을 얻기 위해 지불받은 돈 액수만큼의 시간이나 기일 동안 노력하게 된다.

◈ 교통 수단을 이용했는데 사고를 당한 꿈은 / 주위 환경에서 큰 변화가 일어나는데 그 변화가 자신에게는 큰 이득을 가져다 준다.

◈ 어떤 형태로든 집을 떠나 여행을 한 꿈은 / 사업이나 직장의 일, 대인 관계 등의 일과 관계하게 된다.

◈ 정신이 아찔해질 정도로 어딘가에 강하게 부딪힌 꿈은 / 대립 돼 있던 감정이 풀리거나 상대방과 서로 합의할 일이 생긴다.

◈ 어떤 사람이 무거운 물건에 짓눌려 있는 것을 본 꿈은 / 자신 과 직접·간접적으로 연결돼 있는 일의 매듭이 풀려 좋은 성과를 얻게 된다.

◈ 자신이 자동차나 바위 등 치명타를 줄 수 있는 물건에 치인 꿈은 / 정부기관이나 단체의 도움을 받아 어렵게 여겨졌던 사업 이 성공하게 된다.

◈ 여행을 하는 도중에 많은 우여곡절을 겪은 꿈은 / 평소 원하

던 것이 이루어지거나 사업체도 크게 번창하게 된다.

❖ 가게에서 물건을 산 꿈은 / 어떤 일거리를 불하받았을 때 꿈 속에서 산 물건의 대소에 따라 그만큼의 이익을 얻게 된다. 즉 물건을 많이 샀을 때 많은 이익을 얻게 되는 것이다.

5) 약탈과 절도·살인

❖ 남의 물건을 훔친 꿈은 / 다른 사람이 도와 주거나 허락해 주 지 않는 일을 힘겹게 애써서 얻게 된다.

❖ 치마 속이나 그 밖의 옷 속에 물건을 감춘 꿈은 / 임신을 하 거나 사업이 번창하고 재물이 생긴다.

❖ 훔친 물건을 누구에겐가 준 꿈은 / 피나는 노력을 해서 잡은 기회가 물거품이 되어 버린다.

❖ 복면을 한 강도를 만난 꿈은 / 전혀 알지 못하는 사람이 접근 해 피해를 주고 자신도 모르는 사이에 사라진다.

❖ 칼 한 자루로 두 사람을 동시에 죽인 꿈은 / 일석이조의 반가 운 일이 있게 된다. 한 가지 방법으로 두 가지의 일이 성사를 맺 게 된다.

✥ 다른 사람을 죽이고 자신의 결백(정당방위)을 주장하는 꿈은 / 하고 있는 일이나 계획한 일의 목표를 달성하게 되지만 그 성과를 인정받지 못하게 된다.

✥ 독충이나 해충을 죽인 꿈은 / 방해자가 스스로 물러나거나 근심 걱정이 없어지게 된다.

✥ 누군가에게 피살당한 꿈은 / 자신이 처리해야 할 몫의 일거리가 다른 사람에 의해서 이루어진다.

✥ 총 한 방으로 두 사람을 동시에 죽인 꿈은 / 한 가지 방법에 의해서 두 가지의 일이 성취된다.

✥ 자기와 가까운 사람을 무자비하게 죽인 꿈은 / 어떤 일이나 사건을 떠맡아도 속 시원히 처리해낸다.

✥ 살인하는 현장을 목격한 꿈은 / 자기와 직·간접으로 연결된 갖가지 일이 빠짐없이 이루어진다.

✥ 애인이나 처자식, 적이나 동지 등을 구별하지 않고 마음대로 무자비하고 통쾌하게 죽인 꿈은 / 자기가 하고자 하는 일이나 사업, 학문, 작품 등을 뜻대로 처리하여 통쾌하게 성취시키게 된다.

✥ 사람을 죽이고 정당방위를 주장했던 꿈은 / 열심히 노력해서 목표를 달성하지만 충분한 대가를 받지 못한다.

✧ 달려드는데 맹수를 죽인 꿈은 / 미궁에 빠진 사건을 통쾌하게 처리하게 된다. 임산부는 유산할 가능성이 있다.

✧ 자신을 해치려는 괴한을 죽은 꿈은 / 처리하기 힘든 일에 방해자까지 나타나도 결국은 무난히 성공을 거두게 된다.

✧ 차를 타고 가는데 그 차가 사람을 치어 죽인 꿈은 / 자신의 사업체나 직장이 크게 번창하게 된다.

✧ 경찰의 수배를 받아 도망다닌 꿈은 / 어떤 일의 중심인물이 되어 열심히 노력하지만 만족할 만한 결과를 얻지 못한다.

✧ 자기 자신의 시체나 또 다른 사람의 시체를 내려다본 꿈은 / 자기의 일이나 또는 가까운 사람의 일이 계획대로 추진되고 성사된다.

✧ 누군가를 분명히 죽였는데 죽지 않고 쫓아온 꿈은 / 마무리가 됐다고 생각했던 일에 하자가 생겨 물질적·정신적 손해를 입게 된다.

✧ 전쟁이 일어났는데 적병을 한 명도 죽이지 못한 꿈은 / 여러 계통에서 많은 일거리를 받아 모두 순조롭게 처리되는데 한 가지가 해결되지 않아 고통을 당하게 된다.

✤ 살인자를 잡기 위해 헤맸던 꿈은 / 자신을 여러 모로 도왔던 사람을 대접하거나 사례를 하게 된다.

✤ 위험에 처해 있는 사람을 구해 준 꿈은 / 어떤 일거리를 맡았을 때, 정신적, 육체적 고통만 뒤따를 뿐 그만한 대가를 받지 못한다.

✤ 자신이 직접 사형을 집행한 꿈은 / 유명메이커의 대리점권을 따내거나 직장에 입사해 요직에 배치되게 된다.

✤ 극약을 먹고 자살한 꿈은 / 어떤 일을 처리함에 있어 과학적인 기술을 도입해 누구나 깜짝 놀랄만한 성과를 이루게 된다.

✤ 자살을 한 꿈은 / 하던 사업의 진로를 바꾸거나 직장을 옮겨 새로운 기분으로 일을 시작하게 된다.

✤ 살생을 하고 양심의 가책을 심하게 받았던 꿈은 / 열심히 작업에 임해도 뒤처리가 깨끗하지 못해 사람들로부터 손가락질을 받는다.

✤ 곤충과 해충, 벌, 모기 등을 손으로 때려잡은 꿈은 / 자기의 일을 방해하는 사람이나 일을 혼자, 또는 여럿의 힘으로 제거할 수 있게 된다.

6) 과격한 행동

✤ 헌 물건이나 헌 집 등을 마구 부수어 버리는 꿈은 / 사업이나 업적 등이 새롭게 변모된다.

✤ 차가 충돌해서 차체가 부서진 꿈은 / 여러 사람이 힘을 모아 새로운 사업이 이루어진다.

✤ 자기 스스로 벽을 뚫고 들어간 꿈은 / 시험에 합격하거나 깨달음을 얻게 된다.

✤ 축대나 둑을 쌓는 꿈은 / 꿈 속의 작업 진도에 비례해서 사업의 진전도 있게 된다.

✤ 생활필수품이나 곡식 등을 높이 쌓아올린 꿈은 / 여유 있는 돈이 생겨 저축을 하게 되거나 묵묵히 맡은바 일을 하는 가운데 자신도 모르는 사이에 공적이 쌓이게 된다.

✤ 높게 쌓은 물건을 무너뜨린 꿈은 / 어떤 희망이 소멸되거나 병마에서 깨어나게 된다.

✤ 차곡차곡 쌓아 놓은 물건을 다른 곳으로 옮긴 꿈은 / 이사를 하게 되거나 직장에서 인사 이동을 체험하게 된다.

✤ 실타래 등이 풀지 못할 정도로 뒤엉켜 있는 꿈은 / 여러 가지

걱정거리가 한꺼번에 엉켜 헤쳐나갈 길이 막막하다.

❖ 뒤엉켜 있는 실타래를 순조롭게 풀 수 있었던 꿈은 / 오래 묵은 걱정거리가 해결되거나 사업상 어려웠던 점도 순조롭게 풀린다.

❖ 감기나 기타 질병에 걸리지 않았는데도 심하게 기침을 한 꿈은 / 참고 있었던 울분을 토해 낼 일이 있거나 좋지 않던 감정을 풀 일이 생긴다.

❖ 물건을 던지거나 떨어뜨려서 박살이 난 꿈은 / 사업의 진로를 바꾸게 되거나 소원하던 것이 이루어지게 된다.

❖ 많은 사람들에게 집단적인 구타를 당한 꿈은 / 자기가 하고 있는 일이나 사업, 작품 등을 여러 사람이 평가하고 호평할 일이 생긴다.

❖ 다른 사람이 자기를 공격하려고 한 꿈은 / 실제로 다른 사람에게 구타당하거나 공격당하게 되어, 몸을 다치거나 병이 나게 된다.

❖ 실컷 얻어터진 꿈은 / 남에게 칭찬을 받지 못하거나 심한 비난을 받게 된다.

❖ 큰 바위를 가볍게 굴려 버린 꿈은 / 자신의 미비한 힘으로 어

떤 단체를 움직일 수 있게 된다.

❖ 강아지가 뒤따라오자 야멸차게 쫓아 버린 꿈은 / 자신의 일에 방해가 되는 사람을 따돌리게 되거나 병상에서 헤어나게 된다.

❖ 자기가 상대방을 때린 꿈은 / 평소에 자기와 일이나 사업 등으로 관련이 있는 사람을 정신적인 곤궁상태로 몰아넣거나 시비, 공박, 야유 등으로 비판 또는 칭찬해 줄 일이 생기게 된다.

❖ 뒤쫓아오는 여자를 손으로 밀어서 넘어뜨린 꿈은 / 교활하고 타산적인 사람을 설득할 일이 생긴다.

❖ 상처가 날 정도로 두들겨맞은 꿈은 / 자신이 하고 있는 일에 대해 세상 사람들이 손가락질을 하며 비난하게 된다.

❖ 시체를 발로 차서 굴린 꿈은 / 사업자금을 여러 번 활용할 일이 생긴다.

7) 걷기와 뛰기·미끄러짐

❖ 한 길을 걸어가면서 여러 번 결혼하거나 여러 명의 아이를 낳는 꿈은 / 하고 있는 일이나 사업 등을 바꾸게 되며, 사업적인 성과도 호전된다.

✦ 앞에 가는 사람을 졸졸 따라간 꿈은 / 자신이 하고자 하는 일에 헌신적으로 따라줄 사람을 만나게 된다.

✦ 상대방이 무서워서 뒷걸음질치거나 도망친 꿈은 / 어떤 일을 하든 불안감에 싸이게 되며 결국 그 일로 인하여 커다란 패배감을 맛보게 된다.

✦ 길을 걷다가 갑자기 수영을 하는 꿈은 / 짧은 기간 동안 한 직장 또는 기관에서 일하게 된다.

✦ 짐승을 끌고 간 꿈은 / 어떤 일이 자기가 계획했던 대로 잘 진행이 되거나 자신의 의견에 반대하는 사람이 없다.

✦ 반복해서 넓이뛰기를 한 꿈은 / 이사를 하게 되거나 직장에서의 직책의 변동이 생기게 된다.

✦ 어린아이들을 데리고 강을 건너가려던 꿈은 / 근심과 걱정 속에서 어떤 일을 시도하려고 한다.

✦ 똑바로 길을 가는데 난데없이 장애물이 나타나 그것을 피해서 우회한 꿈은 / 순조롭게 진행되던 일에 어떤 방해가 생겨 어렵게 추진하게 된다.

✦ 시험에 낙방하여 통곡하며 집으로 돌아간 꿈은 / 꿈과는 반대로 우수한 성적으로 시험이나 취업 등이 이루어진다.

◈ 집 또는 고향으로 차를 타지 않고 걸어간 꿈은 / 벌려 놓았던 일이 종결되거나 더 이상 할 일이 없어지게 된다.

◈ 사람들이 구름 떼처럼 몰려든 꿈은 / 하고 있는 일이 힘에 벅차고 고통이 쌓인다.

◈ 횃불을 들고 깊은 동굴 속으로 들어간 꿈은 / 머지않아 연구기관에 종사하거나 어떤 사건의 전말을 조사할 일이 생긴다.

◈ 강이나 산을 건너다가 실패하여 그 자리에 주저앉은 꿈은 / 현실에서 어떠한 일을 하다가 중도에서 포기하게 되는 꿈이다.

◈ 나비를 보고 잡으려다가 넘어진 꿈은 / 헛된 욕망으로 분수에 넘치는 일을 시도하다가 좌절하게 된다. 만사에 사리 판단을 정확히 하여 계획적으로 모든 일을 시도함이 바람직하다.

◈ 장소를 가리지 않고 싸돌아다닌 꿈은 / 연구 등 어렵고 복잡한 일에 관심을 갖고 몰두하게 된다.

◈ 함께 가야 할 사람과 따로따로 떨어져서 걸어간 꿈은 / 동업자나 함께 일해야 할 사람과 결별하게 된다.

◈ 집에서 집식구가 아닌 남이 나간 꿈은 / 부담감을 갖고 있던 일이 해소되거나 그 일을 자기 일처럼 처리해 줄 사람이 나타난

다.

◈ 빨리 가야 하는데 마음만 조급할 뿐 걸음이 걸어지지 않았던 꿈은 / 상급 기관에 부탁했던 일이 잘 이루어지지 않아 애를 태우게 된다.

◈ 가위 눌린 꿈, 즉 뛰려고 해도 뛸 수가 없고 악을 쓰려고 해도 목소리가 나오지 않았던 꿈은 / 하고 있는 일이나 계획한 일을 급하게 추진시키려 하지만 뜻대로 되지 않아 발을 동동 구를 일이 생긴다.

◈ 칼로 상대방을 찔렀는데 죽지 않고 자신을 쫓아온 꿈은 / 목표 달성에 돌입한 사업이 좌절되어 오랫동안 심한 고통에 시달리게 된다.

◈ 어떤 사건에서 빠져 나가기 위해 무작정 도망쳤던 꿈은 / 무슨 일을 하든 실패와 고통이 뒤따르며 심한 좌절감을 맛보게 된다.

◈ 애인과 낯선 곳에서 데이트를 한 꿈은 / 오가던 혼담이 성사되거나 큰 이익을 얻을 수 있는 일거리를 맡게 된다.

◈ 울타리 안의 좁은 공간에서 서성댔던 꿈은 / 진행되던 일이나 계획이 더 이상의 진전이 없이 그 정도에서 그치게 된다.

✪ 사랑하는 사람과 함께 새로운 거리를 걸었던 꿈은 / 꿈 속에서 함께 행동한 상대(이성)가 평소에 잘 아는 사람이라면 그 사람과의 관계가 더욱 호전되고 대화가 잘 풀려나간다. 그러나 꿈 속의 상대방이 실제 인물이 아닌 어떤 일이나 사건의 상징이라면 그 일이나 사건의 성취 과정을 나타낸 꿈이다.

✪ 병에 걸려서 잘 걷지 못한 꿈은 / 사람들에게 자랑할 만한 큰 일을 이룩하게 된다.

✪ 걸어가다가 갑자기 걸음을 멈춘 꿈은 / 순조롭게 진행되던 일에 불행이 닥쳐 도중에서 중단되게 된다.

✪ 집 안으로 다른 식구가 들어온 꿈은 / 혼자만이 알고 있는 비밀을 다른 사람들이 알려고 한다.

✪ 산과 들을 산책한 꿈은 / 현재 진행하는 일에 계획 외의 변화가 생기고 운세에 기복이 생긴다.

✪ 앞으로 전진하거나 뒤로 후진하지 않고 똑같은 자리에서 껑충껑충 뛰었던 꿈은 / 승진 등의 일로 직장에서 자리 변동이 생긴다.

✪ 높이뛰기 등의 운동을 했던 꿈은 / 원했던 일이 이루어지거나 승진을 하게 되며 만사 형통이다.

❖ 지팡이를 짚고 길을 걷는 꿈은 / 다른 사람의 협조를 받으며 일을 진행시킨다.

❖ 깨끗하고 넓은 길을 걸은 꿈은 / 하는 일마다 막힘이 없고 몸도 아주 편안해지게 된다.

❖ 처음 출발했던 곳으로 되돌아온 꿈은 / 진행중이던 일을 중단하고 원점에서부터 다시 시작해야 할 일이 생긴다.

❖ 누군가를 해치려고 뒤쫓아갔던 꿈은 / 무슨 일이든 급하게 추진하지만 결과는 전혀 얻지 못한다.

❖ 짐이나 갓난아이를 업거나 안고 걸었던 꿈은 / 하고 있는 일에 고통이 따른다.

❖ 책상과 책상, 또는 의자와 의자 사이를 몇 걸음 걸었던 꿈은 / 직위나 직책의 변동 또는 책임의 전가, 이전 등을 하게 된다.

❖ 좁고 울퉁불퉁한 길을 걸은 꿈은 / 하는 일마다 고통이 뒤따르며 생각지도 않았던 나쁜 일이 생기게 된다.

❖ 아무런 목적도 없이 무작정 걸었던 꿈은 / 앓고 있는 환자는 병상 생활을 오래 하게 되며 사업가는 전혀 진전이 없다.

❖ 겨우 한 사람만이 지나갈 수 있는 길을 가는데 반대편에서 다

른 사람이 걸어온 꿈은 / 누군가와 대립됐던 감정이 풀리거나 의견의 일치를 보게 된다.

◈ 자기 옆으로 많은 사람들이 스쳐 지나간 꿈은 / 어떤 형태로든 자기와 인연을 맺을 사람들이 나타나게 된다.

◈ 높은 산봉우리를 뛰어 건너거나 섬과 섬, 넓은 강 등을 단숨에 뛰어 건너간 꿈은 / 외국 여행이나 직장 변동, 이사, 권리 행사 등이 수월하게 이루어진다.

◈ 운동장에서 혼자 달리기를 한 꿈은 / 남몰래 혼자서 분투를 할 일이 생긴다.

◈ 낭떠러지로 뛰어내리면서 짜릿한 기분을 느낀 꿈은 / 어떤 형태로든 바라던 것이 이루어지게 된다.

◈ 높은 곳으로 한없이 올라간 꿈은 / 자신의 지위나 위치가 향상되고 하급 사람들로부터 존경을 받게 된다.

◈ 튼튼하게 박힌 기둥에 오fms 꿈은 / 강자의 비위를 맞추며 도움을 기대하게 된다.

◈ 산꼭대기에 오른 꿈은 / 바라던 것이 쉽게 이루어지고 명예와 권리도 뒤따른다.

✧ 계단을 올라가다 넘어져서 데굴데굴 구른 꿈은 / 여러 사람과 경쟁하는 모든 일에서 뒤떨어지게 되고 하는 사업도 진전이 없다.

✧ 갑자기 수렁에 빠진 꿈은 / 병에 걸리거나, 죄를 짓고 붙잡히게 된다.

✧ 한쪽 발이 수렁에 빠졌는데 곧 뽑아낸 꿈은 / 누군가의 모함에 빠져 곤욕을 치르게 되지만 이내 결백함이 증명된다.

✧ 높은 건물에서 뛰어내렸는데 죽지 않은 꿈은 / 회사에 취직이 되거나 많은 사람들이 자신을 과대평가해 준다.

✧ 얼음판 위를 조심조심 걸어간 꿈은 / 부진했던 사업은 활기를 되찾으나 그 진행 속도가 한없이 느리고 고달프다.

✧ 높은 곳에서 떨어진 꿈은 / 힘겹게 쌓았던 명예가 일시에 떨어지거나 신상에 커다란 변화가 온다.

✧ 높은 곳에서 떨어져 부상을 당한 꿈은 / 자신에게 커다란 타격을 줄 실수를 저지르게 되고 그로 인해 큰 손해를 입게 된다.

✧ 높은 곳에서 떨어지는 도중에 꿈에서 깨어난 꿈은 / 사랑하던 사람과 헤어지게 되거나 희망이 사라지고 질병 등 육체적인 시달림을 받게 된다.

✧ 풀뿌리나 나뭇가지 등을 움켜잡으며 힘겹게 산에 오른 꿈은 / 해결할 수 없던 일로 고민하고 있는데 뜻하지 않았던 협조자가 나타나서 해결해 준다.

✧ 높은 곳을 오르려하는데 너무나 힘이 들고 위험하다는 생각이 들었던 꿈은 / 목적을 달성하는데 너무 험한 고통이 뒤따르며 그로 인해 끼니 걱정까지도 하게 된다.

✧ 수렁에 빠져서 허우적거리고 있는 황소를 구출해낸 꿈은 / 가깝게 지내던 사람이 꿈 속의 소처럼 힘겨운 일에 부딪히게 되지만 자신의 힘으로 큰 도움을 줘 몰락 직전에서 구해 주게 된다.

✧ 높은 곳으로 여겨지는 곳에 오른 꿈은 / 승진이 되거나 자기 사업과 관련이 있는 기관의 도움을 받아 승승장구한다.

✧ 높은 곳에서 떨어지던 중 나뭇가지나 전기줄 등에 걸려 살아난 꿈은 / 부도 직전에서 기사회생하거나 구사일생이란 말을 인용할 일이 생긴다.

✧ 까마득한 허공에서 떨어져 머리가 깨어져서 죽은 꿈은 / 어렵기만 하던 사업이 풀리기 시작하고 좋은 아이디어가 가미된 새로운 사업계획을 세우게 된다.

✧ 높은 곳에서 떨어져 두렵고 불안함을 느낀 꿈은 / 일이 잘 되

지 않고, 직장에서도 불안한 일이 생겨 고민하게 된다.

8) 눕거나 서 있음·앉아 있음

◈ 반듯이 누워서 하늘을 바라본 꿈은 / 개인적인 일에서 벗어나 국가적인 일에 지대한 관심을 쏟을 일을 체험하게 된다.

◈ 누군가와 함께 나란히 누워 있었던 꿈은 / 사업에 동업자가 끼어들게 되며 오랜 세월이 지난 후에야 그 사업의 성과가 나타나게 된다.

◈ 이불을 덮지 않고 맨바닥에 그냥 드러누웠던 꿈은 / 어떤 소식을 기다리는 꿈이다.

◈ 누군가의 무릎을 베고 누워 있었던 꿈은 / 상대방이 자기의 부탁을 들어 주며 누군가에게 자신의 모든 걸 의지하게 된다.

◈ 반듯하게 누워 시간 감각을 잊어버렸던 꿈은 / 실직이 되어 긴 공백을 갖게 되거나 병상에 있는 사람은 치유 기간이 길어지게 된다.

◈ 현재 앓아누워 있는 중병 환자가 다른 사람에게서 큰절을 받은 꿈은 / 현재 앓고 있는 병이 갑자기 악화되거나 얼마 안 있어 죽게 된다.

◈ 반듯하게 누워 있는데 발치에 누가 앉아 있었던 꿈은 / 자신의 일을 방해하는 사람들이 많아 심한 어려움을 겪게 된다.

◈ 너무 오랫동안 잠을 잤다고 여겨진 꿈은 / 묵혀 두었던 일을 다시 시작할 일이 생기거나 무관심했던 일에 관심을 갖게 된다:

◈ 누군가가 자기의 머리에 다리를 올려놓고 누워 있었던 꿈은 / 어떤 일을 하든 경쟁자에게 패배를 하게 된다.

◈ 잠자고 있는 사람을 본 꿈은 / 활발하게 진행되던 일이 침체 상태에 빠지게 된다.

◈ 하나의 이불 속에서 여러 사람이 잠잤던 꿈은 / 여러 동업자와의 사업이 진행되고, 이성을 이불 속으로 끌어들인 꿈이면 동업 계약, 동문, 탐지 등의 일과 관계된다.

◈ 아무 곳에서나 엎드려 있었던 꿈은 / 승부를 겨룰 일이 있으면 패자가 되며 누군가의 감언이설에 속을 위험이 있다.

◈ 선 채로 성교하는 것을 본 꿈은 / 꿈 속에서 본 그 당사자와 얽히고설킨 일의 매듭이 풀린다.

◈ 여러 사람이 줄을 서 있는데 그 중 한 사람이 거꾸로 서 있었던 꿈은 / 누군가의 건의나 의견을 묵살하게 되며 그로 인해 큰

피해를 입게 된다.

❖ 거꾸로 서 있는 사람을 본 꿈은 / 자신이 하고 있는 일의 순서가 바뀌게 되거나 직장에서 선배를 젖히고 자신이 먼저 승진을 하게 된다.

❖ 앉지도 서지도 않은 엉거주춤한 상태로 있었던 꿈은 / 자신에게 불리한 일이 닥치지만 빠져 나갈 구멍이 없게 된다.

❖ 의자에 앉았던 꿈은 / 의자에 걸터앉으면 어떤 부서의 책임을 맡게 되거나 취직, 입학 등이 확정된다. 의자를 찾지 못하거나 의자에서 내려오는 꿈은 직장을 그만 두거나 입시, 취직시험 등에서 낙방한다.

❖ 여러 사람이 나란히 의자에 앉아 있는 꿈은 / 여러 사람이 함께 일할 일이 생기고 사람들이 많은데도 엇갈리는 의견이 없게 된다.

❖ 아무 곳에나 앉아 있었던 꿈은 / 하던 일이 중단되거나 직장을 옮기게 된다.

❖ 여행을 하던 중에 길가에 앉아서 휴식을 취했던 꿈은 / 순조롭게 진행되던 일에 이변이 생겨 중도에서 포기하거나 장시간 동안 보류 상태로 남게 된다.

◈ 여러 개의 돗자리를 펴고 많은 사람들이 앉아 음식을 먹었던 꿈은 / 여러 차례의 회담, 사업 문의 등이 있게 된다.

◈ 주인이 내주는 방석을 깔고 앉았던 꿈은 / 어떤 기관 또는 회사에 취직하거나 직책이 맡겨진다.

9) 찬성과 반대·충고

◈ 남편이 아내에게, 아내가 남편에게 화풀이를 한 꿈은 / 자신 이외의 어느 누가 일을 해도 마음에 들어하지 않으나 결과를 보고는 크게 만족한다.

◈ 열심히 박수를 친 꿈은 / 어떤 압력에 의해 자신의 의견을 주장하지 못하게 되거나 사건에 깊게 말려들게 된다.

◈ 무조건 호통만 쳤던 꿈은 / 쌓였던 감정을 폭발시킬 일이 있으며 대인 관계에서 상대방을 제압하여 승리감에 도취되게 된다.

◈ 누군가에게 호통을 치는데 그가 꼼짝도 하지 않고 앉아 있었던 꿈은 / 무슨 일을 하든 자신이 주장을 내세우며 과감하게 잘못된 점을 수정한다.

◈ 벌을 주어야 할 죄인을 용서하고 풀어 준 꿈은 / 진행중이던 일이 중단되거나 모든 것이 완성 단계에서 무너지고 만다.

✦ 구름처럼 모인 군중들이 미친 사람처럼 광란한 꿈은 / 많은 사람들이 일을 방해하거나 의견을 받아들이지 않는다.

✦ 많은 사람들이 모여 비명을 지른 꿈은 / 군중이라고 말할 수 있을 정도로 많은 사람들이 자신이 한 일에 감탄을 하게 된다. ·

✦ 심한 욕을 하는데도 상대방은 묵묵부답인 꿈은 / 해결책이 없다고 포기했던 일이 해결되고 걱정거리가 모두 없어진다.

✦ 생사를 건 싸움을 한 꿈은 / 자신의 일에 대해 불만이 쌓이거나 시빗거리가 생기기 쉽다.

✦ 많은 군중이 자신을 향해 박수를 쳐 준 꿈은 / 사람들을 감동시킬 일이 생긴다.

✦ 어떤 일이 됐든 무조건 좋다고 동의한 꿈은 / 무슨 일을 하든 만족감을 얻을 수 있고 정신적으로 평화로움을 만끽한다.

✦ 누구에겐가 잘못했다고 빌었던 꿈은 / 하루 종일 불만스러운 일만 일어나 피로에 지치게 된다.

✦ 거친 행동을 하는데도 상대방이 계속 빙글빙글 웃었던 꿈은 / 자신은 만족스러운 일을 해 놓고 여유만만해지지만 누구 한 사람 치하를 하지 않는다.

◈ 신령적인 존재에게 용서를 빌었던 꿈은 / 유명인사에게 뇌물을 주고 청탁을 하면 자신이 바라는 성과를 얻을 수 있다.

◈ 누구에겐가 충고를 들었던 꿈은 / 반성해야 할 행동을 하거나 어떤 일로 인해 심한 양심의 가책을 받게 된다.

10) 인사와 악수·결혼

◈ 상사나 윗사람이 먼저 자기에게 인사를 한 꿈은 / 자기보다 연령이 높거나 사회적인 지위가 높은 사람이 자기에게 부탁을 해오거나 도움을 청해 올 일이 생긴다.

◈ 무엇인가를 자꾸 쓰다듬었던 꿈은 / 불쾌감이나 불만, 불안감을 갖게 될 일이 생긴다.

◈ 집안 어른에게 큰절을 한 꿈은 / 정부기관이나 단체로부터 상을 받거나 아니면 부탁할 일이 생긴다.

◈ 누군가와 손을 맞잡고 걸은 꿈은 / 어떤 사람을 만나든 일을 함에 있어서 손발이 척척 잘 맞는다.

◈ 절을 하는데 상대방이 외면해 버린 꿈은 / 청탁한 일이 무산되고 다른 사람으로부터 전혀 도움을 받지 못한다.

❖ 신이나 우상에게 절을 한 꿈은 / 어떤 기관이나 권력자에게 청원할 일이 생기며, 그 일은 반드시 이루어진다.

❖ 신랑과 신부가 서로 맞절을 한 꿈은 / 계획한 일이나 사업, 계약 또는 작품 등이 이루어지지 않는다.

❖ 상대방에게 절을 하자 그가 미소를 지은 꿈은 / 꿈 속의 상대방에게 청탁할 일이 있어 청탁은 하지만 그 후에 서로 좋지 않은 감정이 생긴다.

❖ 대통령 등 국가 원수에게 거수경례를 한 꿈은 / 정부나 권력이 있는 사람에게 개인적 혹은 단체를 위해서 도움을 청할 일이 생긴다.

❖ 어딘가를 향해 큰절을 한 꿈은 / 주위 환경에 큰 변화가 생기기를 원하게 되고 그것이 곧 현실로 나타난다.

❖ 악수를 하고 손을 강하게 흔들었던 꿈은 / 어떤 거래나 대인 관계에서 시끄러운 일이 생긴다.

❖ 국기를 향해서 경건한 마음으로 목례를 한 꿈은 / 국가에 이익이 되는 일을 하게 되거나 국가 기관으로부터 신임장이나 위임장 등을 받게 된다.

❖ 다른 사람이 자기의 손을 잡아끌어준 꿈은 / 다른 사람의 도움을 얻어 난국을 모면하게 된다.

❖ 병상에 있는 환자가 큰절을 받은 꿈은 / 병이 더욱 악화되거나 운명할 날이 며칠 남지 않은 것이다.

❖ 죽음 직전에 있는 사람의 손을 잡아서 구해 준 꿈은 / 어떤 사람을 도와 줄 일이 생기며 그 일로 인해 재정적인 큰 손해를 입게 된다.

❖ 누군가에게 공손히 절을 한 꿈은 / 꿈 속의 사람에게 부탁을 할 일이 생기며 원했던 결과를 얻게 된다.

❖ 애완동물(새, 강아지 등)을 팔에 안거나 가까이 가서 쓰다듬은 꿈은 / 가까운 사람, 특히 배우자나 친척 또는 아랫사람 때문에 속상하고 불안하고 불쾌한 일이 생긴다.

❖ 상대방의 손을 두 손으로 감싸잡은 꿈은 / 형제나 연인, 사제 등의 도움을 받게 된다.

❖ 손위의 사람이 자기에게 절을 한 꿈은 / 자기보다 높은 지위에 있는 사람이 어떤 일을 부탁해 온다.

❖ 방 안에 있는 사람의 손을 잡아 끌어낸 꿈은 / 상대방의 의견이야 어떻든 자신이 살기 위해 남에게 피해를 입힐 일이 생긴다.

❖ 상대방의 손을 잡았는데 몹시 차갑게 느껴졌던 꿈은 / 꿈 속의 상대방에게 냉대받을 일이 생긴다.

❖ 상대방에게 절을 하고 그가 답례하는 것을 빤히 바라본 꿈은 / 누군가에게 부탁했던 일이 이루어지지 않는다.

❖ 결혼식장에 서 있는 자신을 거울을 통해 본 꿈은 / 이 꿈을 유부녀가 꿨다면 결혼 전에 사랑했던 사람을 우연히 만나게 된다.

❖ 두 마리의 서로 다른 짐승이 서로 물어뜯으며 싸우는 걸 본 꿈은 / 두 개의 서로 다른 세력이 단합하거나 원수처럼 지내던 사람과 화해하게 된다.

❖ 커다란 동물이 자신을 물고 놓아 주지 않았던 꿈은 / 직장이나 권력 등을 얻으면 오래도록 보직하게 된다.

❖ 누가 무슨 말인가를 속삭이는데 무슨 말인지 알아듣지 못한 꿈은 / 자신이 어떤 의견을 내놓거나, 작품 등을 발표해도 사람들이 이해해 주지 않는다.

❖ 누군가에게 물린 꿈은 / 상대방이 누리고 있는 인기나 권세 등이 자기 쪽으로 옮겨진다.

❖ 자신의 결혼식에 상대자가 바뀌어 버린 꿈은 / 계약할 일이 생기면 자신에게 유리한 조건이 된다.

❖ 무엇엔가 크게 놀란 꿈은 / 무슨 일을 계기로 해서 큰 감동을 받을 일이 생긴다.

❖ 결혼선물을 주고받은 꿈은 / 계약서 등의 증서를 꾸밀 일이 생긴다.

❖ 결혼식장에 입장했는데 상대방은 물론 하객이 한 사람도 없었던 꿈은 / 취직을 하게 되거나 새로 시작해야 할 일 등이 생긴다.

❖ 결혼식장에 부모가 참석한 꿈은 / 협조자가 나타나게 되며, 결혼식장에 내빈이 많을 경우엔 협조하고 동조하는 사람이 많게 된다.

❖ 이혼한 꿈은 / 계약된 일이나 결정 등이 해지되고, 사귀던 사람과의 작별 또는 사업의 포기 등이 있게 된다.

❖ 드레스를 입고 결혼식장에 입장한 꿈은 / 직장을 옮기는 등 자신과 관련된 크나큰 변화가 있게 된다.

❖ 한 장소에서 합동결혼식을 하는 걸 본 꿈은 / 진지한 회담에 참석하게 되고 그 회담이 몇 시간에 걸쳐 이루어진다.

✥ 남이 듣지 못하도록 서로 속삭인 꿈은 / 어떤 소문에 말려들게 되거나 여러 사람의 입에 오르내리게 된다.

11) 시험과 공부·독서

✥ 문장을 짓거나 글씨를 쓴 꿈은 / 자기가 품고 있는 생각이나 사상을 다른 사람에게 알리게 되며, 상대방에게 어떤 지시나 암시를 주게 된다.

✥ 작문시험을 보던 중 답안지를 시험 감독관에게 바친 꿈은 / 자신의 신원조회를 받게 되거나 힘있는 사람에게 협조를 구하게 된다.

✥ 교실에 앉아서 열심히 공부를 한 꿈은 / 매스컴에 자신의 의견을 피력하거나 부하 직원들에게 많은 양의 일거리를 주게 된다.

✥ 연필이나 붓 등의 필기 도구를 손에 쥐고 있었던 꿈은 / 원고를 쓸 일이나, 하고자 하는 일의 계획 등이 세워진다.

✥ 다른 사람이 그림을 그려서 자기에게 보여 준 꿈은 / 다른 사람이 자기에게, 또는 자기가 다른 사람에게 자기 소개나 어떤 지시 사항을 제시하게 된다.

❖ 학생이 연필을 얻거나 산 꿈은 / 학교 성적이 우수해지거나 훌륭한 친구를 사귈 수 있다.

❖ 애인에게 시를 낭독해 준 꿈은 / 애인에게 자신의 사랑을 다시 한 번 확인시켜 주게 된다.

❖ 필기구를 꼭 쥐고 소중하다고 생각했던 꿈은 / 계획을 세워 놓았던 어떤 일이 결실을 맺게 된다.

❖ 열심히 그림을 그린 꿈은 / 어떤 사람의 내면을 깊숙이 관찰하게 되거나 자신의 운명을 생각해 볼 일이 있다.

❖ 남에게 필기구를 건네 준 꿈은 / 자기에게 돌아올 몫의 일거리를 누군가가 가로채 갈 일이 생긴다.

❖ 자기의 필체에 대해 좋은 평가를 받은 꿈은 / 정부 당국의 지시대로 따르지 않으면 큰 화를 면치 못하게 된다.

❖ 칠판에 그림을 그려 놓고 사람들에게 따라서 그리라고 한 꿈은 / 부하 직원이나 자신을 따르는 사람들에게 어떤 일을 따로따로 Ep어서 시키게 된다.

❖ 눈으로만 책을 읽은 꿈은 / 평소 존경하던 사람이 시키는 일을 아무런 불평불만 없이 처리하게 된다.

제 5 장
감정에 관한 꿈

1) 표현

◈ 다른 사람이 자기에게 화를 버럭 SOS 꿈은 / 다른 사람에게 꾸중을 듣거나 압도당하게 된다.

◈ 화를 터뜨려 큰 소리를 낸 꿈은 / 자기의 소원이 성취되며 상대방을 지배하게 된다.

◈ 상대방의 언행으로 불쾌해진 꿈은 / 상대방으로 인해서 불쾌한 일을 당하거나 불만이 생긴다.

◈ 다른 사람을 측은하게 생각하거나 불쌍해서 위로해 준 꿈은 / 자신이 불리해지고 손해를 본다. 거기에는 반드시 상대가 있다.

◈ 정체불명의 웃음소리를 들은 꿈은 / 여러 사람에게 비웃음을 당하거나 병으로 시달리게 된다.

✪ 이성에게 욕정이 생기지 않았던 꿈은 / 어떤 사람에 대해서 무관심하거나 당연한 일로 생각한다.

✪ 이성을 보고 욕정을 품게 되지만 그 욕정을 해소시키지 못한 꿈은 / 다른 사람, 또는 어떤 일에 대해서 만족할만한 성과를 얻어내지 못하고 불안, 초조, 불쾌해지게 된다. 하고 있는 일을 완성하지 못하고 도중에 끝낸다.

✪ 천지가 전체적으로 흐리게 보인 꿈은 / 근심 걱정할 일이 생기고 불쾌한 일을 겪게 된다.

✪ 모든 사람이 아름답다고 느낀 꿈은 / 하는 일이 만족스럽고 감동적인 일을 보게 된다.

✪ 상대방을 숙여야겠다고 생각한 꿈은 / 진실이 아니거나 계교적인 일로 상대방을 유혹하게 된다.

✪ 큰 일이 일어났다고 생각하는 꿈은 / 실제에 있어서 큰 기쁨을 안겨 줄 큰 일이 일어나거나 세상에서 널리 호평받을 일이 일어난다.

✪ 물고기를 잡아야겠다고 생각한 꿈은 / 어떤 재물을 소유하기 위해서 일을 계획한다.

✪ 일에 대해 고통스럽게 생각한 꿈은 / 하는 일마다 장애물이

생겨 난관에 부딪힌다.

✧ 무엇을 보고 황홀한 느낌을 가졌던 꿈은 / 이상적인 일로 감격하거나 자기의 욕구를 충족시킨다.

✧ 배가 고프다고 생각한 꿈은 / 무엇인지 항상 허전하고 부족한 느낌을 갖는다.

✧ 나쁜 일을 행하려는 마음을 먹는 꿈은 / 억지로 어떤 일을 달성하려고 노력하게 되며, 일단 그 일은 이루어진다.

✧ 처음에는 괴롭고 고통스럽다가 나중에는 그 고통으로부터 해방된 꿈은 / 현실에서도 꿈과 같은 일이 일어난다.

✧ 육체적인 아픔을 느낀 꿈은 / 이성 문제나 사업, 직장의 업무 등으로 고통을 당할 일이 생긴다.

✧ 안면이 없는 여자가 흐느껴 운 꿈은 / 가정이나 자기 신변에 좋지 않은 일이 생긴다.

✧ 상대방이 명랑하고 활발해 보인 꿈은 / 상대방과 서로 마음이 통해서 교섭이 잘 이루어진다.

✧ 상대방이 추하다고 느낀 꿈은 / 마음에 들지 않는 사람을 만나거나 물건을 갖게 된다.

✦ 상대방이 무표정해 보인 꿈은 / 상대방으로 인해서 조금도 조심 걱정할 필요가 없게 된다.

✦ 신세타령하며 슬퍼한 꿈은 / 현실에 불만을 갖게 된다.

✦ 상대방과 서로 마주 보고 운 꿈은 / 사소한 일로 시비를 벌이다가 냉정을 되찾게 된다.

✦ 오물 같은 것이 옷에 묻어 불쾌해진 꿈은 / 남에게 창피를 당하거나 근심 걱정으로 항상 불안해한다.

✦ 상대방을 미워한 꿈은 / 상대방을 못마땅하게 생각하거나 불쾌한 마음이 생긴다.

✦ 상대방이 미워서 적의를 가진 꿈은 / 어떤 일거리에 불만을 가지거나 어떤 사람에게 애착심이 생긴다.

✦ 신령적인 존재를 두렵게 생각한 꿈은 / 신령적인 일로 감동하거나 불안해진다.

✦ 육체적인 통증을 느낀 꿈은 / 어떤 일을 시작하는데 여러 가지로 많은 어려움을 겪게 된다.

✦ 성경 구절이나 격언을 읽은 꿈은 / 남에게 진실된 말이나 가

르침을 받고 참된 일을 행한다.

✥ 상대방을 천시하거나 학대한 꿈은 / 상대방에게 불쾌한 감정을 노골적으로 표시한다.

✥ 동물을 보고 공포감이 생긴 꿈은 / 위험한 일에 직면하거나 감동적인 일을 겪게 된다.

✥ 마음이 우울해진 꿈은 / 답답하고 근심 걱정할 일이 생긴다.

✥ 상대방과 마주 보고 서로 활짝 웃은 꿈은 / 상대방과 의사 소통이 서로 잘 된다.

✥ 모든 사물이 만족스럽다고 느낀 꿈은 / 자기의 소원을 충족시키고 현실에 만족한다.

✥ 어떤 경쟁에서 승리한 꿈은 / 어떤 일을 만족스럽게 성취시킨다.

✥ 청중과 함께 웃었던 꿈은 / 상대방과 사소한 일로 시비가 생겨 다투게 된다.

✥ 상대방과 서로 빙그레 웃은 꿈은 / 상대방과 다툴 일이 있거나 냉대를 받게 된다.

✤ 다른 사람이 미소짓는 것을 보는 꿈은 / 현실에서 꿈에 본 그 사람 또는 주위의 다른 사람으로 인하여 자기가 불쾌한 체험을 하게 된다.

✤ 이성에 대한 욕정이 생긴 꿈은 / 상대방에게 불만을 느끼고 하고 있는 일이 중간에 포기된다.

✤ 불결해서 거북한 느낌이 든 꿈은 / 남에게 창피를 당하게 되고 불쾌한 일을 체험한다.

✤ 자신이 소원하고 희망한 꿈은 / 어떤 일을 추진해 나가거나 욕심이 생긴다.

✤ 고통 끝에 평안한 마음을 느낀 꿈은 / 어떤 일을 어려운 고비를 넘기고 성사시킨다.

✤ 다른 사람에 대해서 두려움을 가졌던 꿈은 / 하고 있는 일이나 사업 등이 곤란을 겪거나 불안, 공포에 직면하게 된다.

✤ 어둠과 절벽, 방해물 등 때문에 암담해진 꿈은 / 하고 있는 일이나 사업 등이 좌절 상태에 놓이게 된다.

✤ 다른 사람에게 빌면서 용서를 구했던 꿈은 / 이력서나 행적, 업적, 일의 능률 등에 대해서 다른 사람의 허가 또는 승인을 받게 된다.

❖ 좌절과 절망 상태에 놓인 꿈은 / 원하며 추진하는 일이 잘 되지 않는다.

❖ 자기가 매우 공격적인 성격을 가졌던 꿈은 / 일이나 애정에 대해 강한 애착을 가지게 된다.

❖ 대성통곡한 꿈은 / 자기가 소원한 일이 성사되고 자기 신변에 관한 일이 여러 사람에게 전달된다.

❖ 다른 사람이 죽어서 자기가 슬퍼했던 꿈은 / 불안한 가운데 어떤 일이 이루어진다.

❖ 다른 사람이 슬퍼하는 것을 본 꿈은 / 다른 사람 (꿈에 본 사람)의 신상에 나쁜 일이 생기고, 그것 때문에 자기도 괴로워하게 된다.

❖ 상대방이 통쾌하게 웃는 것을 본 꿈은 / 교활한 자기 꾀에 말려들거나 병마에 시달리게 된다.

❖ 상대방이 냉정한 태도를 취한 꿈은 / 상대방의 마음을 편안하게 해 준다.

❖ 상대방이 크게 화를 낸 꿈은 / 상대방에게 압도당하거나 책망을 듣게 된다.

❖ 환자가 건강을 회복한 꿈은 / 정신적인 일의 건전함과 자신만 만한 태도를 나타낸다.

❖ 무엇인지는 모르지만 아무튼 한없이 커지는 것을 느낀 꿈은 / 사업이나 세력, 운세 등이 확대된다.

❖ 무슨 일이든지 자기 자신이 기뻐했던 꿈은 / 대단히 기쁜 일 과 만족스러운 일이 생긴다.

❖ 남을 시기하고 질투한 꿈은 / 패배 의식을 갖거나 현실에 불 만을 느낀다.

❖ 양심에 가책을 느꼈던 꿈은 / 패배, 열세, 불안, 불쾌함 등의 심리적인 체험을 하게 된다.

❖ 상대방이 기뻐하는 것을 본 꿈은 / 패배감을 맛보거나 상대방 에게 불쾌한 마음을 갖는다.

❖ 상대방을 무관심하게 바라본 꿈은 / 마땅히 이루어질 일이나 직접적으로 관계가 없는 일을 나타낸다.

❖ 이성이 애정을 표현해 온 꿈은 / 어떤 사람에게 유혹당하거나 일에 대한 애착이 생긴다.

❖ 울음을 그쳤다가 다시 울기 시작한 꿈은 / 울음의 횟수만큼 기쁜 일이 계속해서 생긴다.

❖ 자기가 통쾌하게 웃은 꿈은 / 원하던 일이 풍족하게 이루어지고 모든 근심 걱정이 없어진다. 또한 세력이 확장되어 다른 사람을 복종시키게 된다.

❖ 큰 소리로 울거나 후련하게 우는 꿈은 / 만족스럽고 기쁜 일이 생기며, 원하는 바가 크게 이루어진다.

2) 느낌

❖ 연하고 부드러운 물건을 본 꿈은 / 작품이 미완성되거나 정서적으로 마음이 풍부해진다.

❖ 행위나 전망에서 끝이 없다고 생각된 꿈은 / 허망하고 비현실적인 일을 접하게 된다.

❖ 헌 것을 소유한 꿈은 / 과거에 지니고 있던 물건을 발견하게 된다.

❖ 작은 일이 크게 확대된 꿈은 / 자기의 소원을 충족시키고 실제로 일이 크게 성사된다.

✛ 물건이 엉성해 보인 꿈은 / 어떤 일이 충실하지 못하거나 상대방의 믿음성이 부족하다고 느껴지게 된다.

✛ 상대방이 늙어 보인 꿈은 / 오래 된 일을 접하거나 지식이 많은 사람을 알게 된다.

✛ 부패하고 상한 물건을 얻은 꿈은 / 남에게 창피를 당하거나 마음이 항상 불안해진다.

✛ 물건이 빈약하게 느껴진 꿈은 / 마음이 너그럽지 못한 사람을 만나게 된다.

✛ 소유물이나 보이는 것이 싱싱한 꿈은 / 건전한 사고방식을 갖고 있고 무슨 일이든 완벽하게 추진해 나간다.

✛ 수량이 적은 것을 소유한 꿈은 / 그 수량만큼 부족하고 불만을 갖게 된다.

✛ 짜임새가 엉성하게 느껴진 꿈은 / 얽혀져 있는 것이 부적당하고 소홀하게 된다.

✛ 수량이 많은 것을 소유한 꿈은 / 그 수량만큼 풍부하고 만족한 일이 생긴다.

✛ 물건을 새 것을 얻거나 가진 꿈은 / 자기 주변에 있는 것이

새롭게 바뀌거나 개선할 일이 생긴다.

✧ 공간이 줄어든 꿈은 / 자기가 기대하고 있었던 일이 뜻대로
이루어지지 않아 실망하게 된다.

제 6 장
사람들

1) 본인과 가족

◈ 남자일 경우, 자기가 임신을 하고 출산 기일이 가까워 졌다고 생각되는 꿈은 / 사업의 확장이나 거래 등에 있어서 새로운 사업의 추진이나 거래처로부터의 지불 기일이 가까워졌음을 인식하게 된다.

◈ 낮에 못 다한 연애를 꿈 속에서 계속하는 꿈은 / 다른 사람과 상관없이 자기 소신껏 일해도 좋은 결과를 얻게 된다.

◈ 다른 사람의 부인을 껴안는 꿈은 / 좋은 일이 생긴다. 다른 사람들이 부러워할 경사스런 일이 터진다.

◈ 임신한 여자가 잠을 자다가 또 임신을 하는 꿈은 / 어린아이가 꼭 아빠를 닮으며 커서도 건강하고 영리하다.

◈ 자기의 모습이 희미하게 인식되는 꿈은 / 자기의 작품에서,

작품의 이미지, 각종 인물의 성격 등을 정확히 구분하지 못한다.

✠ 주변 사람들 중에서 평소 자신에게 도움을 준 사람을 본 꿈은
/ 자신에게 협조적으로 도와 줄 사람이 나타나게 된다.

✠ 아름다운 처녀에게 장가드는 꿈은 / 경사스런 일이 생긴다.

✠ 멋진 남자와 결혼하는 꿈은 / 하는 일이 만족스럽게 이루어진
다.

✠ 자기의 중매를 하는 꿈은 / 다른 사람과 다툴 일이 생긴다.

✠ 자기가 사위를 얻는 꿈은 / 재물이나 복록이 생긴다.

✠ 여자가 저녁 무렵에 화장하는 것을 보는 꿈은 / 하는 일이 순
조롭게 이루어진다.

✠ 일거리의 상징물로서 남녀의 꿈은 / 각자 남녀가 맡은 것을
구분해서 일을 한다.

✠ 자기 앞에 나타난 사람이 희미하게 생각되는 꿈은 / 하려고
하는 일의 방법이나 계획이 머리에 잘 떠오르지 않아서 곤란을
겪게 된다.

✠ 사원들이 백발이 성성한 노인으로 변해 있는 꿈은 / 사원들이

매우 고달픈 일에 몰두해 있다는 것을 알게 된다.

✦ 꿈에 나타난 상대방을 잘 기억하지 못하는 꿈은 / 자기와의 친분 관계, 얼굴의 표정, 장소와 사건 등을 고려해서 그가 현실의 누구라는 것을 알 수 있다.

✦ 어떤 남성을 여성으로 동일시한 꿈은 / 그의 성격이 여성적이고, 용모가 여자 같은 때, 자애로움이 있을 때, 이중인격을 보일 때 등을 나타낸다.

✦ 여자가 남자로 변한 꿈은 / 괴롭고 고민스러웠던 일이 역전하여 경사스러운 일로 바뀐다.

✦ 자기가 갑자기 늙어 보이는 꿈은 / 실제로 어떤 일을 신중하게 생각하고 검토해야 할 경우가 생긴다.

✦ 남자와 여자가 함께 물 속으로 뛰어들어간 꿈은 / 돈을 많이 벌게 되며, 걱정거리가 없어진다.

✦ 사실적이거나 투시적인 꿈은 / 꿈 속에 나타난 그 사람을 미래의 현실에서 실제로 상관하게 된다.

✦ 어떤 일거리와 상관된 상대방의 연령의 꿈은 / 하고 있는 일이 쉽게 해결되지 않는다.

❖ 평소 길거리에서 잠깐 만났던 사람을 자주 만나는 꿈은 / 현실에서 앞으로 그와 유사한 사람이나 일을 만나게 된다.

❖ 노인을 만났는데 그 사람이 어쩐지 실제 인간 같아 보이지 않았던 꿈은 / 많은 경험을 필요로 하는 일거리를 얻게 된다.

❖ 피부가 검은 남자와 자기 부인이 성행위를 하는 꿈은 / 자신이 지위와 명예를 얻게 된다.

❖ 자기가 흑인 아가씨와 결혼을 한 꿈은 / 건강이 나빠지거나 병을 얻게 된다.

❖ 신부가 웃고 있는 꿈은 / 가까운 사람이나 친한 친구가 찾아온다.

❖ 주근깨가 많고 비쩍 마른 여인과 결혼을 한 꿈은 / 점점 가난해진다.

❖ 자기가 데릴사위 혹은 양자가 되어 다른 집으로 간 꿈은 / 걱정거리가 생기고, 친구들로 인하여 고민하게 된다.

❖ 남녀가 성교를 하며 잔치를 베푼 꿈은 / 만사가 뜻대로 이루어진다. 혼사가 성립되거나 계약이 체결되고, 입학, 취업 등이 확정된다.

✦ 혼인 잔칫집에 술잔이 가득한 꿈은 / 근심이 생긴다.

✦ 자기 자식이 죽은 꿈은 / 근심과 구설이 없어지고 만사가 뜻대로 풀려 나간다.

✦ 어린 여자아이를 껴안아 준 꿈은 / 구설수가 생긴다.

✦ 돌아가신 아버지를 만난 꿈은 / 근심이 사라지고 좋은 일이 생긴다.

✦ 가족이 모두 한 방에 모여 있었던 꿈은 / 가까운 이웃이나 친척이 서로 다툰다.

✦ 부모형제가 모여 잔치를 베푼 꿈은 / 먼 곳에서 기쁜 소식이 있고, 하는 일마다 잘 된다.

✦ 꿈 속에서 또 다른 자신의 꿈은 / 자신의 작품, 가족, 동업자 등을 일반적으로 나타낸다.

✦ 별거중인 가족과 함께 있는 꿈은 / 일반적으로 직장 또는 일을 부탁한 어떤 기관의 내부 사람들을 만나게 된다.

✦ 한 자리에 여러 세대가 모인 꿈은 / 자신의 일에 일일이 간섭하는 사람이 나타나게 된다.

✪ 처자가 서로 모여서 통곡한 꿈은 / 재산을 잃고 가난해지며, 고생을 하게 된다.

✪ 부부가 함께 대화를 한 꿈은 / 부부 간에 서로 헤어지게 된다.

✪ 부부가 서로 헐뜯고 싸움을 한 꿈은 / 부인 또는 자기의 건강이 나빠진다.

✪ 지난날 자기에게 불리하게 대했던 사람이 나타난 꿈은 / 일반적으로 비협조적이고 방해적인 인물을 만나게 된다.

✪ 삼촌 집에서 친구 집으로 간 꿈은 / 직장을 다른 곳으로 옮긴다.

✪ 짝사랑에 빠졌던 여자가 자기 품에 안긴 꿈은 / 동업자와 일에 착수하지만 뜻대로 해결되지 않는다.

✪ 객지 생활하는 사람에게 가족이 보인 꿈은 / 가족에게 화근이 생기는 것이 아니라 직장일과 관련이 있다.

✪ 근친상간을 했는데 떳떳하게 행동했던 꿈은 / 가까운 사람이 어떤 일거리를 가지고 찾아오게 된다.

✪ 자기 부인과 함께 나들이를 한 꿈은 / 재물을 잃거나 도둑맞

는다.

✤ 자기 부인과 같이 앉아 있었던 꿈은 / 삶이 정상적이고, 가정이 화목하다.

✤ 돌아가신 부모나 고향에 있는 부모를 만나거나 본 꿈은 / 남의 비방을 듣거나 몸이 불편해진다.

✤ 형제끼리 이별한 꿈은 / 다른 사람과 다툴 일이 생긴다.

✤ 자기 아내가 다른 남자에게 시집을 간 꿈은 / 자기 부인에게 재앙이 따른다. 병이 들거나 죽게 될 것을 암시하는 꿈이다.

2) 갓난아기

✤ 임신하여 배가 불룩한 여자를 본 꿈은 / 모든 일이 술술 잘 풀리고 재물이 넉넉해진다.

✤ 갓난아이를 안아 준 꿈은 / 정신적인 일로 한때 고민한다.

✤ 아이를 낳았는데 낳자마자 걸어다닌 것을 본 꿈은 / 어떤 작품이 출판되어 널리 보급된다.

✤ 갓난아이와 성교한 꿈은 / 유치한 사람과 협의하거나 동업할

일이 있고 완전하지 못한 일을 맡아서 하게 된다.

❖ 갓난아이를 죽인 꿈은 / 하고 있는 일이 성사되고 근심 걱정이 말끔히 해소된다.

❖ 어린 여자가 아이를 업고 자기를 부지런히 쫓아온 꿈은 / 재난이나 위험한 사고 등으로 고통을 받게 된다.

❖ 아이를 낳거나 낳는 것을 본 꿈은 / 일거리, 재물, 작품 등을 얻는 것이 성사된다.

❖ 갓난아이를 때리는 것을 본 꿈은 / 하고 있는 일을 좀더 변화 있게 연구한다.

❖ 갓난아이의 알몸을 쓰다듬은 꿈은 / 기분 나쁜 일에 직면하거나 자위행위를 할 일이 생긴다.

❖ 살아 있는 어른이 어린아이로 보인 꿈은 / 무슨 일을 하던 상대방의 행동을 자기와 비교하여 판단한다.

❖ 신성한 존재가 어린아이를 데려다 주거나 어린아이 스스로 나타난 꿈은 / 태몽일 경우, 어린아이가 자라서 훌륭한 학자가 된다.

❖ 어른인 자신이 꿈 속에서 학생이 되어 어른과 관계한 꿈은 /

자기보다 모든 면에서 뛰어난 사람과 접하게 된다.

✧ 출산하는 여자를 본 꿈은 / 집안이 번창하여 경사스러운 일이 생긴다.

✧ 남자인 자기가 아이를 낳은 꿈은 / 집안이 번창하여 경사스러운 일이 생긴다.

✧ 자기의 아내가 사내아이를 출산한 꿈은 / 건강이 완쾌되고, 걱정이 가신다.

✧ 처녀가 아이를 낳거나 임신하지 않은 여자가 출산한 꿈은 / 갑자기 좋은 일이 생긴다. 전혀 생각하지 않았는데 자기의 이름이 사방에 널리 알려지게 된다.

✧ 갓난아이의 시체가 관에 담겨진 것을 본 꿈은 / 자기가 하고 있는 일이 남을 통해서 인정을 받는다.

✧ 갓난아이의 똥을 손으로 주무른 꿈은 / 마음이 편안해지고 여러 방면으로 재물이 생긴다.

✧ 갓난아이가 출산되거나 여러 명 모여 있는 꿈은 / 성욕을 억제할 수 없거나 일거리가 많이 생긴다.

✧ 다른 사람이 갓난아이를 안고 자기 앞에서 사라져 버리는 꿈

은 / 걱정거리가 사라진다.

✧ 자기가 갓난아이를 죽인 꿈은 / 근심걱정이 사라지고 원하는 일이 이루어진다.

✧ 평소 어른이었던 사람이 어린 아이로 보인 꿈은 / 현실에서. 그 사람에 대해 학문이나 인격, 기술, 능력 등이 자기보다 못하다 고 생각된다.

3) 경관·신문기자·군인

✧ 자기 도장을 경찰이 찍어 간 꿈은 / 가정에 화근이 생긴다.

✧ 사복형사가 집 안을 수색한 꿈은 / 남에게 여러 가지 질의응 답을 받게 된다.

✧ 남을 살해하고 경관에게 쫓겨다닌 꿈은 / 입사 시험, 논문, 고 시 등에서 낙방한다.

✧ 수갑을 찬 채 경찰관에게 끌려간 꿈은 / 예술가인 경우는 자 기의 작품이 사람들에게 능력을 받게 되나 일반적인 경우는 기관 으로부터 어떤 간섭을 받게 된다.

✧ 경찰관이 집을 포위한 꿈은 / 남에게 부탁한 일이 성사 직전

에 있거나 위험한 사건이 발생한다.

❖ 수갑을 찬 채 끌려간 꿈은 / 취업, 질병, 죽음, 일의 성사 등을 나타낸다.

❖ 검문소에서 신분증을 제시한 꿈은 / 자신의 신분을 내세울·수 있는 것을 자랑으로 삼을 일이 있다.

❖ 경찰이 호출장이나 영장을 보낸 꿈은 / 당첨, 취직, 체포 입원 등의 통지서가 온다.

❖ 경관이 총을 겨누자 공포에 떤 꿈은 / 심적 고통을 받는다.

❖ 신문기자와 인터뷰를 한 꿈은 / 자신의 행동거지를 남에게 체크당하거나 행정, 업적 등을 누구에게 설명하게 된다.

❖ 문학작품의 광고를 내려는 사람이 군대가 행진한 것을 본 꿈은 / 계획하고 있는 일이 대로 추진된다.

❖ 자기가 사진을 찍거나 녹음해 간 꿈은 / 다른 사람에게 자유를 구속받는다.

❖ 집에 신문기지가 방문한 꿈은 / 자신의 신변에 관해서 알려고 하는 사람이 있다.

◈ 군인이 아닌 자신이 완전무장을 한 꿈은 / 어떤 단체에서 주도권을 쥐게 된다.

◈ 군복을 착용하고 적진을 향해 걷는 꿈은 / 어떤 기관에 의해서 사업, 일거리 작품 등이 어려운 절차를 거치게 된다.

◈ 일반적인 장교가 된 꿈은 / 어떤 단체의 지도자가 되어 그 단체를 이끌어 나간다.

◈ 적병을 차례차례로 총살한 꿈은 / 관청의 일이나 계획한 일 또는 침체된 일이 달성된다.

◈ 행진하는 군인들을 본 꿈은 / 계획하고 있는 일이 잘 추진된다.

◈ 전사자의 유골을 군인이 안고 온 꿈은 / 하고 있는 일이 뜻대로 성취되어 세인의 주목을 받는다.

◈ 장교나 사령관에게 훈장을 받은 꿈은 / 명예가 주어지고, 기합이나 구타를 당하면 문책 또는 중대한 책임이 주어진다.

◈ 적병에게 쫓긴 꿈은 / 질병에 걸리거나 계획했던 일을 성사시키지 못한다.

◈ 군인이 무기를 잃어버린 꿈은 / 동업자나 일에 대한 방법과

추진력을 잃게 된다.

4) 군중·예언자·변신

◈ 군중이 자기 옆을 걸어간 꿈은 / 자기가 맡고 있는 일이 급속히 추진된다.

◈ 많은 사람이 자기 주변에 함께 있었던 꿈은 / 대중적이며 사회적인 일과 관련된다.

◈ 많은 군중이 장례 행렬을 따라간 꿈은 / 자신의 공적을 많은 사람들이 인정해 준다.

◈ 공공단체에서 행진을 하는데 맨 앞에 서서 걸어간 꿈은 / 단체의 주도권을 잡거나 자신이 하는 일을 불안해한다.

◈ 군중이 빙 둘러서서 무언가를 지켜본 꿈은 / 동일한 것을 연구하거나 쟁취하려고 한다.

◈ 시위 군중 속에 끼여 자신이 시위를 한 꿈은 / 사회단체의 일원으로 당국에 청원할 일이 있다.

◈ 군중을 호령해서 행동하게 만든 꿈은 / 자기가 원하는 것이 뜻대로 이루어진다.

❖ 정신병자인 여자나 노인을 들여다본 꿈은 / 갖은 질병에 시달린다.

❖ 정신병자가 죽어 있는 꿈은 / 자기의 일을 남에게 과시한다.

❖ 점쟁이나 예언자의 집을 찾아간 꿈은 / 자기와 상담할 수 있는 집을 찾거나 학문적 자료가 보관된 곳을 견학하거나 연구한다.

❖ 골상이나 수상을 관상가에게 본 꿈은 / 남에게 자기의 신변에 관해서 의논하거나 설명한다.

❖ 황소만한 두 사람이 악수한 꿈은 / 여러 국가나 사회단체 등이 통합된다.

❖ 앉은키가 하늘에 닿고 수염이 강줄기처럼 긴 거인을 본 꿈은 / 사회적으로 인정받는 정치가나 학자를 만나게 된다.

❖ 보석을 스크린에 비쳐 점을 친 노인의 꿈은 / 학문적으로 심리 상태를 관찰하는 어떤 심리학자나 예언자를 나타낸다.

❖ 호랑이가 사람으로, 뱀이 닭으로 돌변한 꿈은 / 어떤 일거리의 성격 변화, 일의 성사 여부 등을 나타낸다.

◈ 동물이 사람으로 변한 꿈은 / 미완성된 일이 완성 단계에 이른다.

5) 통치자·재판

◈ 대통령이 자기를 만나러 수행원을 데리고 왔다가 간 꿈은 / 정부나 단체, 유력한 기관에서 자기에게 막중한 책임을 부여한다.

◈ 대통령과 함께 나란히 걸어간 꿈은 / 자기가 가장 존경할 만한 사람과 동업을 하거나 같이 의논을 한다.

◈ 자신이 영부인이 되어 대통령을 따라간 꿈은 / 남편이 하는 일을 도와 주거나 사업체의 일원으로써 맡은 일에 성실하게 된다.

◈ 대통령의 거실로 따라 들어간 꿈은 / 일의 성사, 진급, 권세 등의 일이 이루어진다.

◈ 타국 대통령과 비행기를 함께 탄 샐러리맨의 꿈은 / 다른 회사의 사장이 자신을 발탁하여 그 곳으로 스카우트해 간다.

◈ 왕이 베푼 만찬회에 초대된 꿈은 / 권위 있는 사람, 지도자가 베푸는 일, 회담 등에 참석한다.

❖ 대통령의 의관이 단정하지 못했던 꿈은 / 사회의 질서가 문란
해지거나 집안 어른의 인격과 신분에 이상이 생긴다.

❖ 자신이 국가의 통치자가 된 꿈은 / 어떤 단체의 주도권을 잡
거나 자기 일거리나 작품으로 세인의 관심거리가 된다.

❖ 대통령이 자기 집을 방문하겠다고 길에서 약속한 꿈은 / 자기
에게 최대의 명예나 권리가 주어진다.

❖ 수상이 되어 내각을 조직한 꿈은 / 어떤 조직체의 주도권을
잡게 된다.

❖ 음식을 대통령에게 대접한 꿈은 / 자기가 존경할 분에게 일거
리를 부탁하고 청원할 일이 있다.

❖ 군중 속에서 대통령을 환영한 꿈은 / 국가 시책에 호응해서
좋은 일이 생긴다.

❖ 국회위원 연설을 자세히 들었던 꿈은 / 자기의 신변에 관한
이야기를 남을 통해서 듣게 된다.

❖ 창작품의 광고를 내려는데 군대의 행렬이 지나간 꿈은 / 하는
일이 순조롭게 잘 추진된다.

❖ 재판관에게서 사형 언도를 받은 꿈은 / 자기가 소원한 일이

뜻대로 성취된다.

◈ 자기가 법정에 서서 판사로부터 언도를 받은 꿈은 / 작품의 평가나 학업 성적, 근무 성적, 표창 등의 사회적 또는 단체적인 평가를 받게 된다.

◈ 재판관이나 변호사에게 자기 신변에 관해서 이야기한 꿈은 / 제3자와 무엇인가를 서로 의논하게 된다.

◈ 재판을 받는데 방청객이 많이 몰린 꿈은 / 어떤 단체에서 설교와 설법을 들을 일, 선택할 일, 작품의 평가를 받을 일이 있다.

◈ 준엄한 논고를 검사가 한 꿈은 / 자신이 하고 있는 일이 불안하거나 양심을 가책을 받는다.

6) 도둑·창녀·거지·가정부

◈ 도둑을 보고 두려워한 꿈은 / 어렵고 힘든 일에 직면한다.

◈ 창녀와 나란히 걷거나 놀았던 꿈은 / 어떤 모임에서 술좌석을 벌이고 여자를 포용할 일이 있다.

◈ 거지와 동행한 꿈은 / 외로운 사람을 접하게 되고 개선돼야 할 일을 맡게 된다.

✥ 일꾼이 정원을 청소한 것을 본 꿈은 / 자신에 관한 일을 제3자가 앞장서서 잘 처리해 준다.

✥ 자신의 모습이 흉했던 꿈은 / 신분의 몰락, 고립 등의 일이 생긴다.

✥ 밀폐된 곳으로 안내원이 사라져 버린 꿈은 / 어떤 모함에 빠지거나 억압당한다.

✥ 음식을 가정부가 가져다 준 꿈은 / 어떤 기관의 실무나자 협조자가 자기에게 일을 맡긴다.

✥ 악한을 처치한 꿈은 / 쉽게 해결되지 않은 일이 풀리기 시작한다.

✥ 자신이 파출부나 식모가 된 꿈은 / 미혼녀는 결혼식을 올리거나 취직이 된다.

✥ 바위나 비석에 새겨진 이름을 본 꿈은 / 어떤 기관의 간판 또는 칭호가 새롭게 바뀌게 된다.

✥ 구걸하는 거지에게 동냥을 한 꿈은 / 근심 걱정이 모두 해소된다.

◈ 악한에게 여러 번 시달린 처녀의 꿈은 / 미혼자는 여러 군데에서 혼담이 들어오지만 썩 마음에 내키지 않는다.

◈ 악한에게 살해되거나 상처를 입은 꿈은 / 자기 일을 제3자에게 의해서 평가를 받는다.

7) 성인·승려·목사·교직자·학생·죄수

◈ 천사가 자기를 하느님께 데리고 간 꿈은 / 높은 관직을 얻는다.

◈ 산 속에서 예수님이 자기에게 영세물을 입에 넣어 준 꿈은 / 입학, 취직, 입당 등에 어떤 기관장이 허락할 일이 있게 된다.

◈ 예수께서 찬란한 의상을 걸치고 공중에 나타난 꿈은 / 사회적으로 위대한 지도자가 나타나거나 진리의 서적이 발행된다.

◈ 귀신하고 싸워 이긴 꿈은 / 이긴 꿈은 길하고 지면 흉하다. 그냥 싸웠다는 꿈은 건강해지며 수명이 길다.

◈ 명산대찰에 참배한 꿈은 / 자손이 번창할 징조이다.

◈ 부처님이 사람과 더불어 말한 꿈은 / 가족을 얻어 길하게 된다.

✥ 승려에게 시주한 꿈은 / 자신의 일을 제3자를 통해서 어떤 기관에 소청할 일이 있다.

✥ 불경책을 노승에게서 받은 꿈은 / 여러 사람에게 자신을 인정받고 출세할 방도가 생긴다.

✥ 승려가 와서 독경한 꿈은 / 병과 근심이 있을 징조이다.

✥ 신이나 부처님을 본 꿈은 / 아들을 낳을 징조이다.

✥ 한 집안 사람들이 모여 제사 지낸 꿈은 / 길하며 평안하다.

✥ 신도에게 설교를 하거나 성경을 읽어 준 꿈은 / 자기의 작품을 발표하거나 남을 설득한 일이 생긴다.

✥ 수녀원에 자신이 들어간 꿈은 / 학교, 직장, 교도소, 교회 등에 일이 있어서 가게 된다.

✥ 고승을 직접 대한 꿈은 / 연구자, 스승, 회사 사장 등을 직접 상관하게 된다.

✥ 자기 설교를 듣고 많은 사람이 죽거나 잠든 꿈은 / 많은 사람이 자기를 따르게 되고 심복을 만들 수 있다.

◈ 중에게 경문을 배운 꿈은 / 만사에 덕이 있어 좋다.

◈ 불상이나 석탑을 세운 꿈은 / 운수 대통이며, 부귀한 징조이다. 만약 출가한 승려가 이 꿈을 꾸었다면 반드시 득도하여 이름을 날리게 된다.

◈ 스님에게 잡곡을 시주한 꿈은 / 심사 과정에서 탈락하거나 학문 연구가 깊지 못함을 인정받는다.

◈ 파계승이라고 판단된 사람과 관계한 꿈은 / 부랑아, 천박한 사람, 신의 없는 사람 등을 나타낸다.

◈ 남자인 자기가 여승이 된 꿈은 / 부부 이별수가 있고, 아내 외에 별도로 사귀고 있는 여자가 자기의 가정을 훼방놓게 된다.

◈ 자신이 중이 된 꿈은 / 모든 일이 잘 되어가고 병이 낫는다.

◈ 향을 사르며 사당에 절을 한 꿈은 / 대길하고 몸이 편안해질 징조이다.

◈ 장례식을 지낸 꿈은 / 상여를 보면 더욱 좋다.

◈ 백사의 해골을 본 꿈은 / 장사에 이익이 있다.

◈ 신선이나 의인 또는 기품 있는 사람을 만난 꿈은 / 점차적으

로 운수가 열릴 징조이다.

✥ 도깨비, 유령, 귀신 등의 꿈은 / 우리의 잠재 의식에서 이끌어 낸 표상물로 대체로 악한 일, 벅찬 일거리, 병마, 정신적 산물 등을 상징한다.

✥ 선녀를 본 꿈은 / 고급 관리, 중신, 비서, 학자, 수제자, 배우, 여류 작가 등과의 동일시이고 인기 있고 선풍적인 사업, 작품 등의 상징이기도 하다.

✥ 육체 관계를 선녀와 한 꿈은 / 명예로운 일이 성취된다.

✥ 용궁의 용왕의 꿈은 / 어떤 관청의 장, 정부, 사회, 단체의 장과 동일시하며 해신들은 고급 관리나 중역 따위와 동일시 될 수 있다.

✥ 교직자가 교장과 교감을 본 꿈은 / 실제 인물이거나 학무 과장 등과 상담할 일이 생긴다.

✥ 학생이 존경할 수 없는 선생님을 본 꿈은 / 윗사람에게 책망을 듣거나 기분 나쁜 일이 생긴다.

✥ 은사가 들판길을 걷고 있는 꿈은 / 일이 독단적으로 풀리지 않고 협조자에 의해서 풀린다.

❖ 과거의 스승과 관계한 꿈은 / 은혜로운 협조자와 관계한다.

❖ 자신 앞에 많은 학생이 줄지어 있었던 꿈은 / 하고 있는 일이 쉽게 추진되지 않는다.

❖ 자신이 과거의 학창시절로 돌아간 꿈은 / 하고 있는 일이 숙달되지 않아서 남의 도움을 받는다.

❖ 교장, 교감을 현역군인이 본 꿈은 / 사단장과 부사단장, 대대장 등과 접할 일이 생긴다.

❖ 단체로 학생을 움직이게 한 꿈은 / 많은 사람이 자기 뜻대로 따라 주고 자기가 연구 과제를 발표한다.

❖ 교실에서 수업을 받은 꿈은 / 직장에서 상사에게 잘못을 캐묻고 책망 받는다.

❖ 교실에서 자기의 책상과 걸상을 찾지 못한 꿈은 / 고시, 취지, 입시 등에서 실패한다.

❖ 죄수복을 입은 꿈은 / 병원에 갈 일이나 자기 일거리, 자기 작품이 심사 대상이 된다.

❖ 산더미 같은 거인이 수염을 일백 자나 늘어뜨리고 있었던 꿈은 / 위대한 정치가나 뛰어난 학자를 보게 된다. 자기가 꿈 속에

서 그 거인이었다면 현실에서 자기가 훌륭한 지도자가 된다.

✤ 사형 선고를 받고 처형이 되어 죽은 꿈은 / 대길하다. 갑자기 운수가 터져 출세하며 만약 환자가 이 꿈을 꾸면 병이 즉시 완쾌된다.

✤ 감방에 들어가 매를 맞은 꿈은 / 사업이 번창하고 부귀해질 징조이다.

✤ 타인에게 매를 맞은 꿈은 / 의식주가 생기고 재수가 좋다.

✤ 사형수가 되었는데 가까스로 구원을 받는 꿈은 / 차츰 실패하고 사회적으로 매장당한다.

✤ 북을 치자 소리가 난 꿈은 / 먼 곳에서 친한 사람이 오거나 기쁜 소식을 듣게 된다.

✤ 새끼줄로 자기의 몸을 동여맨 꿈은 / 병이 나으며 길하다.

✤ 죄를 범하고 자수하여 감방에 들어간 꿈은 / 대단한 흉몽이니 조심하라.

✤ 지옥에서 괴상한 썩는 냄새를 맡은 꿈은 / 만사가 길하다.

✤ 죄수가 형벌을 받기 전에 죽어 버린 꿈은 / 주식을 얻게 된

다.

◈ 죄인이 감방에서 탈출한 꿈은 / 병이 나으며 길하다.

◈ 죽은 사형수의 고기를 먹은 꿈은 / 유력한 사람의 힘으로 큰 재산가가 될 징조이다.

◈ 자신이 남에게 사형선고를 내린 꿈은 / 송사가 끊이지 않는다.

◈ 그물이 자신을 덮어 버린 꿈은 / 주식을 얻게 된다.

제 7 장
신과 영적인 존재에 관한 꿈

1) 신·하느님·부처님·예수님

✧ 신이 약을 줘서 받아 먹은 꿈은 / 어떤 약을 먹게 되거나 존경하는 사람으로부터 부탁을 받게 된다.

✧ 신적인 존재가 준 음식을 받아 먹은 꿈은 / 존경하는 사람이 자기에게 일을 맡겨 그 일에 종사하게 된다.

✧ 우상이나 신에게 제물을 바친 꿈은 / 어떤 권력자에게 자기가 청원한 일을 성취시켜 달라고 부탁하게 된다.

✧ 궁지에 몰려 하느님을 찾은 꿈은 / 자기의 양심을 남에게 호소하거나 협조자에게 도움을 청하게 된다.

✧ 우렁찬 신의 목소리가 공중에서 들린 꿈은 / 많은 사람들에게 추앙받을 만한 명예와 지위를 얻게 된다.

✧ 천당에 보내 달라고 하느님께 빈 꿈은 / 자신의 지위가 높아지거나 미혼자는 결혼에 관계되는 일을 하게 된다.

✧ 신이 갑자기 선악과라고 알려 준 과일을 따먹은 꿈은 / 어떤 일이 바른 것인지 그릇된 것이지 구분하거나 책을 읽고 선악을 분별하게 된다.

✧ 산신령이 위험을 경고한 꿈은 / 자기가 아닌 또 하나의 자아를 발견하게 된다.

✧ 좌선하고 있는 석가모니를 본 꿈은 / 학자가 학문 연구에 몰두하게 된다.

✧ 금불상을 얻은 꿈은 / 감동적인 서적을 읽거나 사회에 기여할 수 있는 일에 종사하게 된다.

✧ 불상에게 염불을 외우거나 절한 꿈은 / 권위 있는 사람에게 청원할 일이 있거나 자기의 소원이 성취된다.

✧ 불상 좌우에 늘어선 많은 여래상을 본 꿈은 / 어떤 단체의 리더를 중심으로 서로 협력해 나가게 된다.

✧ 신선과 바둑이나 장기를 둔 꿈은 / 사업 관계로 여러 사람과 시비가 생기게 된다.

◈ 선녀가 춤을 추고 있는 것을 본 꿈은 / 자기가 하고 있는 일이 여러 사람의 이목을 집중시키게 된다.

◈ 선녀와 결혼한 꿈은 / 서류상 계약이 맺어지고 좋은 사람을 만나게 된다.

◈ 선녀가 아이를 가져다 준 꿈은 / 이것이 태몽이라면 일국의 으뜸가는 학자가 되어 학문적 업적을 남길 자손을 얻게 된다.

◈ 교인이 아닌 사람이 천사가 나팔 부는 것을 본 꿈은 / 관직에 오르거나 시국의 변화를 나타낸다.

◈ 예수가 어느 산에서 자신에게 영세물을 입에 넣어 준 꿈은 / 학교에 입학하거나 공공단체에 가입하게 된다.

◈ 고령자나 중병환자가 천사를 따라간 꿈은 / 자신의 죽음이 임박해 있는 것을 나타낸다.

◈ 천당을 구경한 꿈은 / 아름답고 성스러운 곳을 구경하게 된다.

◈ 동상이 자신에게 절을 하거나 걸어간 꿈은 / 역사적인 일을 재연하거나 역사적 기록물을 읽거나 연구하게 된다.

◈ 성모 마리아상 앞에서 기도한 꿈은 / 다른 사람의 도움으로

자기가 소원한 일이 성취된다.

❖ 성모 마리아상이 자신에게 빛을 비추거나 후광을 나타낸 꿈은 / 자신이 신앙의 깨달음을 느끼고 어떤 위대한 사람의 업적을 보게 된다.

❖ 천사가 자신을 하느님 곁으로 데리고 간 꿈은 / 어떤 기관에 고급관리로 취직하게 된다.

❖ 교회당에 예수가 나타난 것을 본 꿈은 / 훌륭한 성직자나 어떤 단체의 우두머리를 만나게 된다.

❖ 천당에 가서 보좌에 앉은 하느님을 본 꿈은 / 사회적으로 권위 있는 사람을 만나게 되고 진리의 서적을 읽게 된다.

❖ 걸어가는 예수의 뒷모습을 본 꿈은 / 어떤 지도자가 자기의 청원을 잘 받아들인다.

❖ 천사가 나팔을 부는 것을 본 꿈은 / 교회 성가대나 음악을 연주하는 것을 보게 된다.

❖ 오색찬란한 의상을 걸치고 예수가 나타난 것을 우러러본 꿈은 / 진리가 담긴 서적을 출판하거나 사회적으로 위대한 지도자가 나타난다.

✥ 교인이 하느님께 기도한 꿈은 / 진리를 깨닫게 되고 반성할 일이 생긴다.

2) 귀신·조상·도깨비

✥ 귀신이 나타난 꿈 / 귀신과 싸워서 이기면 좋고 지면 나쁘다.

✥ 생전에 자기에게 잘 해 준 누님이 보인 꿈은 / 어떤 도움을 받을 수 있는 협조자를 만나게 된다.

✥ 방망이로 귀신을 잡아 흔적도 없이 해치운 꿈은 / 정신적으로 시달림을 받던 일이 깨끗이 해결된다.

✥ 억울하게 죽었던 자가 나타난 꿈은 / 자기를 괴롭히는 심적 고통거리나 병마에 시달리게 된다.

✥ 죽은 딸이 나타난 꿈은 / 어떤 일을 애착심을 가지고 성사시키려고 한다.

✥ 머리를 푼 채 공중에서 날아와 머리채를 휘어잡는 유령의 꿈은 / 정신적인 압박을 받거나 두통에 시달리게 된다.

✥ 조상이 나타나서 예언이나 명령을 한 꿈은 / 누구의 간섭을 받지 않고 자기 주장대로 일을 처리한다.

◈ 문 밖에서 아내가 마주 보고 있는 꿈은 / 어떤 일을 시작하는 데 집안의 반대로 뜻대로 일이 성사되지 않는다.

◈ 도깨비의 모습이 뿔이 달리고 사나워 보였는데도 무섭지 않고 정이 갔었던 꿈은 / 딸을 낳게 된다.

◈ 도깨비가 나타난 꿈은 / 생각지도 않았던 일이 일어나거나 뜻 밖의 곳에서 소식이 온다.

◈ 자기가 마녀가 된 꿈은 / 남성에 대한 여성의 질투를 상징한다.

제 8 장
음식물에 관한 꿈

1) 여러 가지 음식

◈ 자기가 도시락을 먹은 꿈은 / 성행위를 하게 된다.

◈ 음식을 남에게 대접한 꿈은 / 어떤 일을 상대방에게 시키며 자기의 주장을 이해시켜 자기에게 순종할 수 있는 사람을 얻게 된다.

◈ 황제와 각료들이 모인 자리에서 진수성찬을 먹은 꿈은 / 권위 자나 학자가 베푸는 회식 또는 세미나에 참석할 일이 생긴다.

◈ 음식을 남에게서 대접받은 꿈은 / 남의 고용인이 되거나 그 사람이 시키는 일과 설명을 듣게 된다.

◈ 떡을 먹은 꿈은 / 재물이나 그와 관계된 일거리를 얻게 된다.

◈ 떡을 여러 사람들에게 나누어 준 꿈은 / 어떤 소식이나 도서

등을 남에게 돌려주거나 나누어 줄 일이 생긴다.

◈ 유가증권이란 생각이 들었던 음식물에 대한 꿈은 / 혼자서 외롭게 결정해야 할 일이 생긴다.

◈ 빵에 크림 종류 등을 발라서 먹은 꿈은 / 남들이 쳐다보지도 않던 일을 맡아 훌륭하게 가꾸어 놓는다.

◈ 임금님이 손수 따라 주는 술을 받아 마신 꿈은 / 중요한 직책의 자리에 앉게 되거나 명예가 뒤따르는 일을 맡게 된다.

◈ 삶거나 굽지 않은 날음식을 맛있게 먹은 꿈은 / 경험이나 지식이 없는 일을 처리해야 할 입장에 처하게 된다.

◈ 음식점을 찾아다닌 꿈은 / 취직처를 구하거나 성욕을 해소시킬 장소를 물색할 일이 있게 된다.

◈ 남보다 화려한 그릇에 음식을 담아 먹은 꿈은 / 자기의 직책, 권한 등이 남보다 높은 지도자가 된다.

◈ 음식을 먹으려는데 갑자기 황금색 대변으로 변해서 먹지 못한 꿈은 / 어떤 일을 처리하지 않았는데 그것이 나중에 돈이 되거나 상품화될 것을 예시한다.

◈ 물건이나 음식을 깨물어 먹은 꿈(태몽)은 / 대부분 유산되거나

중도에서 요절난다.

◈ 국수를 먹은 꿈은 / 분파적인 일을 하며 감기에 걸릴 수도 있다.

◈ 자기가 우유를 배부르게 먹은 꿈은 / 재산이 늘어나고 지위도 높아진다.

◈ 자기가 오징어를 씹은 꿈은 / 남성과 적극적으로 육체관계를 갖고 싶은 여성의 성적 욕망이 표출된 것이다.

◈ 음식의 꿈은 / 그 음식의 상태, 가치, 먹는 방법 여하에 따라 각각 상징의의가 달라진다.

◈ 과자나 과일을 보기만 하고 먹지 않은 꿈은 / 어떤 일에 직접 간섭하지 않고 책임을 지지 않은 채 일이 진행됨을 관망하게 된다.

◈ 식사를 야외에 나가서 먹은 꿈은 / 외근 관계 일을 맡을 것이고, 노점에서 음식을 사 먹으면 사업 도중에 다른 일을 또 하게 된다.

◈ 잔칫집에 모인 사람들을 본 꿈은 / 회원, 직원, 동지, 일꾼 등의 동일시다. 집주인과 겸상을 하거나 여러 사람이 같이 먹는데 자기 밥은 잡곡밥이거나 찬거리가 보잘것없는데 상대방 또는 다

른 사람들은 좋은 음식을 먹고 있으면 자신에게 그들보다 못한 직무, 이권 등이 주어진다.

◈ 누군가로부터 음식 대접을 받은 꿈은 / 고용인이 되어 주인을 모실 일이 생기거나 어떤 일의 책임자로 지목을 받게 된다.

◈ 남에게 음식을 대접한 꿈은 / 남에게 부탁하거나 지시할 일이 생기며 자신의 뜻대로 일해 줄 사람을 얻게 된다.

◈ 엽차 등의 차종류를 마신 꿈은 / 누구에게 부탁을 받거나 반대로 부탁할 일이 생기게 된다.

◈ 상하거나 부패한 음식을 먹은 꿈은 / 헛수고, 빚을 걸머지는 일, 불쾌한 일 등이 있게 된다.

◈ 잼이나 크림을 빵에 발라 먹은 꿈은/ 어떤 일을 다듬어서 훌륭하게 만든다.

◈ 사탕과 과자를 먹은 꿈은 / 어떤 일거리 책임, 청원, 성욕이나 명예욕 등의 소원을 충족시킬 일과 관계한다.

◈ 배가 고파서 음식점을 찾는데 끝내 찾지 못한 꿈은 / 현재 다니고 있는 회사에서 실직하여 남에게 취직을 부탁하게 된다.

◈ 남에게 빼앗길까 봐 숨어서 살며시 음식물을 먹은 꿈은 / 어

떤 일을 자기 혼자서 해결해야 된다.

◈ 음식물을 여러 사람과 나누어 먹은 꿈은 / 여러 사람이 협력해서 처리해야 할 일이 생긴다.

◈ 과일이나 과자 등을 바라보기만 하고 먹지는 않았던 꿈은 / 남이 하고 있는 일에 참여하고 싶지만 여건이 맞지 않아 그저 바라보기만 할 일이 생긴다.

◈ 음식물을 전혀 씹지 않고 삼킨 꿈은 / 일거리가 쇄도하게 되며 많은 재물이 생겨 저축을 하게 된다.

◈ 유난스럽게 매끄러운 미역국을 먹은 꿈은 / 입시, 취직시험 등에 낙방하며 무슨 일을 하던 계획에 차질이 생기게 된다.

◈ 음식의 종류도 모르면서 닥치는 대로 먹어치웠는데 그것이 태몽인 꿈은 / 무슨 일을 맡겨도 시원스럽게 해결해 내는 능력을 가진 아이가 태어나게 된다.

◈ 국물에 고깃덩이는 없어서 국물만 마신 꿈은 / 다 해 놓은 일거리에 관여해서 하찮은 이익을 분배받거나 꾀임수에 빠질 수가 있다.

◈ 국수와 같이 가닥으로 되어 있는 밀가루 음식을 먹은 꿈은 / 심한 파벌체제로 운영되어 오던 어떤 단체가 결합을 하는데 크게

기여하거나 가벼운 감기 증세로 앓게 된다.

◈ 냉면을 맛있게 먹은 꿈은 / 걱정을 해도 뾰족한 수가 생기지 않아서 방치해 두었던 문제가 시원스럽게 해결된다.

◈ 냄비에서 찌개가 부글부글 끓은 꿈은 / 연정 또는 욕정이 고조되지만 해소할 방법이 없거나 대상을 기다리게 된다. 어떤 청탁이나 사업 방편의 예비된 것을 상징하기도 한다.

◈ 빵을 자른 꿈은 / 일의 분배, 문장 해석, 설명을 나열하는 일이 생긴다.

◈ 자기가 조개를 열고 있는 꿈은 / 재주가 비상한 아이를 낳을 징조. 남자가 이 꿈을 꾸면 아들을 얻는다.

◈ 닭고기나 쇠고기를 먹은 꿈은 / 어떤 답답한 일에 직면하게 된다.

◈ 남이 따라 주는 술을 받아 단숨에 마셔 버린 꿈은 / 교활한 계교에 빠지거나 누가 명령한 일에 복종한 후 정신적으로 시달리게 된다.

◈ 자기가 맥주를 마신 꿈은 / 대인 관계에서 실패하게 된다.

◈ 썩어서 심한 냄새가 나는 음식물을 먹은 꿈은 / 어떤 일을 하

든 결과는 헛수고가 되어 심한 불쾌감을 경험하게 된다.

✤ 어린아이들이 좋아하는 사탕 종류를 먹은 꿈은 / 평소에 하고 싶었던 일을 하게 되거나 작은 소원이 이루어지게 된다.

✤ 엿을 먹은 꿈은 / 불길한 징조로 모든 일이 순조롭지 못하다..

✤ 불고기를 먹은 꿈은 / 계획한 일이 순조롭게 진행된다.

✤ 정부 고관이나 그의 비서들에게 술대접을 한 꿈은 / 유명인사나 어떤 회사의 간부사원에게 취직 청탁을 할 기회가 주어진다.

✤ 큰 시루에 가득 담긴 떡을 한꺼번에 남김없이 먹어 버렸는데 그것이 태몽인 꿈은 / 태어나는 아이가 성장하면 모든 면에서 부족한 것이 없으며 세상에 이름을 떨치게 된다.

✤ 애인과 함께 중국집에서 음식을 먹은 꿈은 / 혼담에 좋지 않은 문제가 생기거나 사업상의 일에도 의견이 서로 엇갈려 불이익을 당하게 된다.

✤ 물고기나 새를 요리해서 먹은 꿈은 / 친구나 연인의 도움으로 일을 성취하게 되며, 귀인을 만나 지도를 받거나 인생 경험을 하게 된다.

✤ 진수성찬으로 차려진 음식상에 대한 꿈은 / 자신이 제시한 의

견이나 아이디어 등이 좋은 평판을 받게 된다.

✿ 음식상 옆에 파란 똥이 있었던 꿈은 / 빚보증을 섰던 일에 사고가 생겨 빚을 걸머지게 되거나 심하게 창피당할 일이 생긴다.

✿ 죽은 사람과 함께 밥을 먹은 꿈은 / 모든 일이 생각했었던 대로 진행된다.

✿ 여러 사람이 모여서 음식을 먹는데 자기의 그릇이 유난히 고급스러웠던 꿈은 / 진급을 하게 되고 남보다 뛰어난 사람으로 평가를 받는다.

✿ 잔칫집에서 음식을 맛있게 먹은 꿈은 / 자신이 한 일에 만족을 느끼게 되고 상부나 정부당국에 부탁한 일이 잘 처리된다.

✿ 어두운 곳에서 식사를 한 꿈은 / 혼자서만 알고 있어야 할 비밀이 생기게 되고 자신이 없는 일을 책임지게 된다.

✿ 자기가 만두를 먹은 꿈은 / 구설수에 해방되고 고통이나 걱정거리도 없어진다.

✿ 누군가와 겸상을 해서 음식물을 먹은 꿈은 / 혼담이나 계약 등이 시원스럽게 이루어지고 여러 사람이 모여 무슨 일을 의논해도 의견이 일치한다.

❖ 세계 여러 나라의 각료들이 모인 만찬회석상에 자신이 참석하여 함께 음식을 먹은 꿈은 / 저명인사나 문학 단체에서 행하는 파티나 세미나 등에 초대받을 일이 생긴다.

❖ 부엌에서 음식을 열심히 만든 꿈은 / 하고 있는 일을 재점검하거나 무언가를 만들 일이 생긴다.

❖ 상 위에 밥은 없고 반찬만 있는 꿈은 / 주체적인 일은 못하고 부수적인 일만 하게 된다.

❖ 강물, 동물, 산, 기구 등을 삼켜 버린 꿈(태몽)은 / 사업, 권세, 명예 등을 얻을 수 있는 아이가 태어난다.

❖ 통조림을 본 꿈은 / 완성된 일거리, 작품, 학문, 자료 또는 재물을 상징한다.

❖ 잔칫집에서 술에 취해 쓰러진 꿈은 / 연인과 다투거나 걱정할 일이 생긴다.

❖ 자기가 술에 만취되어 쓰러진 꿈은 / 건강이 나빠진다.

❖ 술에 취해 길에 누웠던 꿈은 / 신임했던 사람이 배신하거나 남의 계략에 말려든다.

❖ 시장에서 아는 사람을 만나 술을 마신 꿈은 / 올바른 행동가

짐으로 인해 많은 사람들로부터 칭송을 받거나 기뻐할 일이 생긴다.

❖ 시장에서 술을 마시며 놀고 있었던 꿈은 / 모든 일이 재수가 있으며 특히 사업이 번창한다.

2) 부식과 음식 재료

❖ 음식 재료를 본 꿈은 / 정신적 물질적인 자본, 일거리, 작품 등을 상징한다.

❖ 소금을 얻어 오거나 사 온 꿈은 / 근심 걱정이 생기고 많이 얻어오면 물질적인 자본을 얻는다.

❖ 배추를 소금에 절인 꿈은 / 병들거나 성욕 감퇴, 사업의 침체 등을 가져온다.

❖ 음식을 만드는데 설탕을 사용한 꿈은 / 작품을 만들거나 일을 할 때, 좋은 기분으로 하여 그 일의 결과에 많은 사람들이 감탄하게 된다.

❖ 된장 항아리에 구더기가 생겨서 득실거린 꿈은 / 어떤 사업 밑천을 가지고 이차적인 생산을 하게 된다.

❖ 식용기름을 사 온 꿈은 / 상당히 많은 돈, 학문 자료 등을 얻게 된다.

❖ 애인과 하드나 아이스크림을 사 먹은 꿈은 / 혼담이나 이별이 급히 이루어지고 감정이 곧 해소되고 인연이 맺어진다.

❖ 어떤 형태로든 소금과 연관된 꿈은 / 예기치 않았던 걱정거리가 생긴다.

❖ 음식을 먹는데 그 맛이 너무 시었던 꿈은 / 자신 있게 처리했던 일의 일부분이 잘못되어 노출되게 된다.

❖ 고추를 원료로 해서 만든 음식을 먹은 꿈은 / 활동적이고 추진력이 요망되는 직업을 얻게 된다.

❖ 집 안 구석구석에서 식초 냄새가 진동한 꿈은 / 자기와 관련된 소문이 떠돌아다니게 되며 그 일로 인하여 많은 생각을 하게 된다.

❖ 자기가 식초를 먹어 본 꿈은 / 많은 사람들로부터 눈총을 받게 된다.

❖ 우유가 들어 있는 깡통이 공중에 둥둥 떠다니는 걸 본 꿈은 / 자신의 실력을 세상에 널리 알릴 기회가 찾아온다.

❖ 미원이나 기타 화학조미료를 사용해서 음식을 만든 꿈은 / 무슨 일을 하던 기분 좋게 처리가 되며 그로 말미암아 자신의 능력을 인정받게 된다.

❖ 들판에 산더미처럼 쌓인 소금을 본 꿈은 / 사회적인 큰 사업을 벌이거나 작품을 출판하거나 또는 빚을 걸머지게도 된다. ·

❖ 여러 가지의 과자류가 그릇에 넘치도록 들어 있었던 꿈은 / 누가 보아도 고급스럽다고 할 만한 일거리를 맡게 되거나 진행중인 혼담이 성사된다.

❖ 정육점에서 고기를 사 온 꿈은 / 많은 액수의 금전 거래를 계획했었으나 예상이 빗나가 적은 액수의 거래밖에 이루어지지 않는다.

❖ 파나 마늘 등을 샀는데 그것이 태몽인 꿈은 / 태어난 아이가 성장하면 성직자나 교육자 등 정신적인 지도자가 된다.

❖ 반찬거리가 부엌에 가득 쌓여 있는 꿈은 / 사업을 계획해 놓고도 자금이 없어서 실행에 옮기지 못했으나 사업자금 문제가 해결되게 된다.

❖ 산더미처럼 많은 파나 마늘을 소유한 꿈은 / 사업자금이 충분하게 마련되며 세상이 깜짝 놀랄 일을 저지르게 된다.

제 9 장
배설물과 분비물에 관한 꿈

1) 대변과 소변

◈ 색깔이 검은 똥을 본 꿈은 / 매사에 주의해야 한다.

◈ 대변과 소변을 잃어버린 꿈은 / 재산을 탕진하게 된다.

◈ 누런 똥이 자기에게 덮친 꿈은 / 많은 재물이 생긴다.

◈ 산더미 같은 인분을 그릇에 담은 꿈은 / 남에게 창피를 당하고 체면이 크게 손상된다.

◈ 인분의 구린내를 맡은 꿈은 / 일이 성사되어 널리 소문이 나거나 누구의 일이 역겹게 생각된다.

◈ 자신이 배설한 인분이 산더미같이 쌓인 꿈은 / 정신적 물질적인 사업이 크게 이루어진다.

◈ 솥 밑에 대변을 본 꿈은 / 구설수가 있게 되니 조심해서 움직여야 한다.

◈ 많이 쌓인 인분을 주무르고 있었던 꿈은 / 막대한 돈을 취급하거나 남의 논문이나 문학 작품을 다루게 된다.

◈ 화장실에서 대변을 처 간 꿈은 / 근심 걱정이 해소되지만 때로는 재물에 손실을 가져온다.

◈ 전신이 인분이나 소변 통에 빠진 꿈은 / 악취를 느끼지 않았으면 큰 횡재수가 생긴다.

◈ 변기통 속에서 빠져 나오지 못한 꿈은 / 건강에 대한 위험 신호이다.

◈ 누런 인분을 어린이가 만진 꿈은 / 현실에서 상품에 의하거나 기타의 일로 돈이 얻어진다.

◈수북하게 쌓인 인분을 삽으로 옮긴 꿈은 / 사업 자금이나 작품 원고를 이전할 일이 생긴다.

◈ 색깔이 탁하고 묽으며 극히 소량의 인분을 손으로 만진 꿈은 / 마음이 불쾌해지고 매사에 불만을 느끼게 된다.

◈ 신체 일부분에 자기가 배설한 인분이나 남의 것이 묻은 꿈은

/ 남에게 진 빚으로 인해 고통을 받거나 창피를 당한다.

◈ 변비로 인해 대변을 배설 못하고 남의 똥이 너저분하게 널려 발 디딜 자리가 없어서 망설인 꿈은 / 사업, 생산, 청탁, 입학, 취직, 결혼 등이 이루어지지 않는다.

◈ 변소에 들어가서 소변을 본 꿈은 / 자기의 일이나 소원의 경향이 어떤 기관, 사업체 등에서 이루어진다.

◈ 소변을 보기 위해 화장실에 들어가다가 잠이 깬 꿈은 / 어떤 일에 관여하는데 자기가 바라고 있는 일은 이루어지지 않는다.

◈ 소변이 옷에 묻은 꿈은 / 상호간에 어떤 계약을 맺거나 사소한 감정으로 불쾌한 마음을 갖는다.

◈ 자기가 배설한 소변이 큰 내를 이루거나 한 고을 대지를 덮는 꿈은 / 큰 권세가 주어지거나 어떤 작품을 발표해서 통쾌하게 자기 자신을 피력할 수 있다.

◈ 남이 보고 있어 소변을 누지 못하거나 잘 나오지 않은 꿈은 / 어떤 일을 하든지 자기의 소원이 충족되지 않는다.

◈ 음식점 변소에 들어간 꿈은 / 여관이나 하숙집에서 창녀를 찾게 되거나 기타 영업소에서 일을 보게 된다.

◈ 여러 곳을 두리번거리다가 변소를 찾아간 꿈은 / 여러 기관, 여러 사업장을 물색하다가 한 곳에서 소원이 충족된다.

◈ 변소를 찾아 봤지만 적당한 곳이 없어 들어가지 못한 꿈은 / 입학, 취직, 청탁, 사업, 기타 모든 것이 이루어지지 않는다.

◈ 소변이 가득한 구덩이나 비료통에 소변을 본 꿈은 / 문필가는 어떤 잡지사에 작품을 투고하게 되고, 사업가는 재물을 더하게 된다.

◈ 소변을 자기 집 화장실에서 본 꿈은 / 자기 집안 일이나 직장 일과 관련이 있다.

◈ 세면장이나, 물이 흐르는 개천에서 소변을 본 꿈은 / 어떤 언론기관이나 출판사에서 자기와 관련 있는 기사거리를 읽게 된다.

◈ 남이 소변을 보는 것을 본 꿈은 / 남이 어떤 소원을 충족시키는 것을 보거나 남의 작품이 지상에 발표된 것을 본다.

◈ 소변에 옷이 젖어 버린 꿈은 / 계약을 맺을 일이 있거나 자기 또는 남의 글로 창피당하는 등의 불쾌한 일을 체험한다.

◈ 자기가 오줌을 누니까 갑자기 오줌 바다가 생긴 꿈은 / 자기의 작은 힘을 사용해서 큰 세력을 움직이거나 막대한 자본을 활용하게 된다.

◈ 대소변으로 더럽혀진 옷을 빨래한 꿈은 / 사업에 돈을 투자하게 될 꿈이다. 투자한 결과는 썩 좋지 않다.

2) 피

◈ 자신의 몸에서 피가 난 꿈은 / 정신적 물질적 손실이 있게 된다. 자기가 자기의 일거리를 상징할 때는 남에게 사상적 감화를 주거나 자기 사업상의 이득이 생긴다.

◈ 사람을 칼로 찔렀는데 피가 나지 않은 꿈은 / 자기의 일이 성사되지만 왠지 모르게 불안하다.

◈ 남의 몸에서 피 흘리는 것을 보고 도망친 꿈은 / 어떤 재물을 얻을 기회를 놓치거나 일이 미수에 그친다.

◈ 상대방 옷에 더러운 피가 온통 묻어 있는 것을 본 꿈은 / 상대방이 횡사한 것을 보거나 듣게 된다.

◈ 몸에 묻은 피를 닦아내거나 옷을 세탁한 꿈은 / 재물의 손실을 가져오거나 계약이 취소된다.

◈ 신이나 성인의 손가락 피를 마신 꿈은 / 위대한 학자나 탐구자가 펴는 진리, 교리, 지식을 얻게 된다.

❖ 코피가 터져서 온통 얼굴에 묻은 꿈은 / 여러 방면으로 자기의 재물을 남에게 빌려 주거나 손실을 가져온다.

❖ 뱃속에 피가 고여 불룩해진 꿈은 / 많은 재물을 모으게 된다.

❖ 자기가 찌른 사람의 몸에서 피가 나고 그 피가 자기 몸에 묻은 꿈은 / 상대방에게 돈을 요구할 일이 있거나 남의 사업을 거들어 재물이 생긴다.

❖ 시체에서 피가 냇물처럼 흐르는 꿈은 / 진리가 담겨 있는 책을 읽고 감동하게 된다.

❖ 남이 코피가 나는 것을 본 꿈은 / 상대방에게 많은 재물을 얻거나 정신적으로 도움을 받는다.

❖ 호수나 강이 핏빛으로 물든 꿈은 / 진리, 사상 등으로 많은 사람들을 지도하여 감동을 받게 된다.

❖ 항문에서 피가 흐른 꿈은 / 사업상 생산품의 매도나 거래상 손실을 입게 된다.

❖ 동물의 목을 잘랐는데 피가 솟은 꿈은 / 자기가 소원했던 일이 성취되어 재물이 생기거나 많은 사람들에게 감동을 준다.

3) 가래·눈물·정액·기타

✤ 가래침을 시원하게 뱉은 꿈은 / 오랫동안 바라던 숙원이 달성된다.

✤ 가래에 피가 섞여 나온 꿈은 / 근심 걱정이 해소되거나 재물의 손실이 있게 된다.

✤ 상대방이 눈물을 흘리는 것을 본 꿈은 / 상대방으로 하여금 불만을 갖게 되고 불쾌한 감정이 생긴다.

✤ 땀을 많이 흘린 꿈은 / 매사에 의욕을 잃거나 기력이 쇠퇴하여 근심 걱정이 생긴다.

✤ 분비된 정액을 처리하기 곤란하거나 불쾌한 기분이 된 꿈은 / 여러 방면으로 손실을 가져오게 된다.

✤ 정액이 많이 나와 쌓인 꿈은 / 정신적 또는 물질적인 소득을 많이 얻거나 많은 작품을 생산하게 된다.

✤ 몽정을 수반하는 꿈은 / 오줌싸개와 마찬가지로 성교의 꿈이 강렬하여 신체적 반사작용을 가져왔기 때문에 꿈 속의 몽상은 예지적인 성격의 것이다.

✦ 경도가 걸레에 묻은 것을 본 꿈은 / 누구와 계약이 체결되고 소변처럼 많이 나오면 크게 소원이 이루어진다.

✦ 상대방 얼굴에 침을 뱉은 꿈은 / 상대방에게서 사소한 일로 마음에 상처를 입는다.

✦ 입 안에 침이 마른 꿈은 / 여러 방면으로 자본이 부족하여 고통을 받게 된다.

✦ 하염없이 눈물을 흘리며 울고 있었던 꿈은 / 남에게 자신을 과시하거나 경사스러운 일이 있게 된다.

✦ 땀을 닦아낸 꿈은 / 일신이 편안해지고 기력이 회복되며 추천서나 계약서를 작성하게 된다.

제 10 장
질병에 관한 꿈

1) 질병

◈ 정신병 환자를 본 꿈은 / 종교를 열렬히 ale는 사람, 학설의 선봉자, 신문 잡지 기자 등과 동일하다.

◈ 환자가 건강해진 꿈은 / 극히 드물게 장차 자기의 병이 완쾌될 것을 예지하는 경우도 있으나 대부분 자기 병과는 상관없는 정신적인 일이나 소원, 계획 등의 성사 여부를 예시한 것이다.

◈ 음식을 먹고 체해서 몹시 배가 아팠던 꿈은 / 어떤 일을 책임졌으나 그 일이 심히 벅차게 된다.

◈ 콧물이 자꾸 나온 꿈은 / 자기 주장을 남에게 강력히 내세운다.

◈ 가슴에 병이 든 꿈은 / 어떤 일에 대해서 사전 검토를 하고 마음에 상처를 받게 되는 일이 생긴다.

❖ 전염병의 꿈은 / 사상, 종교, 유행 등을 상징하고 전염병에 감염되면 사상에 감화된다.

❖ 콩팥에 병이 들었으니 어떻게 하면 되느냐고 문의한 꿈은 / 어떤 일을 시작하는데 그 일에 대해서 상의해 올 사람이 있다. .

❖ 문둥이가 되거나 피부에 종기 같은 병이 난 꿈은 / 재물이 생기고 여자라면 부자와 결혼하게 된다.

❖ 집에 문둥병 환자가 찾아온 꿈은 / 선전하거나 선도하는 사람이 자기를 찾아온다.

❖ 출산을 하려고 배가 아팠던 꿈은 / 창조적, 생산적인 일거리로 진통을 겪게 된다.

❖ 자기의 신체에 여러 부분의 병이 심하게 든 꿈은 / 인체의 부분적 표상의 상징과 결부된 어떤 일을 각각 상징한다.

❖ 사육하는 짐승이 몹시 아픈 꿈은 / 작품, 일거리 등이 잘못돼 있거나 오랫동안 연구했음을 뜻한다.

❖ 열이 많이 났던 꿈은 / 학문, 신앙 등에 열중하게 되고, 기침이 나면 학문적, 신앙적인 논쟁을 한다.

◈ 병이 낫기를 원하는 환자가 큰 기도원에서 기도 생활을 하던 중 최면 상태에 빠진 꿈은 / 자기의 병과 관계된 꿈이다.

◈ 머리를 다쳐서 수술을 한 꿈은 / 논문, 문예 작품 등을 심사받거나 판사나 검사 등에게 자기 사상을 피력하게 된다.

◈ 병원에 가서 진찰대에 누운 꿈은 / 주무 당국이 시키는 대로 복종하게 되고 의사가 진찰했다면 일, 사업, 업적 등에 관해서 검토, 상담, 심사 등을 받게 된다.

◈ 수족에 피고름이 난 꿈은 / 사업이 번창한다.

◈ 병든 자가 뛰어 달아난 꿈은 / 사망할 수다.

2) 약

◈ 전염병에 걸렸는데 약을 먹고 나았던 꿈은 / 신앙 생활에서의 이탈, 사업의 재정비, 계약 해제 등의 일이 있게 된다.

◈ 폭약이라고 여겨지는 약을 받아 먹은 꿈은 / 자기의 실력을 충분히 발휘할 수 있는 직장을 얻게 된다.

◈ 약병이 사방에 흩어져 있었던 꿈은 / 학문적 자료를 구하거나 생계비 유지를 위해서 애쓴다.

◈ 의사가 약을 처방해서 준 꿈은 / 어떤 기관에서 임무를 부여받거나 업무 처리에 시정을 요하는 지시를 받는다.

◈ 약을 약국에서 구해 온 꿈은 / 생계비를 유지할 일이 생기거나 어떤 약속이 이루어진다.

◈ 상자 속에 가득 들어 있는 약병을 얻는 꿈은 / 담배, 술 등을 충분하게 얻을 일이 있다.

◈ 신령적인 존재가 약을 주거나 치료법을 알려 준 꿈은 / 몸이 건강하지 못한 사람은 점점 차도를 보이기 시작한다.

◈ 정신 분석학적 치료나 심리 요법을 행한 꿈은 / 자기의 복잡한 심정을 남에게 털어놓고 이야기기 하게 된다.

◈ 뱀의 머리를 밟고 그 뱃속에서 이빨을 고치는 약을 뽑은 꿈은 / 가족의 생계비를 어떤 기관을 통해 얻게 되는 것으로 현실화된 꿈

◈ 귀인이 내리는 사약을 받아 먹고 자신이 죽어 버린 꿈은 / 최고의 명예, 권리 등이 주어져 영귀해진다.

◈ 약국의 꿈은 / 은행, 백화점, 서점 등을 바꿔 놓은 것이고 약사는 기관의 주인, 지도자, 책임자의 동일시다.

3) 의술

❖ 수술 도중에 몸이 뻐근해지는 느낌을 받은 꿈은 / 상대방이 자기에게 깊은 관심을 보이고 도움을 준다.

❖ 병원에 한 달 간 입원해야 한다는 진찰 카드를 받은 꿈은 / 1 년 간 어떤 기관에서 일하거나 일거리를 보관해 두어야 한다.

❖ 진찰실에 누워 있었던 꿈은 / 웃어른이 명령하는 대로 복종하게 된다.

❖ 머리를 수술한 꿈은 / 남에게 자신을 평가받거나, 자기 사상을 신중하게 털어놓는다.

❖ 자기의 병세를 의사에게 자세하게 설명한 꿈은 / 기관장, 목사 그 밖의 자기 일에 관하여 남에게 행적, 이력, 사업 실적 등을 보고할 일이 생긴다.

❖ 메스, 침, 주사기, 물리 치료기 등의 꿈은 / 어떤 일의 심사, 검토, 수정 등을 하기 위한 방도, 자원, 능력 등을 상징한다.

제 11 장
죽음과 관련이 있는 꿈

1) 죽음

✿ 자기가 죽은 꿈은 / 작품이 완성되거나 집의 매매가 성립되며, 결혼, 사업 등이 성취된다.

✿ 다른 사람의 죽음에 대한 소식을 받은 꿈은 / 합격통지서나 입학통지서 등 반가운 소식을 받는다.

✿ 확실하지는 않지만 누군가가 죽었다는 생각이 든 꿈은 / 자신과 연결돼 있는 어떤 일이 이루어지게 된다.

✿ 막연하게 누가 죽게 될 것이라는 생각을 가졌던 꿈은 / 전혀 기대하지 않았던 일이 이루어지고 미궁에 빠졌던 일의 실마리가 풀리게 된다.

✿ 죽은 사람의 소지품이나 유서 등 그와 관련된 물건이 자기에게 배달된 꿈은 / 자신이 TV, 라디오 등에 출연하게 되거나 매

스컴을 타게 된다.

◈ 사람이나 짐승 등 움직이는 생명체가 죽은 꿈은 / 자신이 없었던 일, 꺼려했던 일이 잘 해결된다.

◈ 자기가 죽은 사람의 영혼이란 생각이 들었던 꿈은 / 물질적안 만족감은 얻지 못하나 정신적으로는 큰 만족감을 맛볼 일을 처리하게 된다.

◈ 병원에서 수술을 받다가 죽은 꿈은 / 어떤 물건, 부동산 등의 매매가 이루어지고 축하할 만한 소식을 전해 듣게 된다.

◈ 부모상을 당하고 대성통곡을 한 꿈은 / 정신적인 안정과 물질적인 부를 누리게 되고 계획했던 일에 착수하게 된다.

2) 장례·제사

◈ 다른 사람을 조문한 꿈은 / 좋은 아내를 얻어 귀한 아들을 얻는다.

◈ 조상에게 제사를 지낸 꿈은 / 권력층 사람이나 자기보다 윗사람에게 부탁할 일이 생기게 된다.

◈ 초상집에 조의금을 낸 꿈은 / 자기의 사업과 관계된 기관에

청탁할 일이 생기게 된다.

◈ 집에 초상이 난 꿈은 / 직장이나 관련된 사업장에서 평소에 생각했던 문제가 이루어진다.

◈ 상여 앞에 수없이 많은 만장이 늘어서 있는 것을 본 꿈은 / 하는 일마다 실패를 거듭하게 되나 머지않아 기관의 협조를 받아 세상 사람들이 놀랄만한 일을 성사해 명성을 얻게 된다.

◈ 혼사가 며칠 앞으로 다가왔는데 상대편 집에 초상이 난 꿈은 / 결혼식이 연기되거나 집안의 대사를 뒤로 미뤄야 할 일이 생긴다.

◈ 제사를 지내다가 자기가 퇴주를 한 꿈은 / 어느 기관에 부탁한 일이 마무리되거나 아니면 취소되는 등 확실한 결말을 보게 된다.

◈ 상여 뒤에 조객이 구름처럼 따르고 있는 것을 보는 꿈은 / 귀한 아들을 낳게 될 태몽이며, 후일 아들이 커서 뭇사람들이 우러러보게 된다.

◈ 남의 집에 초상난 것을 본 꿈은 / 꿈 속의 초상집에 애사나 경사가 일어나 많은 사람이 모이게 된다.

◈ 대통령이나 정부 고관이 죽어 국장 행렬을 구경한 꿈은 / 생

애 최고의 명예가 될 일과 부딪히게 된다.

◈ 집에 초상이 나서 울음소리가 천지를 진동할 정도인데 상여를 들여온 꿈은 / 먼 곳까지 소문이 날 정도로 사업이 번창하거나 좋은 일이 생기게 된다.

◈ 아는 사람이 죽어서 그의 유품을 다른 사람이 가지고 온 꿈은 / 자기가 이룩한 일의 성과나, 어니면 꿈에 죽었다고 생각되는 실제 인문의 작품, 일의 성과 등의 결과가 자기에게 우송되어 온다.

◈ 다른 사람이 제사지내는 것을 보는 꿈은 / 자기의 일거리가 성사되고 있다는 것을 알게 된다.

◈ 조상의 묘에 성묘를 한 꿈은 / 자기를 도와 주려는 사람이나 평소에 가깝게 지내던 사람에게 부탁할 일이 생긴다.

◈ 상여가 나가는데 많은 만장이 만국기처럼 펄럭이고 조객이 헤아릴 수 없이 많았는데 그것이 태몽인 꿈은 / 훌륭한 사람이 되어 사회에 이바지한 일이 많아서 그가 죽은 뒤에도 그 이름이 사람들의 입에 오르내릴 만한 인물이 태어나게 된다.

◈ 제사상에 직접 술을 따라 올린 꿈은 / 개인의 힘으로는 도저히 해결할 수 없었던 일을 정부의 도움으로 해결하게 된다.

3) 시체

❖ 자기가 죽인 사람의 시체를 본 꿈은 / 하고 있는 일이 모두 완성되어 기뻐하게 된다.

❖ 뼈만 앙상하게 보이는 시체가 관에 담겨져 있는 것을 본 꿈은 / 자기의 일에 대한 성과나 작품의 줄거리가 요약되어 매스컴에 소개된다.

❖ 썩은 송장들이 시냇물처럼 흘러가는 꿈은 / 사업이 번창해지고 자신이 한 말에 많은 사람들이 감명을 받게 된다.

❖ 죽은 사람의 몸에서 소지품을 꺼내 자기가 가진 꿈은 / 어떤 일을 하든 충분한 대가를 받게 되며 하는 일마다 번창한다.

❖ 가까운 사람의 시체를 보고 울었던 꿈은 / 열심히 노력한 결과로 얻어진 일의 완성을 보고 크게 기뻐한다.

❖ 시체가 자기를 쫓아온 꿈은 / 재물을 없애고 빚을 지게 되며 생활에 허덕이게 된다.

❖ 심하게 썩은 송장냄새를 맡은 꿈은 / 사람들의 입에 오르내릴 만큼 많은 재물을 얻게 된다.

❖ 싸늘하게 식은 시체를 밖으로 내다 버린 꿈은 / 힘들게 얻은 재물을 잃어버리게 되거나 명예가 땅에 떨어질 일이 생긴다.

❖ 죽은 윗사람의 시체 앞에서 예를 갖추어 다소곳이 서 있었던 꿈은 / 조상으로부터 유산을 상속받거나 승진을 하게 된다.

❖ 물에 불어 몹시 커진 시체가 자꾸만 뒤를 쫓아온 꿈은 / 하는 사업이 도산을 해 많은 빚을 짊어지게 되고 채권자들을 피해 다니게 된다.

❖ 가족이 죽었는데도 기분이 전혀 동요되지 않았던 꿈은 / 획기적인 일이 일어났는데도 당연한 것처럼 행세해서 남들로부터 손가락질을 받게 된다.

❖ 자기가 목을 매달고 자살한 꿈은 / 근심 걱정이 없어지고, 건강해지며 만사가 잘 된다.

❖ 시체를 만지거나 시체를 목욕시킨 꿈은 / 재물이 집 안 가득히 쌓인다. 만사가 다 잘 된다.

❖ 뚜껑이 열린 관 속에 시체가 들어있는 꿈은 / 어떤 일을 했을 때 좋은 성과를 얻거나 값비싼 물건을 관리할 일이 생긴다.

❖ 시체에서 피가 나와 목욕탕의 욕조에 가득 고인 꿈은 / 자기가 발표한 의견이나 작품이 사람들에게 감명을 주거나 자신으로

인하여 획기적인 일이 일어나게 된다.

◈ 죽은 사람이 다시 살아난 꿈은 / 성공 직전까지 간 일이 한순간에 수포로 돌아가고 발전하던 사업도 원점으로 돌아오게 된다.

◈ 슬피 울면서 시체에 절을 한 꿈은 / 유산을 상속받을 일이 ·생긴다.

◈ 죽은 사람과 함께 음식을 먹은 꿈은 / 어려운 일이 가시고 만사가 잘 된다.

◈ 시체가 담긴 관이 포장도 되지 않은 채 마당에 놓여 있는 꿈은 / 사업을 하던 도중에 어떤 일이 잘 풀려서 목돈이 들어오게 된다.

◈ 시체를 화장하는 불길이 유난히 거셌던 꿈은 / 사업이 나날이 발전하게 되고 하는 일마다 성공을 거두게 된다.

◈ 시체를 매장한 꿈은 / 은행에 저축할 일이 생기거나 기관에 신변 보호를 부탁할 일이 생긴다.

◈ 죽은 사람이 웃는 것을 본 꿈은 / 하는 일과 사업이 번창한다.

◈ 자기가 죽은 사람을 안아 주었던 꿈은 / 기쁜 일이 생긴다.

❖ 다른 사람이 죽은 것을 본 꿈은 / 건강하고 오래 산다.

❖ 시체에 하얀 구더기가 우글거리는 꿈은 / 벌여 놓고 있는 사업이 성공을 거두어 많은 돈을 벌게 된다.

❖ 사람들의 왕래가 많은 큰 길에 시체를 내놓은 꿈은 / 남의 공을 자기 것인 양 즐거운 마음으로 떠들어댈 일이 생긴다.

❖ 한 사람이 죽기도 하고 살아 있기도 하여 쌍둥이처럼 나란히 있는 꿈은 / 동업을 했다 헤어졌던 사람이 나타나 심적 부담을 주게 된다.

❖ 직계가족이나 가까운 친척이 사망하자 몹시 슬프게 울었던 꿈은 / 온 심혈을 기울여 완성해 놓은 일을 되새기거나 작품을 감상하며 흐뭇해할 일이 생긴다.

❖ 시체를 운반하는 사람들을 본 꿈은 / 자기에게 돌아오리라고 예상했던 일거리를 다른 사람이 가로채 가거나 일은 자기가 하고 칭찬은 다른 사람이 받는 일 등 그와 흡사한 일을 당하게 된다.

❖ 시체 때문에 도망쳤던 꿈은 / 재물이 생길 기회가 있으나 성사되지 않으며 무슨 일을 하든 좋은 결과가 나타나지 않는다.

❖ 시체가 정확한 발음으로 말한 꿈은 / 현상 공모에 응모한 작

품에 입상했다는 소식을 듣게 된다.

✧ 시체가 들어 있지 않은 빈 관을 들고 있었던 꿈은 / 부부간에 이혼을 전제로 한 상의를 하거나 누구에겐가 사기를 당해 큰 손해를 입게 된다.

4) 무덤·관

✧ 많은 무덤들 중에서 자기 조상의 묘를 찾지 못한 꿈은 / 자기의 협력자를 찾지 못한다.

✧ 무덤을 여러 개 지나쳐간 꿈은 / 여러 번 이사하게 된다. 또는 여러 단체나 기관에서 자기의 일을 관여하게 된다.

✧ 시체를 대충대충 매장한 꿈은 / 자기와 관련된 모든 일을 남에게 밝히기를 꺼려하며 혼자만의 비밀로 해 둘 일이 생긴다.

✧ 바로 윗대(아버지 계열)의 무덤이 즐비하게 늘어서 있는 것을 본 꿈은 / 거래 회사에 근무하는 직원에게서 많은 협조를 받게 된다.

✧ 오래 된 무덤 옆에 집을 짓거나 선조의 묘 자리를 잡은 꿈은 / 회사에서 전근 발령을 받게 되거나 오래 된 고옥으로 이사를 하게 된다.

✧ 다른 사람과 함께 통곡한 꿈은 / 크게 기뻐하고 축하받을 일이 생긴다.

✧ 유난히 봉긋한 묘를 본 꿈은 / 사회적인 유명인이나 손꼽히는 사업가와 인적 관계를 상호간 맺게 되고 따라서 자신의 위치도 올라가게 된다.

✧ 묘 자리를 선정한 꿈은 / 생활에 안정이 되는 일을 찾게 되고 많은 재물을 얻을 수 있는 일거리가 생기게 된다.

✧ 비석에 새겨져 있는 비문을 자세히 들여다보고 읽은 꿈은 / 외국서적을 번역할 일거리를 얻거나 회고록 등의 원고 청탁을 받게 된다.

✧ 무덤에서 빛이 나온 꿈은 / 재물이 들어오거나 경사스럽고 축하받을 일이 생긴다.

✧ 누가 해골을 가져오는 것을 본 꿈은 / 상장을 받을 일이 있거나, 작품이 히트하게 된다.

✧ 무덤에 밝은 햇살이 비친 꿈은 / 사업을 시작하게 되거나 혼담이 성사되고 직장인은 진급을 하게 된다.

✧ 무덤에서 사람의 손이 나와 손짓을 한 꿈은 / 빚쟁이에게 빚

독촉을 받아 심하게 시달리게 된다.

◈ 시체를 공동묘지에 매장한 꿈은 / 사회사업에 적극적으로 참여할 일이 생긴다.

◈ 무덤이 반쪽으로 갈라진 꿈은 / 시험에 합격하거나 취직을 하게 되며 잘 풀리지 않던 일이 속시원하게 풀어지게 된다.

◈ 무덤에서 불이 활활 타는 것을 본 꿈은 / 사업이나 교제 관계가 불길처럼 번창한다.

◈ 무덤의 한 곳에서 빨간 피가 흐르는 것을 본 꿈은 / 은행의 융자들을 통해서 금전적인 도움을 받거나 종교적으로 정신적인 안정을 얻게 된다.

◈ 무덤에 붙은 불이 꺼지지 않고 자꾸 번지기만 한 꿈은 / 자기가 행한 일들이 어떤 수단이 됐든 소문이 나게 되며 그 소문으로 말미암아 많은 협조자가 줄을 잇게 된다.

◈ 공동묘지가 있던 자리에 집을 지은 꿈은 / 구세대의 아성이 무너지고 젊은 세대의 힘이 어떤 단체를 장악하게 되거나 새로운 일거리가 생겨 옛 일을 소홀히 하게 된다.

◈ 무덤 앞에 서 있는 망주석을 본 꿈은 / 사업상 직접 거래를 하지 못하고 중개인을 내세워야 할 일이 생기게 된다.

✛ 관을 넣고 무덤을 만드는 관경을 본 꿈은 / 중요한 물건을 보관할 금고 등을 사들이거나 자기 혼자만의 비밀로 간직해야 할 일이 생기게 된다.

✛ 무덤의 둘레가 유난히 길다고 생각됐던 꿈은 / 뒷배경이 든든한 사람을 만나 사업상의 일을 의논하게 된다.

✛ 무덤 옆에 아담한 정자가 있는 것을 봤는데 그것이 태몽인 꿈은 / 명성을 온 세상에 퍼뜨릴 유명인이 태어나게 된다.

✛ 자기가 무덤을 파헤친 꿈은 / 새로운 작품을 완성하거나 새로운 직업, 또는 새로운 사업을 가지게 된다.

제 12 장
산야와 도시·지도에 관한 꿈

1) 산야

◈ 산 위에서 오줌을 누었는데 일국의 수도가 오줌에 잠긴 꿈은 / 국가나 사회적으로 권력을 행사해서 치부, 득세, 이념과 사상 전파 등을 할 수 있다.

◈ 높은 산정에서 사방을 굽어 살펴본 꿈은 / 사회적으로 큰 업적을 이루거나 신분이 고귀해진다.

◈ 짐을 지고 산에 오른 꿈은 / 책임진 과제나 연구물로 인해 고통이 있고, 지팡이를 짚고 올라갔다면 협조자나 유리한 방도에 의해서 일이 진행이 된다.

◈ 여러 개의 산을 넘었던 꿈은 / 여러 직장을 전전하거나 여러 가지 일을 성취시킨다.

◈ 깊은 산중에서 신령적인 존재가 내려온 꿈은 / 어떤 기관의

우두머리나 협조자를 만나게 된다.

✦ 날아서 산 정상에 오fms 꿈은 / 가장 신속한 방법으로 목적을 달성하거나 진급 등이 이루어진다.

✦ 산 정상에서 큰 소리로 외친 꿈은 / 세인의 관심을 한 몸에 받거나 자기 신변에 관한 일을 타인에 의해서 듣게 된다.

✦ 적진의 산정을 점령한 꿈은 / 어떤 현상 모집에서 입선을 하거나 단체 경기에서 우승을 하게 된다.

✦ 지팡이를 짚고 오른 꿈은 / 어떤 협조자나 유리한 방도에 의해서 일을 진행시켜 나간다.

✦ 산을 짊어지거나 산을 떠밀어 들어올렸던 꿈은 / 강대한 세력, 기관, 단체를 마음대로 움직일 수 있는 실력자가 된다.

✦ 알프스, 히말라야, 백두산 등 이름난 산의 최고봉에 오른 꿈은 / 세계적 국내 유일의 사업가나 업적으로 번창하는 인물이 된다.

✦ 자신 또는 동기간을 묻을 곳이라고 흙구덩이를 판 꿈은 / 집, 직장, 사업장 등이 마련된다.

✦ 연장을 땅에 박는 중에 지면이 갈라져 버린 꿈은 / 자기의 주장, 권력, 학설 따위로 기성관념을 타파할 수 있다.

◈ 낮은 산의 꿈은 / 얕은 수준에 속하는 직장, 학교, 단체 등과 관계하게 됨을 나타내는 꿈이다.

◈ 산맥의 모형도를 그린 꿈은 / 자기의 실력을 인정받아 명예로 워진다.

◈ 산 정상이나 언덕 위에 사람들이 많았던 꿈은 / 동일한 소원을 가진 사람(경쟁자)이나, 처우 개선을 요구하는 사람을 보게 된다.

◈ 먼 산의 정상에 올라가 보고 싶다고 생각했던 꿈은 / 외국에 가고 싶다는 소망이고, 실제로 올라갔다면 외국에 나가게 되고 해묵은 소원이 달성된다.

◈ 산 위에서 지도를 그린 꿈은 / 어느 학교에서 면학하거나 교회에서 신앙할 일, 또는 이웃 사람에게 청원할 일이 생긴다.

◈ 앞산이나 뒷산의 꿈은 / 직장, 학교 회사 등을 나타내며 상당히 떨어진 고장을 뜻하기도 한다.

◈ 산 속에서 신발을 잃어버린 꿈은 / 무엇인가를 상실하거나 자기의 작품이나 일거리가 보류된 채 발표되지 않는다.

◈ 산을 통째로 삼켜버린 사람을 본 꿈은 / 후일에 정부의 고관

이 될 자손을 낳을 것을 예시한 꿈이다.

◈ 산 정상에 오르려는데 아직 많이 남아 있었던 꿈은 / 성공하거나 목적을 달성하기까지는 아직 상당한 시일이 남아 있다.

◈ 정상까지 오르는데 멀다고 느껴진 꿈은 / 목적한 일이 자기 뜻대로 쉽게 이루어지지 않는다.

◈ 자신이 바라보고 있는 산이 용이나 호랑이, 사람으로 변한 꿈은 / 사업가, 권력가, 정치가로서 그 세력을 잡는다.

◈ 산정이나 언덕이 평탄한 꿈은 / 자신의 신세가 안정된다. 비바람이 사납거나 오르지 못하면 고통이 따른다.

◈ 산울림이 들린 꿈은 / 자신의 요구 사항이 사회적으로 반영되어서 이루어진다.

◈ 들에서 놀거나 나물을 캔 꿈은 / 부귀 영화를 누리고 자손이 번창할 징조이다.

◈ 집터였던 땅이 들판으로 변한 꿈은 / 가까운 사람이나 가족들 또는 일가 친척들이 따로따로 헤어질 꿈이다.

◈ 땅이 꺼지거나 집이 가라앉은 꿈은 / 부모 중에서 주로 어머니가 좋지 않을 징조이다.

◈ 땅 속에서 동물이나 불길이 나온 꿈은 / 여러 방면으로 자기의 발전을 위해 연구를 한다.

◈ 땅 속을 평지처럼 걷거나 헤엄쳐 다닌 꿈은 / 연구, 탐색, 지하 활동 또는 회사나 관청 내부에서 성공을 하게 된다.

◈ 분지에 있는 여러 개의 촌락의 꿈은 / 한 권력 하에 분포된 어떤 집단, 지청, 지국따위거나 여러 가지 사연의 기록물의 상징이다.

◈ 들판에서 놀았던 꿈은 / 사업장, 직장 등에서 경기, 시험, 사업 직무 수행 등을 하게 된다.

◈ 지진이 일어나거나 지축이 흔들린 꿈은 / 사회적으로 파업이 일어나거나 어떤 기관에서 사소한 일로 소송 사건이 일어난다.

◈ 고향에서 객지로 나온 꿈은 / 어떤 사업을 계획성 있게 적극적으로 밀고 나간다.

◈ 땅이 갈라져서 깊은 곳이 환하게 내려다보인 꿈은 / 예전에 없었던 학문적 연구가 발전되어 깊은 학문의 성과를 얻는다.

◈ 한 번 왔던 곳이라고 생각된 장소의 꿈은 / 자기가 기억하고 있는 장소나 유명한 곳에 가 보게 된다.

❖ 지평선 위에서 검은 연기나 검은 구름이 피어오른 꿈은 / 훗날 불길한 소식을 전해 듣게 된다.

❖ 흙을 담아서 집으로 가져온 꿈은 / 아주 재수가 있는 꿈이다. 그러나 자신이 흙을 손에 쥐고 오면 수치를 당한다.

❖ 넓은 들판에서 일을 한 꿈은 / 큰 세력과 기관 등에서 어떤 사업을 진행시킬 일과 관계한다.

❖ 땅이 갈라져버리는 꿈은 / 사업이나 세력이 모두 두 개로 갈라져 버림을 뜻한다.

❖ 지평선의 꿈은 / 미래의 일을 암시하거나 외국에서의 일을 예시한다.

❖ 지진이 일어나서 지축이 흔들린 꿈은 / 크게는 사회적으로 혁명이 일어나고 작게는 기관에 변동이 생기거나 소송 사건이 일어난다.

2) 다리·길

❖ 다리 위에서 누군가를 기다린 꿈은 / 어떤 기관에 청탁한 일이 잘 추진되지 않아서 기다리게 된다.

◈ 다리 위에서 아래를 내려다본 꿈은 / 신분이 높아지거나 상부 기관에서 하부층을 내려다보는 지위를 얻는다.

◈ 기차 철교를 걸어서 건너간 꿈은 / 자기 분수에 맞지 않는 일을 시작하여 항상 불안하고 초조해하게 된다.

◈ 다리 위에서 누군가가 자기를 부르는 꿈은 / 송사에 이긴다. 그러나 다리 위에서 자기가 남을 부르는 것은 송사가 생기는 것이다.

◈ 다리가 좁고 약한데 그 위를 걸어가는 꿈은 / 자기가 다니는 회사나 기관이 튼튼하지 못하고, 또 중매자가 믿음성이 없음을 뜻하는 것이다.

◈ 다리가 중간에서 부러져 버린 꿈은 / 자손과 그 수하자에게 불길하다.

◈ 다리를 새로 놓은 꿈은 / 소원 성취하고 부귀한다. 다만 남에게 사기당하기 쉬우니 조심하라.

◈ 다리와 도랑을 수리한 꿈은 / 만사가 잘 될 징조이다.

◈ 교량이 폭발물 또는 기타 힘의 작용에 의해 절단되거나 파괴된 꿈은 / 장애물이 없어지고 자기 소원을 성취하게 된다.

✥ 비바람이 사나워서 다리를 건너기가 힘들었던 꿈은 / 상부층의 압력에 의해서 진급이나 전직 등이 마음과 뜻대로 되지 않는다.

✥ 강을 건너지 못해서 애를 태우는데 사람들이 다리를 놓아 주어서 강을 건너간 꿈은 / 정치, 작전, 사업 등이 난관에 처해진 것을 집단, 단체, 친지들이 도와주어서 이겨 나간다.

✥ 어스름 달밤이나 저녁 무렵에 길을 걸었던 꿈은 / 생소한 일을 접하게 되거나 처음 만나는 사람과 대화를 나누게 된다.

✥ 바위가 널린 곳을 깡충깡충 건너 뛰어간 꿈은 / 여러 방면으로 일을 진전시킨다.

✥ 한 군데 있지를 못하고 이곳저곳으로 옮겨다닌 꿈은 / 부모 친척과 불화하게 된다.

✥ 한낮에 길을 왕래한 꿈은 / 길몽이다.

✥ 넓고 곧은 길을 걸어다녔던 꿈은 / 기쁜 일이 많고 가사가 번창해질 징조이다.

✥ 길이 협곡이고 가시덤불이 많아서 옷이 찢어지고 더렵혀진 꿈은 / 병을 얻는다.

◈ 호수를 중심으로 여러 방면으로 길이 뻗어 있는 것을 본 꿈은 / 많은 지식을 갖고 있는 사람과 서로 이야기를 주고받게 된다.

◈ 다리 위로 많은 사람이 지나가는 것을 본 꿈은 / 어떤 기관을 통해서 부탁한 일이 이루어지지 않는다.

◈ 잘 포장된 탄탄대로의 길을 본 꿈은 / 사업, 운세, 소원 등이 대길할 여건인 것을 예시한다.

◈ 길을 포장하고 있는 것을 본 꿈은 / 사업 기반을 닦거나 일에 착수하게 된다.

◈ 길이 질어 걷기가 힘들었던 꿈은 / 질병에 걸려 신음하거나 생활에 불편을 느끼게 된다.

◈ 거리에서 물건을 주운 꿈은 / 일을 하는 도중에 방해물이 생겨 여러 번 고비를 겪게 된다.

◈ 이정표 앞에 선 꿈은 / 지도자, 조력자, 안내자 등을 만나게 될 징조이다.

◈ 산모퉁이로 꺾어진 길을 걸었던 꿈은 / 일의 전환기, 연도의 바뀜을 뜻한다.

❖ 하늘에 난 길을 걸었던 꿈은 / 고위층, 최고의 일, 사회적인 업적과 공적인 일의 진행 과정을 뜻한다.

❖ 달밤이나 저녁 무렵에 길을 걸었던 꿈은 / 생소한 일, 생소한 곳, 처음 만나는 사람과 대화를 하게 된다.

❖ 학교나 관청 등의 긴 복도를 걸었던 꿈은 / 기관의 부속 건물, 직책, 비서, 안내의 일과 연락, 부서 등을 상징한다.

❖ 눈 앞의 길이 움직이듯 꾸불꾸불 뻗어나가거나 깃발이 나부끼듯 휘날린 꿈은 / 자기의 정당성을 남 앞에서 주장하지만 뜻대로 이루어지지 않는다.

❖ 가던 길을 도중에 멈춘 꿈은 / 자기가 소원한 일이나 계획한 것을 중도에 포기하게 된다.

❖ 누군가가 약도를 보면서 자기가 살 곳을 알려 준 꿈은 / 복덕방에서 땅이나 물건, 집 등을 매매하거나 흥정할 일이 생긴다.

3) 도시·마을·지도

❖ 시가전을 본 꿈은 / 사무 계통의 일, 관청, 기타 어려운 일을 처리하게 된다.

❖ 많은 상품이 진열된 상가를 들여다보면서 지나간 꿈은 / 남의 신상 문제를 알아 보거나 대화 내용이 진지함을 알 수 있게 된다.

❖ 한 번 왔었다고 생각되는 고장의 꿈은 / 자기도 기억하는 잘 알려진 장소, 혹은 두 번째로 체험할 것을 예시한 것이다.

❖ 한 번도 가 본 적이 없는 고장을 꿈에서 가 본 꿈은 / 실제로 가게 될 경우가 있고 이것은 사실적 투시적인 꿈이다.

❖ 문화주택들이 꽉 차 있는 거리를 자신있게 활보한 꿈은 / 문학 소설을 쓰거나 문화 공보 활동에 종사하게 된다.

❖ 더러운 하수구에서 보석을 얻은 꿈은 / 개천에서 용이 나오는 것처럼 훌륭한 인물이 된다.

❖ 고향에서 타향으로 나가는 꿈은 / 사업을 시작하겠고, 되돌아가면 하던 일을 다시 해야 되겠다.

❖ 시골 마을이나 촌을 본 꿈은 / 사회 단체, 직장, 역사적 자료, 문학전서, 사전, 고담집 등을 살펴 본다.

❖ 고향에 관한 모든 것들이 꿈 속에서 자주 보이는 꿈은 / 기억에 생생하게 남았기 때문이며 고향과는 상관없이 현재 위치가 바뀌거나 낱낱의 사상이 상징된 표상물이다.

✦ 초가집이 불타는 것을 멀리서 발견한 꿈은 / 자기가 하고 있는 일이 점차적으로 번창하기 시작한다.

✦ 무화주택 가운데 초가집이 한 채 있는 꿈은 / 고고학적 연구 성과를 나타낸다.

✦ 산골에 초가집이 나란히 있는 것을 본 꿈은 / 자서전을 쓰거나 역사책을 감명 깊게 읽게 된다.

✦ 외갓집 동리에서 하룻밤을 잔 샐러리맨의 꿈은 / 외근 관계 부처에서 근무하게 된다.

✦ 고향집에서 행동한 꿈은 / 현재의 위치에서 있을 일이고, 고향집은 현재의 자기 집 또는 직장을 뜻한다.

✦ 지도에 관한 꿈은 / 방도, 사업, 계획, 사업기반, 백과전서, 권세, 이권, 행운 등의 일과 관계한다.

✦ 지도상의 한 지점을 지적하고 설명한 꿈은 / 전근, 진급, 직책 변동, 구매처, 계약 상대 등을 발견하게 된다.

제 13 장
건물이나 주택에 관한 꿈

1) 관공서·회사·상점

◈ 궁궐, 대문, 저택의 꿈은 / 큰 기관, 큰 집, 출세 기반, 큰 사업체, 업적 등과 관계된 표상물이다.

◈ 궁성이 광대한 것을 본 꿈은 / 만사에 덕이 있어 재수가 좋고 기쁜 일이 많을 징조이다.

◈ 나라의 왕이 궁전에 들어가 걸어다닌 꿈은 / 대길하고 만사가 순조로워진다.

◈ 높은 누각에 앉아 음주 행각을 한 꿈은 / 부귀할 징조이다.

◈ 당상에 관이 있는 꿈은 / 몸과 마음이 편안해진다.

◈ 빌딩 같은 고층 건물의 꿈은 / 실제의 건물, 어떤 기관의 계급적 관념, 사업 단계, 거대한 업체, 지도의 업적, 이념, 학문, 법

규 등을 상징한다.

◈ 살롱이나 다방에 들어갔던 꿈은 / 개인 내지는 단체와 결속할 일이 생기거나 누군가와 친교할 일이 생긴다.

◈ 과일을 파는 가게와 관계를 한 꿈은 / 금융기관에 출입하거나 그런 곳에 근무하고 있는 사람과 상담할 일이 생긴다.

◈ 호텔이나 여관 등 숙박업소와 관계한 꿈은 / 어떤 회사에 임시직으로 취직이 되거나 한없이 기다려야 할 일 등이 생기게 된다.

◈ 종탑이 높은 교회에서 울리는 종 소리를 들은 꿈은 / 자기의 진심을 널리 알리거나 나쁜 소식을 남에게 전할 일이 있다.

◈ 군대가 주둔한 막사나 사령부를 본 꿈은 / 관공서나 기타 단체 기관과 접촉할 일이 생기게 된다.

◈ 벌레집을 발견하고 거기에 몹시 집착했던 꿈은 / 단독적인 물건을 생산할 일이 생기거나 혼담이 성립되게 된다.

◈ 붉은 빛이 성곽 위를 비춘 꿈은 / 만사 대통하고 대길하다.

◈ 성 안으로 들어간 꿈은 / 길몽이고 성에서 나가는 꿈은 불길하다.

❖ 상가를 걸으며 상점을 들여다본 꿈은 / 결혼 상대자가 취직처, 사업장 등을 물색하고 선택할 일이 있게 된다.

❖ 절간에서 경문을 읽은 꿈은 / 병자가 완쾌한다.

❖ 여승만 사는 절간으로 이사한 꿈은 / 큰병을 앓게 된다.

❖ 용이 승천한 자리에 작고 아담한 교회가 생긴 꿈은 / 목적했던 것을 달성하게 되고 후세에 남을 업적을 이룩하게 된다.

❖ 보석류를 취급하는 금은방과 관계한 꿈은 / 심사기관, 연구기관 등에 출입할 일이 생기거나 그 일에 직접 참여하게 된다.

❖ 교실을 본 꿈은 / 직장 내부의 한 부서를 뜻하며 어떤 작품 내용의 한 부분을 상징할 수 있다.

❖ 골동품 상점을 본 꿈은 / 사진관, 고고학적 연구기관, 고전 문학, 중매인이나 사상을 가진 사람의 집 등과 상관한다.

❖ 흔히 말하는 일반회사와 관계한 꿈은 / 어떤 사업장이나 교육기관으로부터 표창을 받게 되거나 공로를 치하받게 된다.

❖ 옷감이나 종이류를 구입한 꿈은 / 부동산의 서류를 꾸미게 되거나 소개업자를 통해 무슨 일인가를 소개받게 된다.

◈ 사당과 종묘의 꿈은 / 권력기관, 정치단체, 종교단체, 업적 등을 상징한다.

◈ 식물원에 관한 꿈은 / 숲과 공원 등과 동일한 의미를 가지며, 관광, 인생 문제, 연구, 사업성과, 혼담 등과 관계해서 상징된다. .

◈ 쌀가게의 꿈은 / 은행, 조합, 재무부, 서점, 문교부 등의 바꿔 놓기가 될 수 있다.

◈ 은행 등 금융기관과 접촉했던 꿈은 / 출판사 등 문화 사업장으로부터 원고 청탁 등을 받게 된다.

◈ 유흥업소와 관계했던 꿈은 / 많은 사람에게 알릴 목적으로 자신과 관계된 광고를 할 일이 생긴다.

◈ 군부대의 연병장이나 학교의 운동장 등 넓은 곳에서 뛰놀았던 꿈은 / 신문이나 잡지 등 언론 매체를 통해 자신에 대한 가사나 나가게 된다.

◈ 목재, 자갈, 시멘트 등의 건축 자제를 쌓아 놓은 꿈은 / 인재, 연구, 사업자금 등이 마련된다.

◈ 큰 암벽에 이름 또는 문구가 새겨진 것을 본 꿈은 / 책의 표제, 기관의 윗사람 등을 나타낸다.

❖ 지하실의 꿈은 / 연구실, 비밀단체, 비밀장소, 유치장, 부엌과 뒷거래, 이면상 등과 관계된 어떤 장소적 의의가 있다.

❖ 조그맣던 십자가가 점차 커지더니 대지를 덮어 버린 꿈은 / 지금까지는 없었던 진리나 법규 등이 생겨나 자신에게 큰 타격을 주게 된다.

❖ 어느 가게에 셀 수 없을 정도로 많은 양복이 걸려 있는 것을 본 꿈은 / 취직을 하게 되거나 승진 등 축하할 만한 일이 생기게 된다.

❖ 어떤 학생이 담 위에 올라서서 있는 것을 본 꿈은 / 시험에 합격되고, 담 밑의 개구멍으로 통과하면 예비고사에 합격된다.

❖ 벽의 외면과 내면의 꿈은 / 각각 외향성의 일과 내향성의 일에 관계한다.

❖ 근엄한 마음으로 사당이나 종묘 등을 거닐었던 꿈은 / 정부에서 인정해 주는 단체에서 큰 업적을 이루게 된다.

❖ 시장을 걸으며 여기저기 기웃거렸던 꿈은 / 결혼 상대자나 취직처를 놓고 선택 과정에서 마음을 쓰게 된다.

❖ 철조망을 끊고 안으로 침입한 꿈은 / 비상한 능력과 방도에

의해서 어떤 기관을 움직이고 일을 성사시킨다.

◈ 호랑이를 타고 대궐이나 큰 저택으로 들어간 꿈(태몽)은 / 정당이나 단체의 추대를 받아 큰 기관 단체의 우두머리로 출세한다.

◈ 금, 은, 보석상의 건물의 꿈은 / 고급관청, 연구기관, 회사, 심사기관 등을 상징할 수 있다.

2) 건물과 연관된 행동

◈ 어떤 건물의 4층에서 무슨 일인가를 했던 꿈은 / 4년 정도의 선배와 동업 등을 하게 되며 그로 인해 이득을 취하게 된다.

◈ 길고도 높은 돌계단을 오른 꿈은 / 업적, 사업성과, 사업 계층의 이력, 연말 연시와 관계된 일을 각각 상징한다.

◈ 방이 넓거나 길다고 생각했던 꿈은 / 자기의 사업장을 큰 곳으로 옮기게 되거나 세력이 점점 막강해진다.

◈ 툇마루에 올라갔던 꿈은 / 국외와 관계된 일 즉, 수출 등의 일과 관계를 맺게 된다.

◈ 변소가 없는 야외에서 배설한 꿈은 / 공개적인 일, 작품 등이

지상에 발표되거나 광고된다.

❖ 일곱 계단을 내려온 꿈은 / 7년 동안 사업이 부진하거나 불행을 겪게 된다.

❖ 차로 들이받아 담을 무너뜨린 꿈은 / 능력 있는 사람이 나타나 자기의 사업 진로를 제공해 준다.

❖ 그릇에 물을 떠다 놓고 방에서 세수를 한 꿈은 / 밀폐된 장소로 안내되어 어떤 지시를 받거나 훈계를 듣게 된다.

❖ 울타리 밑으로 뱀이나 호랑이 등의 동물이 집으로 들어온 꿈 (태몽)은 / 학업을 닦으면 크게 출세할 것이다.

❖ 창문 안에서 유명인과 악수를 하고 키스한 꿈은 / 상당하게 일이 성사된 소식을 듣거나 명예가 주어진다.

❖ 암벽에 글씨가 새겨져 있는 것을 본 꿈은 / 누군가가 자기의 이름을 참고해서 책의 제목을 짓거나 승진을 하게 된다.

❖ 하천이나 시내 등 야외의 자연수에서 목욕을 한 꿈은 / 사회 단체나 법인회사 등에서 자기의 욕구를 충족시켜 준다.

❖ 무너진 담 사이로 밖이 훤히 내다보인 꿈은 / 운세가 트여서 사업 등 모든 일이 활발하게 진행되게 된다.

✧ 까마득하게 보일 정도로 높은 돌계단을 오른 꿈은 / 자기가 쌓았던 업적이 발표되거나 그로 인한 표창장 등을 받게 된다.

✧ 물을 몸에 끼얹은 꿈은 / 횡재할 일이 생기거나 작품의 입선 등으로 자신이 돋보이게 된다.

✧ 사다리를 타고 올라갔는데 내려올 수 없었던 꿈은 / 직장을 옮기려던 계획이 수포로 돌아가거나 진행중이던 일이 중단되게 된다.

✧ 자신이 지하실로 들어갔던 꿈은 / 암거래를 하게 되거나 비밀 단체 등으로부터 가입하라는 유혹을 받게 된다.

✧ 분수에 넘치는 큰 집에서 살며 여러 하인을 거느리고 사치스런 옷을 입고 있었던 꿈은 / 소원하는 일이 잘 되지 않고 마음이 어지러워지고 흉하므로 매사에 조심을 해야 한다.

✧ 창고를 짓거나 창고를 설치한 꿈은 / 상인은 영업이 잘 되고 예능인은 이름이 나며 부자는 더욱 부자가 된다.

✧ 상좌인 아랫목에 손님을 모셨던 꿈은 / 평소 존경하던 사람이나 보호해 줘야 할 사람을 만나게 된다.

✧ 벽면에 그림을 그리거나 글씨를 써 두었던 꿈은 / 자기의 작

품이 공개되거나 업적, 명성 등이 문서로 기록되어 영원히 남게 될 것이다.

◈ 지붕을 수리한 꿈은 / 기업이 번창한다. 지붕이 무너지고 퇴폐한 꿈은 심신이 고달프게 된다.

◈ 집을 팔아 버린 꿈은 / 운이 왕성해진다. 집을 사는 꿈은 수명이 길다.

◈ 집 안에 소나무와 대나무가 있는 꿈은 / 수명이 길어진다.

◈ 집을 짓고 상량을 한 꿈은 / 소원 성취하고 하인은 주인이 될 징조이다.

◈ 크고 호화로운 저택의 마루에 올라선 꿈은 / 취직을 하거나 진급이 되고 남들이 자신을 고귀한 인품의 소유자로 평가해 준다.

◈ 부엌에서 서성거리던 꿈은 / 사업을 시작하게 되거나 출세의 기반을 다질 일이 생긴다.

◈ 오랫동안 용변을 참다가 시원하게 배설된 꿈은 / 불만스러운 여러 사업장을 거치다가 소원을 충족시킬 수 있는 곳에서 정착하게 된다.

◈ 마루에서 서성댔던 꿈은 / 중개소나 소개업에 관계된 사람을 만나 긴히 상의할 일이 생기게 된다.

◈ 저택의 대청마루에 오르는 꿈은 / 신분의 고귀, 등용, 취직 등이 있게 된다.

◈ 도둑이 담을 헐고 들어온 꿈은 / 자기 사업이나 학문적 연구에 협조할 사람이나 배우자를 얻게 된다.

◈ 집을 잘 청소한 꿈은 / 먼 곳에서 사람이 오고 남의 윗사람이 될 징조이다.

◈ 지붕이 무너진 꿈은 / 집안 사람이 병이 나거나 고생에 빠진다.

◈ 창문을 열어 본 꿈은 / 매사가 잘되고 창문을 닫은 꿈은 매사가 여의치 못해진다.

◈ 벽에 갖가지 물건을 걸어 둔 꿈은 / 어떤 단체나 언론기관 등을 통해서 자신의 명예를 과시하게 된다.

◈ 천천히 계단을 내려온 꿈은 / 진행중이던 일이 역행하거나 위법저인 일을 저지르게 된다.

◈ 동일한 목욕탕에 여러 번 들어갔던 꿈은 / 한 기관에서 지신

의 청탁을 목욕탕에 들어간 횟수만큼 들어 주게 된다.

❖ 담벼락을 끼고 순찰을 돌았던 꿈은 / 외근 부서로 발령을 받게 되거나 파견 근무 명령을 받게 된다.

❖ 다락문을 열고 들여다본 꿈은 / 학문적 연구나 고위층의 기관에 청탁할 일과 관계한다.

❖ 새 집으로 이사한 꿈은 / 전학, 입학, 전직, 새 사업, 새 학설 등과 관계하고 중환자가 새 집을 짓고 들어가면서 사망이 가깝게 된다.

❖ 수도꼭지에서 떨어지는 물방울로 샤워를 한 꿈은 / 어디를 가서 어떤 일을 하든 물질적인 이득을 보게 된다.

❖ 목욕탕에 들어가서 목욕을 한 꿈은 / 불만이 해소되고 바라던 바를 이룩하게 된다.

❖ 자신이 변소로 숨은 꿈은 / 크고 작고를 불문하고 어떤 부정을 저지르게 된다.

❖ 갓 태어난 아이를 목욕시킨 꿈은 / 자기보다 능력이 한 수 위인 사람이 나타나 자신의 일이나 작품 등의 미비점을 보완해 준다.

✪ 한 쌍의 남녀가 한 변소에 동시에 들어가는 것을 본 꿈은 /
자기가 일한 대가를 가로채려는 사람이 나타나게 된다.

3) 주택

✪ 집터를 닦는 꿈은 / 사업 판도나 세력권을 형성할 일이 있고
집을 그 자리에 건축하면 정신적, 물질적인 사업을 시작하게 된
다. 집의 일부가 부서지면 사업, 명예 등이 몰락하고 병이 들게도
된다.

✪ 빌딩을 신축하고 있는 것을 본 꿈은 / 어떤 단체를 만들거나
사업체를 조직하게 된다.

✪ 벽에 페인트를 칠하는 등 치장을 한 꿈은 / 사업상의 내면을
공개하거나 광고를 할 일이 생긴다.

✪ 새로 지은 집으로 이사를 한 꿈은 / 직장을 옮기거나 실제로
이사를 하는 등의 새로운 일거리가 생기게 된다.

✪ 집이 저절로 무너져 내린 꿈은 / 자기가 노력하지 않아도 사
회의 흐름에 의해서 이익될 일이 생긴다.

✪ 삼촌 집으로 방문을 했던 꿈은 / 자기에게 많은 협조를 해 줄
사람을 찾아가거나 사업장을 방문하게 된다.

✧ 집을 증축한 꿈은 / 사업을 확장할 일이 있고 본채에 이어지는 건물은 사업 확장 인접 부서로 두 가지 업무와 관계한다.

✧ 텅 빈 집에 혼자 누워 있었던 꿈은 / 계약할 일이나 혼담 등이 쉽게 이루어지지 않고 자꾸만 연기 된다.

✧ 벽에 글을 쓴 사람을 본 꿈은 / 신문 잡지에 글을 발표하는 사람이다.

✧ 변소에 빠져 허우적거리는 꿈은 / 신분, 명예 등이 몰락되고 상당한 부채 등을 걸머진다.

✧ 지어진 집에 지붕을 덮는 것을 본 꿈은 / 일의 완성, 간판, 단체명 등이 결정된다.

✧ 외로이 떨어져 있는 초가집을 본 꿈은 / 관청에 들어갈 일이 생기거나 취업을 하게 된다.

✧ 친구 집을 방문했던 꿈은 / 친분 관계가 있는 사람의 회사를 찾아가서 부탁할 일이 생긴다.

✧ 이사할 집이 완파된 것을 본 꿈은 / 평생 동안 만날 행운 중에서 제일 큰 행운을 잡게 된다.

✦ 집 밖으로 나갔던 꿈은 / 사업을 시작하게 되거나 계획했던 일을 착수하게 된다.

✦ 일곱 계단 위에 선 꿈은 / 행복한 어떤 일과 관계하고 일곱 계단을 내려오면 7년의 사업, 불행, 병고 등의 일이 있게 된다.

✦ 자기의 집을 지은 꿈은 / 실제의 자기 집, 직장, 사업장, 업체, 관공서, 회사 등의 바꿔놓기가 될 수 있다.

✦ 집을 짓고 있는 공사 현장을 본 꿈은 / 남의 일에 지나친 관심을 갖게 되거나 어떤 일을 감독, 책임지게 된다.

✦ 많은 사람들이 집으로 몰려왔던 꿈은 / 자신과 관계된 일에 참견할 사람이 많아지게 된다.

✦ 이사할 준비를 했던 꿈은 / 직장을 옮길 마음이 생겨 곳곳에 부탁을 하게 된다.

✦ 집의 대들보가 부러지는 꿈은 / 흉하니 조심하라.

✦ 집 가운데로 빛이 환하게 비친 꿈은 / 길하며 장사꾼은 이익을 크게 볼 것이고 관직에 있으면 기쁜 일이 겹친다.

✦ 집 안에 풀이 무성하게 나 있는 꿈은 / 가산을 탕진할 징조이다.

◈ 마당에 물건을 놓거나 쌓는 꿈은 / 완전한 자기 재산이 되지 않는 공유 재산, 일거리, 사업 등이 될 수 있고 어떤 기관에 청탁할 일과 관계한다.

◈ 처녀가 대문을 나서서 산이나 무덤으로 걸어가는 꿈은 / 취직 또는 결혼 등이 곧 이루어진다.

◈ 친구 집이나 자기의 집 꿈은 / 연고가 있고 친분이 있는 회사, 기관, 사업장, 일거리를 부탁할 장소 등을 상징하고 실제의 집일 수도 있다.

◈ 환자가 새로운 집을 짓고 들어가서 나오지 않는 꿈은 / 사망할 징조이다.

◈ 움막에 들어간 꿈은 / 미인계나 남의 음모에 빠지고, 병을 앓거나 사망하기도 한다.

◈ 집이 아무 이유도 없이 반파된 꿈은 / 질병에 걸리게 되거나 지위가 땅에 떨어지게 된다.

◈ 외출했다가 돌아와 집으로 들어간 꿈은 / 사업체를 해체하게 되거나 직장에서 퇴직을 하게 된다.

◈ 남이 자기 집을 마구 허물어 버린 꿈은 / 타인에 의해서 자신

의 진로를 바꾸게 되거나 스스로 자포자기할 일이 생기게 된다.

✦ 어떤 집 앞에 잠깐 서서 그 집의 안팎을 살펴본 꿈은 / 그 곳에서 한동안 일에 종사하거나 연구, 청원, 탐지 등을 하게 된다.

✦ 화장실에 어떤 사람이 숨어서 나오지 않는 꿈은 / 부정을 저지를 징조이다.

✦ 유명 인사와 악수를 하거나 인사를 대신해 키스를 한 꿈은 / 명예를 얻게 되거나 자기와 관련된 일이 성공적으로 성사됐다는 소식을 듣게 된다.

✦ 담장 안의 주인이 과일을 따 주는 꿈은 / 관청이나 회사의 경영자가 자기에게 보상을 해 주거나 그 기관에 채용을 해 준다.

✦ 복도에 놓여 있는 꽃병을 가지고 나온 여성의 꿈은 / 회사의 비서나 섭외(외무) 담당자와 교제, 결혼 등을 하게 된다.

✦ 담 위에서 고양이가 내려다본 꿈은 / 자기의 일에 간섭할 사람이 나타나거나 누군가에 의해 감시를 받게 된다.

✦ 누군가가 자신의 방을 들여다본 꿈은 / 누가 자신의 모든 것을 알려 하거나 싸움을 걸어오게 된다.

✦ 천장에 붙은 불이 거세게 번진 꿈은 / 누구에겐가 은밀하게

청탁한 일이 남의 입에 오르내리게 되고 그로 인하여 타격을 입게 된다.

◈ 문턱에 있던 구렁이가 갑자기 없어진 꿈은 / 진행중이던 혼담이 성사되나 불화로 인하여 이별을 하게 된다.

◈ 고층건물에 볼일이 있어 출입했던 꿈은 / 보통이 넘는 거대한 일을 하게 되거나 사람들이 기억할 지위에 이르게 된다.

◈ 이삿짐 꾸리는 것을 본 꿈은 / 오래도록 해결되지 않던 일이나 계약, 혼사 등이 쉽게 이루어진다.

4) 가구

◈ 가구를 집 안으로 들여놓은 꿈은 / 새로운 배필을 맞이하거나 새 집을 사서 이사한다.

◈ 가구를 집 안에서 밖으로 내놓는 꿈은 / 머지않아 집안의 가까운 사람이 죽거나 중병에 걸려 입원한다.

◈ 이부자리를 어지럽히는 꿈은 / 부부가 이별하거나 실직하게 된다.

◈ 이부자리를 펴고 잠을 잔 꿈은 / 모든 일이 순조로워서 마음

의 평안이 온다.

✧ 침구에 피가 묻어 있는 꿈은 / 집안이나 자신에게 재난이 닥친다.

✧ 병풍이 둥글게 둘러쳐져 있는 꿈은 / 친척이나 주위 사람이 큰병을 앓게 된다.

✧ 발을 새로 사 들이는 꿈은 / 좋은 친구나 귀인을 만나게 된다.

✧ 돗자리를 깔고 노는 꿈은 / 섹스를 동경하는 것이다.

✧ 냄비에 물을 부어서 끓인 꿈은 / 성적인 흥분 상태를 뜻한다.

✧ 솥이나 냄비가 깨지는 것을 본 꿈은 / 뜻밖의 재난을 당할 징조이니 조심해야 한다.

✧ 솥이 집 밑에 놓여 있는 꿈은 / 모든 일이 생각대로 되지 않는다.

✧ 매우 좋은 책상이나 장롱이 방 안에 가득한 꿈은 / 생활에 여유가 생기고 자신을 도울 뜻밖의 사람을 만나게 된다.

✧ 가위를 본 꿈은 / 재물이 생기게 된다.

◈ 열쇠로 자물통을 열고 안으로 들어간 꿈은 / 자기를 냉정하게 대하던 여성을 소유하게 된다.

제 14 장
땅에 관한 꿈

1) 흙·돌·모래

❖ 몸이 저절로 땅 속으로 빠져 들어간 꿈은 / 토지를 많이 확보하거나 어떤 단체에서 세력권을 쥐게 된다.

❖ 자기 주변에서 흙먼지가 뿌옇게 일어난 꿈은 / 사회적으로 불안하고 유행병이 번진다.

❖ 누런 흙탕물이 흐르는 것을 본 꿈은 / 진리가 담신 서적을 읽거나 특수 사업체와 관련을 맺는다.

❖ 흙벽돌을 많이 만들거나 쌓아 놓은 꿈은 / 많은 지식을 얻거나 사업 자금이 생긴다.

❖ 진흙이나 수렁에 빠진 꿈은 / 하는 일마다 제대로 풀리지 않아 곤경에 빠지게 된다.

❖ 논밭의 흙이 검게 보인 꿈은 / 사업상 자기에게 유리한 조건을 확보하게 된다.

❖ 남이 파 놓은 함정에 빠진 꿈은 / 하늘 일마다 제대로 풀리지 않고 몸에 병이 생긴다.

❖ 몸이나 옷에 흙이 묻은 꿈은 / 질병에 걸리거나 다른 사람 때문에 자신이 누명을 쓰게 된다.

❖ 흙으로 전원을 돋우는 꿈은 / 하는 일이 점차 기반을 튼튼히 잡아 날로 번창된다.

❖ 배뇨 구덩이를 판 꿈은 / 사업상 거래처를 확보하고 학자는 창작물의 기초를 마련하게 된다.

❖ 길에 파놓은 함정을 뛰어넘거나 차를 탄 채 뛰어넘은 꿈은 / 어렵고 힘든 여건을 잘 극복해 나간다.

❖ 붉은 흙산이 갑자기 생긴 것을 본 꿈은 / 사회적으로나 국가 방위상 불안한 일이 생긴다.

❖ 함정을 파고 위장한 꿈은 / 어떤 단체에서 계교를 부려 사람을 구하거나 신분을 몰락시킨다.

❖ 흙을 파서 금은 보화나 고고학적 유물을 얻어 가진 꿈은 / 어

떤 기관에서 연구나 사업 성과를 얻고 권리나 횡재가 생기게 된다.

◈ 흙을 빚어 여러 가지 형태를 만든 꿈은 / 어려운 고비를 극복하고 창작물이나 사업 성과를 얻게 된다.

◈ 흙을 파서 집으로 가져온 꿈은 / 뜻밖의 사업자금이 여러 곳에서 생기게 된다.

◈ 흙을 파서 물건을 얻은 꿈은 / 단체에서 그 물건이 상징하는 어떤 이득이 생긴다.

◈ 강변에서 큰 것, 작은 것 구별 없이 예쁜 조약돌을 계속 주워서 치마에 담은 꿈은 / 예쁘고 귀여운 딸을 낳게 된다.

◈ 돌로 쌓은 우물을 본 꿈은 / 주로 교회, 학교, 주식회사 등의 상징이다.

◈ 상대방을 돌로 때린 꿈은 / 바른 말이나 평가 등에 의해서 자기 주장을 관철시킬 수 있게 된다.

◈ 축대가 무너져 버린 꿈은 / 지금까지의 협조 세력, 조직, 공적의 예방책이 무너져 버린다. 그러나 한꺼번에 왕창 무너지면 사업의 경신을 가져온다.

◈ 지팡이나 주먹으로 바위를 쳐서 물을 얻어 마실 수 있었던 꿈은 / 좋은 아이디어로 세상 사람들을 감동시키고 많은 재물을 얻게 된다.

◈ 돌로 쳐서 짐승을 죽인 꿈은 / 여러 방면으로 권력을 행사하여 목적을 달성시킨다.

◈ 돌덩이가 변해 큰 바위가 된 꿈은 / 작은 사업이 점차 확대되어 큰 사업으로 번창된다.

◈ 돌문을 열고 동굴에 들어가거나 들여다본 꿈은 / 새로운 발견, 학문적 성과, 시험 합격 등이 이루어진다.

◈ 길가에 자갈을 깔아 놓은 꿈은 / 어떤 교리를 탐구하거나 일의 방도를 여러 사람에게 제시할 수 있다.

◈ 호수에 돌을 던져서 파문이 일어나게 한 꿈은 / 완전한 사상이나 방도에 의해서 한 기관이나 집단을 동요시킬 수 있다.

◈ 돌옷에 꽃이 핀 꿈은 / 하고 있는 사업이 점차 활발하게 움직여 번창해 나간다.

◈ 로프를 사용해서 바위 위로 오fms 꿈은 / 협조자의 힘을 얻어서 소원을 달성하게 된다.

❖ 상대방에게 돌로 얻어맞는 꿈은 / 찬반 양단 간에 논평이나 시비가 생긴다.

❖ 큰 바위들을 부수어 자갈을 만든 꿈은 / 학문 등을 세분하거나 분할 작업 등이 있게 된다.

❖ 동굴의 꿈은 / 기관이나 학교 연구소 등을 상징한다.

❖ 반석 위에 앉거나 서 있는 꿈은 / 기업, 회사, 관청 등에서 우두머리가 되거나 편하고 좋은 문제가 지속된다.

❖ 예쁜 조약돌을 강변에서 주어온 꿈(태몽)은 / 태아가 장차 커서 학자나 관리인이 된다.

❖ 산 위에 자갈이 깔려 있고 그 위에 비가 촉촉하게 내린 꿈은 / 논문이나 학설이 세상에 공개되고 좋은 평가를 얻는다.

❖ 돌로 울타리를 쌓아올린 꿈은 / 협조 세력이나 기관의 협조를 얻어 신분이나 사업이 공고해진다.

❖ 주먹으로 바위를 쳐서 산산조각이 나게 한 꿈은 / 주장, 권력 등에 의해서 단체를 화해시키거나 권리, 업적, 사업 등이 새로워진다.

❖ 돌기둥의 꿈은 / 국가나 사회단체의 기둥이 될 인물의 상징이

고 또한 어떤 기관의 부서를 상징할 수도 있다.

◈ 채찍으로 바윗돌을 무너뜨린 독일의 재상 비스마르크의 꿈은 / 어떤 정책을 써서 정치적인 해결을 할 수 있다는 것을 예시한 것이다.

◈ 바위가 터져서 폭포를 이루듯 쏟아진 꿈은 / 철학이나 종교 기타의 진리적인 교화를 크게 베풀거나 재물을 얻는다.

◈ 암벽을 기어오르다가 무척 고통스럽게 느껴졌던 꿈은 / 어떤 일을 성사시키기가 어렵다는 것을 나타내는 것이다.

◈ 석탑을 물끄러미 쳐다보고 있었던 꿈은 / 역사, 서적, 업적 등 을 연구하고 관청에 소청할 일이 생긴다.

◈ 모래 무더기나 모래 언덕을 쌓아올린 꿈은 / 학업을 닦거나 연구의 성과를 축적하게 된다.

◈ 강변 모래밭에서 여러 가지 물건을 캐낸 꿈은 / 어떤 사업기 반에서 여러 방면으로 자원을 얻거나 권리가 주어진다.

◈ 모래산 중간이 허물어지고 폭포 같은 물이 터져 흐른 꿈은 / 어떤 입학시험이나 고시시험에 합격하게 된다.

◈ 모래밭에 씨앗을 뿌린 꿈은 / 자기 분수에 맞지 않은 사업으

로 시작하여 항상 마음이 불안하다.

✥ 사막 중간에서 강을 찾아 헤맨 꿈은 / 운세가 절망적이거나
어느 직장에서 욕구불만이 생긴다.

✥ 모래사장에 발자국을 남긴 꿈은 / 행적, 이력 따위를 어떤 기·
관에 남기게 된다.

2) 보석·광물질·기타

✥ 분명히 바다였는데 바닷물이 없어지고 대신 너무나 아름다운
크고 작은 보석들이 휘황찬란하게 빛을 뿜은 꿈은 / 딸을 낳게
된다.

✥ 금두꺼비나 금송아지를 얻은 꿈은 / 부귀 공명할 자손을 두거
나 복권이 일등 당첨할 꿈이다.

✥ 백금 반지와 관계된 꿈은 / 유산 상속이나 학문적 업적을 남
기는 일과 관계한다.

✥ 광석을 운반하거나 쌓는 것을 본 꿈은 / 여러 방면으로 많은
재물은 확보하게 된다.

✥ 금실이 수놓아진 치마를 선물받은 꿈은 / 미혼자는 마땅한 혼

처 자리가 나타난다.

✦ 처녀가 금반지를 남에게서 받은 꿈은 / 결혼이 성립되고 남성이면 귀한 여인이나 일의 성과, 사업체 등을 얻는다.

✦ 처녀가 보석을 잃어버린 꿈은 / 처녀성을 상실하고 고급관리가 이것을 잃으면 명예나 신분이 몰락한다.

✦ 누가 자기의 보석을 탐내거나 본·꿈은 / 자기의 비밀이나 좋은 아이디어를 잃거나 유린당한다.

✦ 광맥을 발견한 꿈은 / 지방 학교에 입학하거나 적당한 연구분야에 종사할 수 있고 행운의 사업장을 마련하게 된다.

✦ 금속의 성질이 튼튼하여 오래 보존한 꿈은 / 하는 일이 견고하고 완벽하여 가치 있는 것을 나타낸다.

✦ 무수히 많은 반지를 얻은 꿈은 / 이것이 태몽이라면 여러 군데에서 자기의 능력을 충분히 발휘시키는 자손을 얻게 된다.

✦ 금이나 옥으로 만든 빗을 얻은 꿈은 / 귀한 자식을 낳겠다.

✦ 금반지를 얻은 꿈(태몽)은 / 남녀 관계 없이 훌륭한 직업, 사업체 등을 소유할 수 있다.

❖ 보석이 변색하여 빛을 잃은 꿈은 / 명예, 신분, 권리 등 신체에 어떤 이상이 생긴다.

❖ 옷에 금줄이 달리거나 금장식한 옷을 입은 꿈은 / 고위층 사람과 인연을 맺어 자기의 신분이 높아진다.

❖ 금화를 호주머니에 가득 주워 담은 꿈은 / 황금 같은 학식이나 방도, 재물을 만족할 만큼 얻는다.

❖ 구리반지가 보석반지로 변한 꿈은 / 미천한 것에서 출발하여 점차적으로 발전을 거듭하게 된다.

❖ 황금 단추가 여섯 개인데 그 중 두 개만 가진 꿈(태몽)은 / 훌륭하게 될 아기 형제가 있거나 한 사람의 작품, 업적 등에서 두 가지만 성공한다.

❖ 금은 보석으로 된 단추를 단 꿈은 / 훌륭한 협조자를 얻거나 명예와 관세가 주어진다.

❖ 광산을 찾아가거나 광맥을 탐색한 꿈은 / 어떤 기관에 갈 일이 생기고 일의 성과를 얻기 위해 많은 연구를 한다.

❖ 많은 금반지를 얻는 꿈(태몽)은 / 태아가 많은 기업체, 많은 작품, 많은 사업 성과를 이룩할 사람이다.

✤ 황금 띠나 금장식 띠, 관대 등을 한 꿈은 / 관직을 얻고 신분이 고귀해지며 자손이 부귀로와진다.

✤ 광산에 화차가 머리를 외부로 향해 놓여 있는 것을 본 꿈은 / 재산이 늘어나거나 새로운 계획을 추진하게 된다.

✤ 텅 빈 보석 상자를 받은 꿈은 / 어떤 사람의 감언이설에 넘어가게 된다.

✤ 쌍가락지를 얻은 꿈은 / 둘째 가는 지위에 서거나 두 가지 업종에 종사하게 된다.

✤ 보물 단지 도는 보물 상자 등을 얻은 꿈은 / 희귀한 학설을 정립할 수 있고, 상인은 치부하며 일반인은 권리, 명예, 돈과 관계한다.

✤ 수정을 얻은 꿈은 / 훌륭한 인재, 권리, 업적, 재물, 작품 등을 얻는다.

✤ 집안의 보석을 나누어 준 꿈은 / 집안 식구나 친척이 서로 헤어질 징조이다.

✤ 보물이 산같이 쌓인 꿈은 / 흉하며 매사가 실패하게 된다.

✤ 금시계를 사거나 새로 차는 꿈은 / 좋은 배후자, 직장, 지위,

권리, 작품, 생활 방식을 얻게 된다.

✤ 다이아몬드, 에메랄드, 옥, 산호, 호박, 진주, 비취, 기타의 보석을 본 꿈은 / 사람의 인격, 부귀, 명예, 성과, 재물, 권리 등 최고의 것을 상징한다.

✤ 금반지를 얻은 태몽 꿈은 / 남녀 구별 없이 훌륭한 직업, 신분, 사업체, 성과 등을 얻을 사람과 관계한다.

✤ 금과 은으로 집을 만든 꿈은 / 부자가 될 징조이다.

✤ 구덩이 속에서 많은 보석이 나온 꿈은 / 사전류의 책에서 많은 학설 또는 설명을 인용한 별책을 작성하게 된다.

✤ 금화, 보석 등의 물체가 빛을 발하거나 그 빛이 하늘에 닿은 꿈은 / 업적, 작품, 등이 크게 성취되며 명예, 영광, 부위, 진가 등을 인정받게 된다.

✤ 금, 은으로 된 촛대를 얻은 꿈(태몽)은 / 세상을 계몽할 수 있는 사람으로 종교, 단체, 계몽, 사업체를 가질 사람의 꿈이다.

✤ 주옥이 품 안에 가득 차 있는 꿈은 / 흉몽이며 재산이 없어지기 쉽다.

✤ 입으로 보석을 토하는 꿈은 / 큰 은혜를 받는다.

❖ 금은 보배 등을 취급해 보는 꿈은 / 크게 부귀하거나 번창할 징조이다.

3) 거울과 유리

❖ 남의 거울을 희롱하는 꿈은 / 처첩이 외간 남자와 간통하는 일이 생기니 조심해야 한다.

❖ 남이 나에게 거울을 준 꿈은 / 귀공자를 낳게 된다.

❖ 거울을 본 꿈은 / 길하다. 다만 거울이 흐릴 때에는 가슴과 배에 병이 생기고 사기당하거나 질투를 받게 된다.

❖ 컵에 물이나 액체가 가득 담긴 꿈은 / 정신적, 물질적인 소원이 충족된다.

❖ 빈병이 날아오는 것을 야구 방망이로 부숴버린 꿈은 / 빈 베이스를 모두 통과하는 홈런을 날려 승리한다.

❖ 접시를 얻게 된 꿈(태몽)은 / 둘째 자리와 관계되는 직책의 소유자가 되거나 두 번 시집가는 경우가 있다.

❖ 접시를 깨버린 꿈은 / 계약, 혼담 등이 깨진다. 고의적으로 깬

것이면 소원이 이루어진다.

❖ 처녀가 꽃병을 얻거나 훔쳐 가는 꿈은 / 흠모하는 남자와 결혼하거나 직장에서 어떤 직책이 주어진다.

❖ 비녀를 산 꿈은 / 처첩을 얻게 된다. 비녀를 떨어뜨리거나 잃어버리면 먼 여행을 하게 된다.

제 15 장
불과 빛·열에 관한 꿈

1) 불

◈ 방 안에 촛불이나 등불이 밝게 켜진 꿈은 / 사업이나 소원이 만족하게 이루어지고 해명할 일이나 소식에 의해서 근심걱정이 없어진다.

◈ 물건이 타는데 불길은 없고 연기만 난 꿈은 / 공연한 헛소문이 떠돌게 된다.

◈ 상대방 몸에 불이 붙어 타는 것을 본 꿈은 / 자기의 일거리나 사업이 번창하게 된다.

◈ 화롯가에 여러 명이 빙 둘러앉아 있었던 꿈은 / 상대방과 사소한 시빗거리로 말다툼을 하게 된다.

◈ 벽이 갈라진 틈으로 연기가 나온 꿈은 / 음란한 사업을 하거나 불쾌한 일을 겪게 된다.

❖ 높은 산의 일부가 불타는 꿈은 / 국가나 사회적인 경사나 환란이 생기고, 큰 건물, 기관 등에 실제로 불이 나기도 한다.

❖ 불길이 여러 군데 옮겨 붙은 꿈은 / 신문, 잡지, 회사 등에서 자기의 작품이 선전 광고된다.

❖ 방 안에 연기가 새어드는 꿈은 / 전염병에 감염되기 쉽고 남에게 누명을 쓰게도 된다.

❖ 상대방이 온몸에 불이 붙어 타는 것을 본 꿈은 / 자기의 일거리가 융성하게 세상에 알려진다.

❖ 폭죽의 불꽃이 밤하늘에 찬란히 퍼지는 것을 본 꿈은 / 계몽적이고 센세이셔널한 일로 세인의 이목을 집중시킨다.

❖ 풀밭이나 길가에서 불이 붙어 번져나간 꿈은 / 뜻하는 바가 이루어진다.

❖ 숲이나 언덕이 불타는 꿈은 / 사업이 번창하고 일이 크게 이루어진다.

❖ 화롯불이 꺼져 버린 꿈은 / 소망이 이루어지지 않고 화롯가에 여럿이 둘러앉아 있었으면 시빗거리가 생길 징조이다.

❖ 불의 꿈은 / 자본, 사업, 일의 성공 여부, 흥망성쇠, 소원 충족, 욕정, 세력, 정력, 진리, 성력, 교화 등을 상징한다.

❖ 건물이 폭탄을 맞아 화재가 난 꿈은 / 여러 방면으로 사업이 크게 번창한다.

❖ 불이 여러 군데 옮겨 붙은 꿈은 / 어떤 언론·출판 기관에서 자기와 관련 있는 기사를 다루거나 광고하게 된다.

❖ 강물에 불이 붙은 꿈은 / 어떤 기관과 협력한 정신적, 물질적 사업으로 크게 성장한다.

❖ 타오르는 불길을 끈 꿈은 / 번창하고 있던 사업이 도중에 방해물이 생겨 중단하게 된다.

❖ 자신의 몸에 불이 붙은 꿈은 / 자기가 하는 사업, 일거리, 작품 등의 광고가 잘 되고 신분이 새로워진다.

❖ 아궁이에 불을 땐 꿈은 / 사업을 시작하는 것을 뜻하고 불이 잘 타지 않는 것은 일이 잘 추진되지 않는다는 뜻이다.

❖ 물을 부어 불길을 끈 꿈은 / 물을 부은 수만큼 손해를 본다.

❖ 마당의 흙 속에서 불길이 솟아오르는 꿈은 / 신문에 광고할 일이 생긴다.

✧ 남의 집에 붙은 불이 자기 집으로 옮겨 붙어 활활 타는 꿈은 / 남의 권리나 재산을 이전해서 크게 부자가 되다.

2) 빛·열

✧ 빛의 꿈은 / 희망, 계몽, 교화, 명예, 세력, 영광, 광명, 진리, 소식, 통찰, 자극, 정력 등 다양하게 해석된다.

✧ 환하게 비추는 가로등 밑에 서 있거나 일을 한 꿈은 / 협조 기관 등에 의해서 근심 걱정이 해소된다.

✧ 열의 꿈은 / 물질적인 자본, 힘, 권력, 열성, 정성, 애정, 자비, 방도, 변화 등의 일과 관계된다.

✧ 광선이 강하게 방 안으로 들어온 꿈은 / 어떤 강대한 외부 세력 또는 종교적인 힘이 자기에게 영향을 미친다.

✧ 남이 횃불을 들고 가는 것을 본 꿈은 / 어떤 사람의 지도나 조언을 받는다.

✧ 불 가운데 있으면서도 타 죽지 않은 꿈은 / 여러 방면으로 부족한 것이 없는데도 일을 성사시키지 못한다.

✦ 투명한 물건이 빛을 받아 광선이 반사된 꿈은 / 어떤 사람의 업적이나 일거리가 자기에게 도움을 준다.

✦ 초롱불을 들고 밤길을 간 꿈은 / 동업자, 은인 등을 만나 일이 잘 추진되어진다.

✦ 횃불을 들고 밤길을 간 꿈은 / 어렵고 힘든 일을 극복하거나 진리를 깨닫게 된다.

✦ 모르는 사람이 전깃줄을 거두어 간 꿈은 / 사업이 중단되거나 남에게 청탁한 일이 이루어지지 않는다.

✦ 오로라의 섬광을 보는 꿈은 / 세계 평화가 오거나 위대한 지도자, 진리의 서적 등이 세상에 나타나서 진리를 펴게 된다.

✦ 거울, 유리 조각, 구슬 등의 물건이 빛을 받아 광선이 반사된 꿈은 / 어느 사람의 업적이나 일거리가 자기에게 명예로운 영향을 준다.

✦ 자기의 그림자가 들판을 가로지르는 꿈은 / 자신의 영향력이 크게 사회에 미친다.

✦ 전깃불이 환하게 비치는 곳을 걸어간 꿈은 / 하는 일에 근심 걱정이 없어지고 사업이나 취직이 순조롭게 이루어진다.

✦ 폭음과 더불어 하늘 일각에 섬광이 번쩍거린 꿈은 / 사람들을 깜짝 놀라게 할 만한 기삿거리를 읽게 된다.

✦ 성화대에 불이 잘 붙는 꿈은 / 널리 교리를 전파하고 교회를 설립하게 된다.

✦ 창문에 그림자가 비친 것을 본 꿈은 / 상대방에게 쉽게 접근하지 못한다.

✦ 빛이 방 안으로 환히 들어온 꿈은 / 해결되지 않은 문제가 풀리고 집안에 경사가 있게 된다.

✦ 방 안에 촛불이 환하게 밝혀져 있는 꿈은 / 사업이나 소원이 만족하게 이루어지고 근심 걱정이 해소된다.

✦ 폭발물이 터져서 자신이 죽어 버리는 꿈은 / 혁명적이고 창의적인 일이 성사되어 세상에 소문을 낸다.

✦ 전깃줄을 방 안에 새로 가설한 꿈은 / 새로운 직장, 사업장, 일의 방도가 마련된다.

✦ 전깃불이 깜빡거린 꿈은 / 하는 일이 계속해서 반복을 거듭한다.

✦ 하늘에서 땅으로 번개와 같은 광선이 뻗은 꿈은 / 자기가 하

고 있는 일이 많은 사람들을 감동시킨다.

✧ 밖에서 들여다보는 집 창문에 불이 환히 밝혀져 있는 꿈은 / 어떤 기관에서 자기의 성실함을 인정해 준다.

✧ 전신에 화상을 입은 꿈은 / 어떤 사람과 계약을 맺거나 기념할 일 등이 생긴다.

✧ 금은보화의 물체가 빛을 발하거나 그 빛이 하늘에 닿는 꿈은 / 업적, 작품 등이 크게 성취되어 많은 사람들에게 인정을 받는다.

✧ 촛불이 꺼져 버리는 꿈은 / 기다리던 소식은 묘연하고, 초롱불을 들고 밤길을 가다가 은인 등을 만나게 된다.

✧ 어두컴컴한 고장을 걸어가는 꿈은 / 생소한 고장에 가거나 생소한 일에 부딪히게 된다.

✧ 그림자의 꿈은 / 허무한 것, 거짓된 것, 정체불명의 괴한, 영향력, 4차원의 학설 따위를 비유한 꿈이다.

✧ 아래층과 이층에서 각각 불이 난 꿈은 / 상부층이나 하부층에 관계된 사업이 각각 융성하거나 선전 광고할 일이 생긴다.

✧ 아궁이에 불을 붙이는 꿈은 / 사업의 시작을 뜻하고 연료가

타지 않는 것은 하는 일이 잘 추진되지 않고 고난을 겪게 됨을 뜻한다.

◈ 석유, 연탄, 가스, 벽난로 등에 불이 잘 붙는 꿈은 / 사업이 번창하며 소원이 이루어진다.

◈ 불에 다 타서 재만 남은 꿈은 / 사업이 한때 잘 되어 가다가 결국 빚만 지게 된다.

◈ 성화를 들고 달리는 꿈은 / 진리 탐구에 몰두하거나 종교적 지도자가 된다.

◈ 집이 활활 타오르는 꿈은 / 사업이 융성한다. 타오르는 불길을 끄면 융성하던 사업이나 작품에 관한 일이 중지되거나 쇠락을 면치 못한다.

◈ 집에 불이 났지만 연기만 피어오르는 것을 물을 부어서 꺼 버린 꿈은 / 누군가가 육신의 병이 든 것을 약물 치료로 회복시킬 수 있게 된다.

◈ 불덩이가 치마폭이나 뱃속으로 들어간 꿈은 / 큰 사업가가 되거나 훌륭한 배우자를 만나게 된다.

◈ 전선이 합선되어 불이 붙은 꿈은 / 어느 기관에 청탁한 일이 성사되어 세상에 감명을 주거나 주목거리가 된다.

◈ 크나큰 도시가 불타는 꿈은 / 헌법 개정, 학설, 교리 등을 전국 또는 지방에 전파하여 큰 감화를 주게 된다.

제 16 장
시간과 방향·색깔에 관한 꿈

1) 시간

◈ 정초에 꾸는 꿈 / 그 해 일 년 내내의 운세를 말해 주지는 않는다. 다만 신년에 계획한 일이나 기대하는 일이 있다면 그 문제에 관해 해답을 얻는 것은 가능하다. 자기가 걸어간 보행수는 한 동안의 시간 경과를 암시한다.

◈ 멀리서 기다리는 사람이 오는 걸 본 꿈은 / 어떤 일을 시작하는데 상당한 시일이 걸린다.

◈ 완연한 봄이라고 느낀 꿈은 / 어떤 일의 시작, 애정의 표현, 평화의 상징 등을 나타낸다.

◈ 한밤중에 등불을 켠 채 상대방에게 가라고 한 꿈은 / 미개척 분야에 희망을 주거나 진리를 펴라고 알려 준다.

◈ 그 해에 성사되지 않은 일의 꿈은 / 어떤 일의 전망과 성사

여부가 쉽게 결정나지 않는다.

✤ 도둑이 이웃집으로 들어간 것을 본 꿈은 / 도둑을 잡거나 신문기사를 읽게 된다.

✤ 상대방이 앉거나 누워 있는 꿈은 / 오래 기다릴 일이 있고, 서 있으면 곧 이루어질 일과 관계한다.

✤ 오른쪽의 꿈은 / 무의미할 때의 방향 제시, 아니면 정의, 정당, 합법적인 일과 관계할 때가 각각 있게 된다.

✤ 무엇에 물건이 가려졌다가 다시 나타난 꿈은 / 형태는 같아도 서로 성격이 다른 일에 관련한다.

✤ 늘어진 줄을 잡지 못한 꿈은 / 상당한 시일의 경과를 나타낸다.

✤ 유리창 너머나 담 너머로 일을 본 꿈은 / 먼 훗날이나 가까운 장래의 일을 나타낸다.

✤ 과일이 잘 익은 꿈은 / 하고 있는 일이 어느 단계까지 이르렀음을 뜻한다.

✤ 하던 일을 외면하거나 다른 장면으로 바뀐 꿈은 / 어떤 일을 하는 데 있어서 상당한 시일이 경과 되었음을 뜻한다.

✥ 바라보고 있는 동안 꽃이 열매를 맺고 동물이 커지며 여러 번 다른 표상물로 변하는 꿈은 / 그 변한 시간은 상당한 시간 경과를 암시하고 있다.

✥ 달걀, 과일 등 물건의 숫자의 꿈은 / 그 갯수 만큼의 시일을 암시하기도 한다.

✥ 동일한 물건이 나란히 놓였을 때의 꿈은 / 그 두 개의 사이는 순서대로의 시간 간격이 있게 된다.

✥ 해가 서산에 가까워진 꿈은 / 말년 운세와 결부된다.

✥ 늘어진 줄을 당겨 놓는 꿈은 / 감은 부분이 경과 시일이고 감지 못한 부분은 기다려야 할 시간이다.

✥ 겨울의 꿈은 / 말년, 원고, 동결 등의 일을 상징한다.

✥ 여름의 꿈은 / 성장기, 젊음, 왕성함, 사업 융성 등의 일을 암시한다.

2) 방향

✥ 새가 서쪽에서 동쪽으로 나는 꿈은 / 방향 제시가 아니라 일

의 시발점에 불과한 때가 더 많다.

◈ 황량한 벌판을 바라보고 있을 때 전방이 북이라고 생각된 꿈은 / 자기가 현재 거처하는 곳이 북쪽과 관련이 있다.

◈ 사거리에서 갈피를 못 잡고 망설인 꿈은 / 어떤 일에 대한 갈림길에 서 있음을 뜻한다.

◈ 동쪽에서 사건이 일어난 꿈은 / 현재 거주하는 곳이나 출생지에서 사건이 생긴다.

◈ 상대방이 정면으로 걸어온 꿈은 / 상대방과의 의견 대립으로 말다툼이 있으며 일에 대한 방해가 생긴다.

◈ 동녘에서 해가 뜬 꿈은 / 일을 정상적으로 밟아가면서 시작한다.

3) 색깔

◈ 백의를 입은 사람을 본 꿈은 / 자기 일을 도와 주거나 어떤 유산을 상속받을 사람이다.

◈ 물빛이 보라색으로 변한 꿈은 / 사상의 전파, 이권의 확장 등이 이루어진다.

❖ 여러 가지 색깔이 혼합된 꿈은 / 여러 가지 일을 다재다능하게 이끌어 나간다.

❖ 가장 인상 깊게 남을 수 있는 색채의 꿈은 / 꽃이나 동물, 황금빛 광선 등을 일반적으로 나타낸다.

❖ 검은 색을 띠고 있는 구렁이의 꿈은 / 특정 인물, 특색 있는 작품, 사업체 등을 나타낸다.

❖ 나무에 매달린 신기한 새빨간 열매를 따 먹은 꿈은 / 여인을 점령할 수 있다.

❖ 누른빛의 구렁이의 꿈은 / 대체로 평범한 사람, 작품, 사업체, 단체 기관 등의 상징이다.

❖ 검정색 옷을 입은 사람을 본 꿈은 / 누구의 은혜를 입거나 상복을 입는다.

❖ 노란색 모자를 쓴 아이를 데리고 다닌 꿈은 / 가장 애착을 가진 일거리를 성취시킬 일과 관계하게 된다.

❖ 꿈 속에 표현된 물건 색깔의 꿈은 / 각별한 상징적 이미지를 나타내기 위해서 표상된 것이다.

◈ 분홍색 옷을 입은 사람을 본 꿈은 / 결혼 생활이나 인기 직업으로 많은 사람들의 칭송을 받거나 행복해진다.

◈ 붉은 동그라미를 그려 본 꿈은 / 기다리는 사람이 상당한 시일 동안 휴식하러 오거나 휴가를 온다.

◈ 검은 손을 뻗어 무엇을 가지려고 한 꿈은 / 음모, 모략, 절도, 역심 등을 가진 것이다.

◈ 새파란 꽃을 따 주어 받은 사람의 꿈은 / 중간에서 퇴직하거나 어떤 직위를 얻는다.

◈ 회색꽃의 꿈은 / 이중 성격, 위선, 경멸, 죄과, 미완성, 허약성, 부유 등의 이미지와 결부된다.

◈ 여러 가지 색깔이 합해진 잡색의 꿈은 / 다목적, 잡종, 잡념, 다재다능, 복잡, 협심, 협력, 인기 등의 일을 뜻한다.

◈ 빨간 의복의 꿈은 / 신분의 존귀, 모함에 빠짐, 흥분, 싸움, 상해 사망 등과 관계한다.

◈ 파란색의 꿈은 / 젊은, 초년, 정력, 방랑, 박애주의, 인내를 상징한다.

◈ 초록색 꿈은 / 질투, 시기심, 나약성, 애착심, 유아기, 초창기

등의 일을 상징한다.

✜ 백색의 꿈은 / 결백, 정의, 소박, 순백, 처녀성, 유산, 상속, 쇄신, 항의, 항소, 신천지, 배타성 등의 일을 상징한다.

✜ 의상, 가공품, 동물, 과일, 불빛, 노란색 따위의 색깔의 꿈은 / 사랑, 존경, 성숙, 애정, 애착, 인기 등의 뜻이 있다.

✜ 까만색의 꿈은 / 불쾌, 불길, 암담, 무의미, 미개척, 비밀, 죽음, 부도덕, 자비 등을 나타낸다.

✜ 분홍색의 꿈은 / 연애, 명예, 기쁨, 애착, 부귀, 공로, 선동, 호감 등의 일과 관계해서 표현된다.

✜ 보라색의 꿈은 / 선동, 유혹, 수줍음, 겸손, 아늑함, 존경 등의 뜻이 있다.

제 17 장
문서·책·문자·숫자에 관한 꿈

1) 문서

◈ 영장에 빨간 줄이 그어져 있는 것을 받아 본 꿈은 / 어떤 작품 당선 통지서가 아니면 남의 사망 소식을 듣게 된다.

◈ 상대방에게서 각서나 시말서를 받은 꿈은 / 상대방에게 명령을 하거나 신변 조사할 일이 생긴다.

◈ 행정 관청에 부동산을 등기한 꿈은 / 큰 권리가 자기에게 주어지고 그 일을 많은 사람들에게 공개할 일이 있다.

◈ 경비원에게 여행증을 제시하고 통과한 꿈은 / 어떤 계약이 성립되어 일이 진행된다.

◈ 계약서를 작성해서 주고받은 꿈은 / 어떤 계약이 성립되어 일이 진행된다.

✦ 문서를 얻은 꿈은 / 어떤 권리나 사명이 자기에게 주어진다.

✦ 문서를 찢거나 태워 버린 꿈은 / 자기의 신분, 권리 등을 박탈당하거나 어떤 사건을 처리하게 된다.

✦ 문서를 태워 재가 남거나, 구기거나 찢어서 간직해 둔 꿈은 / 사건 수습이 안 되고 어떤 증거물을 남기게 된다.

✦ 공공단체에서 어떤 통지서가 온 꿈은 / 어떤 통지서를 받거나 신문·잡지 등에서 정보를 입수하게 된다.

✦ 병원에서 진찰권을 받은 꿈은 / 어떤 사업에 착수할 일이 있거나 병원에 입원하거나 치료할 일이 생긴다.

✦ 신령적인 존재가 문서를 가져다 준 꿈은 / 이것이 태몽이라면 학문 연구를 하는 후계자를 얻게 된다.

✦ 계산을 하는 꿈은 / 사업 계획, 사업성과, 심리 분석 등의 일이 생긴다.

2) 책

✦ 자기가 사전에서 단어를 찾아 보는 꿈은 / 현실적으로 성(sex)에 대한 지식이 풍부해진다.

◈ 서적을 얻은 꿈은 / 진리, 방문, 학문, 선생, 계시, 등과 상관하게 되고 서적을 사거나 얻게도 된다.

◈ 벌거벗은 아이가 책을 옆에 끼고 있는 꿈은 / 어린아이는 학문이나 업적이고, 책은 훌륭한 선생, 연구 과제, 교리나 방도 등을 뜻한다.

◈ 상대방이 읽는 책을 넘겨다본 꿈은 / 상대방의 심적 동향을 살피거나 비밀을 탐지하게 된다.

◈ 상대방에게 책을 빌려 온 꿈은 / 가정교사나 어떤 사람의 지시에 따라 노력할 일이 생긴다.

◈ 서적에 관한 꿈은 / 진리, 교리, 스승, 정신, 지침, 방도 등을 상징하고, 서적내용과 문구는 사상과 예언 형식의 암시다.

◈ 상대방으로 하여금 책에 씌어진 문구를 읽게 한 꿈은 / 상대방과의 의견이 일치되고 그의 뜻에 따르게 된다.

◈ 가까운 사람에게서 공책을 빌려 온 꿈은 / 친구 간에 우정이 두터워지고 상대방과 약속을 하게 된다.

◈ 책상 위에 책이 있는 꿈은 / 복스러운 위치에 나아간다.

✥ 오색 색종이를 얻거나 갖게 된 꿈은 / 큰 재물을 얻는다.

✥ 꿈에 열심히 책을 읽은 꿈은 / 귀자를 얻을 징조이다.

✥ 달력이나 일력 또는 책을 얻은 꿈은 / 장수하게 된다.

✥ 책을 찢거나 던진 꿈은 / 선생에게 반항하거나 상대방을 학대하고 학문을 포기한다.

✥ 서적을 얻거나 많은 서적을 가진 꿈(태몽)은 / 책 표제가 암시하는 분야의 학문 연구에 종사할 사람이 된다.

3) 문자·숫자

✥ 자기가 연필로 백지에 글씨를 쓴 꿈은 / 남성일 경우는 처녀와 육체 관계를 맺게 된다. 여성일 경우는 처녀성을 빼앗긴다.

✥ 사회적 유명 인사에 관한 내용이 적힌 꿈은 / 자신의 행동에 대해서 묘사하기를 자극한다는 것에 유의할 필요가 있다.

✥ 계약서를 작성한 꿈은 / 체험할 일이 있거나 다른 계약의 성립 등이 이루어진다.

✥ 신문 기사의 꿈은 / 처음에는 애매하고 중간은 감명 깊으며

나중은 다 읽지 못하고 만 것은 중간 기사가 가장 기분 좋게 될 것을 예시한다.

❖ 계산서에 많은 사람의 도장이 찍혀 있는 것을 본 꿈은 / 일을 추진하는데 있어서 많은 사람들의 도움을 받는다.

❖ 자기의 흰옷에 누가 붓글씨를 쓴 꿈은 / 자기의 신분이 새로 워지거나 간판을 새로 바꾸게 된다.

❖ 자기의 명함을 남에게 건네 준 꿈은 / 어떤 권리나 책임을 남에게 넘겨 준다.

❖ 남의 서명이 새겨진 인장을 얻은 꿈은 / 협조자를 만나거나 권리를 확보하게 된다.

❖ 자기의 인장을 새로 만든 꿈은 / 새로운 신분이나 권리가 자기에게 주어진다.

❖ 상관에게 결재 도장을 받은 꿈은 / 남의 도움으로 소원이 충족되고 사업 성과를 얻게 된다.

❖ 땅 속에서 대통령 도장을 캐낸 꿈은 / 사업을 추진해 나가거나 자신에게 권리가 주어진다.

❖ 자기가 남에게 도장을 찍어 준 꿈은 / 일을 끝마치거나 남의

일을 대신해 주게 된다.

✥ 새로 만든 명함을 가진 꿈은 / 새로운 신분이나 권리가 주어진다.

✥ 공공단체에 자기 서명이 기재된 꿈은 / 어떤 회사에 취직을 하거나 전근가게 된다.

✥ 증서나 수표 같은 것을 본 꿈은 / 친척이 서로 다투게 되며 증서를 태우는 꿈은 주식이 생긴다.

✥ 테이프에 글자가 잘 찍혀지지 않거나 틀려서 자주 종이를 바꾸어 찍은 꿈은 / 연인과의 관계가 원만치 않거나 윗사람이 자기의 청을 잘 들어 주지 않아 애를 태우게 된다.

✥ 글씨를 깨끗이 쓰려고 해도 잘 써지지 않은 꿈은 / 열심히 노력하지만 보람이 없다.

✥ 0이 보인 꿈은 / 숫자의 0은 과거를 뜻한다. 이것은 당신이 지금 과거에 얽매여 있다는 것을 알리고 있다.

✥ 숫자 1이 보인 꿈은 / 숫자 1은 일의 시작을 의미한다. 지금과는 다른 생활이 생긴다는 암시이다.

✥ 숫자 2가 보인 꿈은 / 숫자 2는 인관 관계에서의 협력, 조화

를 의미한다. 주위 사람들이나 가족끼리 서로 원만할 때, 혹은 트러블이 있을 때 등에 조화를 강조하는 의미로 숫자 2가 꿈에 보인다.

❖ 숫자 3이 보인 꿈은 / 숫자의 3은 발전한다, 또는 활동한다는 의미를 갖는다. 일, 사랑, 대인 관계 등 무슨 일이든 행동에 옮기면 반드시 발전하게 된다.

❖ 숫자 4가 보인 꿈은 / 숫자 4는 일이 막혀 있음을 암시한다.

❖ 숫자 5가 보인 꿈은 / 숫자 5는 가도 불가도 아닌 상태다.

❖ 숫자 6이 보인 꿈은 / 숫자 6은 애정을 나타낸다. 당신의 성적 매력의 향상을 뜻한다.

❖ 숫자 7이 보인 꿈은 / 숫자 7은 예술적, 센스, 영감을 나타낸다.

❖ 숫자 8이 보인 꿈은 / 숫자 8은 돈, 능력, 출세 등, 일의 성공이나 실패를 암시하고 있다. 숫자의 8은 어떤 상태로 나타나느냐가 좋은가 나쁜가의 열쇠가 된다.

❖ 숫자 9가 보인 꿈은 / 숫자 9는 변화를 나타낸다. 일, 대인 관계, 사랑 등 무슨 일에 있어서나 평온 무사하지 않고 변하고 있는 상황을 가리키며 새로운 전개가 당신을 기다린다는 암시이다.

❖ 계산을 하는 꿈은 / 어떤 사업을 계획하고 있거나 사람의 심리를 파악하려고 한다.

❖ 다른 사람이 전자계산기를 들고 방으로 들어온 꿈은 / 자기 사업에 협조하거나 금전 관계로 자기를 찾아오는 사람이 있다. .

❖ 공중이나 머릿속에 어떤 숫자가 나타난 꿈은 / 그 숫자와 관계되는 일이나 사회적인 체험을 얻게 된다.

❖ 학교 성적표에 기재된 점수의 꿈은 / 실제 그 성적이거나, 점수나 일수, 월수금의 액수, 인원수 등을 상징할 경우도 있다.

제 18 장
돈과 유가증권에 관한 꿈

1) 돈

✦ 깨끗한 지폐를 줍는 꿈은 / 대체로 꿈 속에서의 돈은 애정을 나타낸다. 자신이 애정에 굶주리고 있다는 것을 뜻한다.

✦ 돈궤를 집에 들여오는 꿈은 / 자본주, 사업체, 일의 방도 등이 생긴다.

✦ 공중에서 지폐가 눈처럼 떨어져 집 안에 수북이 쌓인 꿈은 / 사회단체를 통하여 재물이 생기거나 여러 통의 편지를 받는다.

✦ 동전을 얻은 꿈은 / 머지않아 큰 부자가 될 징조이다.

✦ 품삯을 달라는데 상대방이 주지 않는 꿈은 / 정신적, 육체적 고통을 받는다.

✦ 돈을 많이 소유한 꿈은 / 만족할 일, 재물 등이 생긴다.

❖ 돈을 조금 소유하는 꿈은 / 근심 걱정이 생기고 돈을 많이 소유하면 만족한 일 또는 그 수량만큼의 돈이 생긴다.

❖ 책상 속에 담겨진 수많은 1원 짜리 동전을 보는 꿈은 / 중학교 1학년 학생을 상징한다.

❖ 돈과 증서에 관한 꿈은 / 실물이 아니면 약속, 계약, 명령, 권리 이양, 선전물 등의 표상이다.

❖ 곗돈을 타 오는 꿈은 / 제물, 보험, 예금, 복권 등을 나타낸다.

❖ 돈지갑을 줍는 꿈은 / 여성에 대해 호기심을 갖게 된다.

❖ 돈지갑을 열어 보는 꿈은 / 성적 충동이 강해진다.

❖ 비행기로 실어온 가방을 집 안에서 풀어 보니 돈이 방 안 가득하게 차는 꿈(태몽)은 / 자수성가하며 굴지의 갑부가 된다는 뜻이다.

❖ 상점에서 물건값을 지불한 꿈은 / 어떤 소득이 있거나 취업을 하게 된다.

❖ 길바닥에서 녹슨 동전을 여러 개 주운 꿈은 / 가까운 사람이 병사해서 며칠간 슬퍼하고 걱정하게 된다.

◈ 빳빳한 지폐를 길바닥에서 주운 꿈은 / 펜팔, 일거리, 소설 등을 주고받을 일이 있다.

◈ 남이 지폐를 몇 장 주워 가진 걸 본 꿈은 / 근심 걱정할 일이 생긴다.

◈ 돈을 세어 보는 순간 돈이 솔가지로 변해 버린 꿈은 / 사업자금을 뜻한다.

◈ 돈이 가방에 가득 찬 것을, 모르는 사람이 가져가라고 한 꿈은 / 주택을 구입하거나 사업을 계획한다.

◈ 상대방이 백 원짜리 지폐 몇 장을 주어서 받은 꿈은 / 며칠간 근심 걱정이 생기며, 반대로 남에게 줄 수 있으면 근심 걱정이 해소된다.

◈ 백 원권 오백 원권의 지폐를 길에서 주운 꿈은 / 연애편지, 펜팔, 일거리 등을 주고 받을 일이 생긴다.

◈ 어떤 사람이 준 돈이 종이로 변한 꿈은 / 누군가의 강압적인 요구, 지시, 명령 등을 따르게 된다.

◈ 곗돈을 타러 가는데 버스 운전기사가 돈 보따리를 준 꿈은 / 남의 도움으로 재물을 얻는다.

◈ 금줄이 그어져 있고 상(賞)자가 씌어진 돈을 받는 꿈은 / 금액을 암시하는 것이고 차후에 크게 이득을 얻는다.

◈ 장사꾼에게 물건값을 지불한 꿈은 / 물건값과 대등한 시일 후에 어떤 이득이 생기거나, 그 시일 간을 취득하게 된다.

◈ 금돈을 타서 갖는 꿈은 / 여러 사람에 관계된 돈, 복금, 보험이나 예금 등을 비유하는 꿈이다.

◈ 누군가가 수백만 원의 돈을 가방에 넣어 갖다 주는 꿈은 / 그 액수와 맞먹는 집을 사거나 사업 자금을 얻는다.

2) 유가증권·문서·도장

◈ 유가증권, 계약서 꿈은 / 일반적으로 계약, 명령, 약속, 권리 이양, 선전물들을 나타낸다.

◈ 교환권을 받는 꿈은 / 다른 사람의 소개 통지서, 명함 등을 받는다.

◈ 어떤 계산에서 여러 사람의 도장이 찍혀 있는 것을 본 꿈은 / 많은 동조자나 호평가 등을 얻는다.

◈ 땅 속에서 대통령의 도장을 캐내는 꿈은 / 운수 대통하거나 대업을 완수할 능력, 권리 방도가 주어진다.

◈ 남의 집 문서, 부동산 증서 등을 손에 넣는 꿈은 / 권리, 재산, 토지 등이 생긴다.

◈ 졸업장 또는 상장을 받는 꿈은 / 영예, 업적, 공로를 과시할 일이 있고, 권리 전근, 취직 등의 일과 관계할 수 있다.

◈ 징집 영장, 구속 영장 등을 받는 꿈은 / 실제 그대로 받거나 관청 직원으로 발탁된다.

◈ 통장이나 수표를 은행 창구에 넣은 꿈은 / 이력서나 청원서를 당국에 제출하게 된다.

◈ 복권 같은 것을 사거나 누구에게서 받는 꿈은 / 소개장, 상품권, 계약서, 보험 증서 따위를 받게 된다.

◈ 공중에서 많은 수표가 떨어져 그것을 주워 담는 꿈은 / 단체나 보험 회사에 관계된 이권을 신청자들에게서 모집한다.

◈ 자신이 남에게 도장을 찍어 주는 꿈은 / 약속, 복종, 승낙, 일의 종결, 대리 행사 등이 있게 된다.

◈ 도장에 관한 꿈은 / 직권, 명예, 대리, 권리, 신분, 결정, 사명

등의 일과 관계해서 꾸어진다.

❖ 상관에게 결재 도장을 받은 꿈은 / 후원자에 의해서 소원이 충족되고 진급이나 사업성과를 얻는다.

❖ 경관이 구속 영장, 호출장 등을 가져다 준 꿈은 / 작가나 사업가가 아니면 득병하거나 사망할 수도 있다.

❖ 기차표에 관한 꿈은 / 신분 보장, 권리, 임관, 증명서, 사업 방도 등을 상징한다.

❖ 관인이나 직인이 찍힌 문서를 받는 꿈(태몽)은 / 천부의 어떤 사명을 다하거나 고급 관리, 유명인이 된다.

❖ 자신의 인장을 새로 만든 꿈은 / 새로운 신분, 새로운 권리 등이 주어진다.

❖ 새로운 명함을 갖는 꿈은 / 권리, 명예, 권세 등이 새로워진다.

❖ 자신의 서명이 뚜렷하게 나타난 꿈은 / 명예, 권세, 덕망, 승진, 취직이나 입학이 이루어진다.

❖ 누런 군복지에 쓴 자기의 서명의 꿈은 / 진급 대상자가 되고 하얀 백지에 쓴 명찰은 진급이 되지 않는다.

◈ 자신의 하얀 옷에 붓글씨를 쓴 꿈은 / 신분이 새로워지거나 영업 간판을 달게 된다.

◈ 극장표에 관한 꿈은 / 방도, 권리, 증서, 우편물 등을 상징한다.

제 19 장
옷과 소지품에 관한 꿈

1) 옷·모자·신발

◈ 윗사람이 주는 옷을 입는 꿈은 / 명예, 권리, 혜택 등이 주어진다.

◈ 화려한 옷을 입은 꿈은 / 사업, 신분, 직위 등이 향상되고 좋은 사람을 만나게 된다.

◈ 맞춰 입은 옷이 몸에 꼭 맞지 않은 꿈은 / 주택, 배우자, 직업 등에 불만이 많아진다.

◈ 행주치마에 손을 닦는 꿈은 / 시집간 딸이 친정으로 온다.

◈ 흰 상복을 입은 꿈은 / 여러 방면으로 유산을 상속받는다.

◈ 금은보화로 된 단추를 달고 있는 옷을 입은 꿈은 / 좋은 동업자를 만나서 일이 순조롭게 풀린다.

❖ 옷을 세탁해 입은 꿈은 / 불안했던 마음이 정리되고 새로운 일을 추진한다.

❖ 옆에 있는 사람이 새빨간 옷을 입고 있는 꿈은 / 상대방과 시비가 엇갈려 마음이 불쾌해진다.

❖ 핑크색 옷을 입은 꿈은 / 다른 사람에게 사랑을 받거나 질병에 걸릴 염려가 있다.

❖ 노란색이나 황금색 옷을 걸친 꿈은 / 남의 이목을 한몸에 받는다.

❖ 잠옷을 입은 꿈은 / 주택, 취직, 반려자 등을 얻는다.

❖ 하얀 드레스를 입고 신랑과 결혼식을 올리는 꿈은 / 결사나 계모임, 동창회 등에서 어떤 책임을 맡는다.

❖ 양품점에서 옷을 산 꿈은 / 동업자, 신분증, 서적 등을 얻게 된다.

❖ 상대방이 어두운색 옷을 입은 꿈은 / 상대방을 만났는데 그 사람에 대해서 정확한 기억을 할 수 없다.

❖ 옷 한 벌을 모두 갖추어 입은 꿈은 / 하는 일이 모두 만족스

럽다.

❖ 예복, 관복 등의 옷을 얻은 꿈은 / 다른 사람을 통해서 은혜를 입거나 출세를 한다.

❖ 각기 다른 천으로 누덕누덕 옷을 기워 입은 꿈은 / 다른 사람의 도움으로 하고 있는 일을 계속 이어나간다.

❖ 퇴색하고, 때가 묻고, 찢어진 옷을 입은 꿈은 / 상대방에게 천대를 받거나 집, 사업, 신분 등이 퇴락한다.

❖ 여성이 좋은 옷을 입은 꿈은 / 반드시 배은망덕할 일이 생긴다.

❖ 임금이 입는 곤룡포를 입은 꿈은 / 사회적으로 세인들에게 인정을 받는다.

❖ 관복과 활옷을 입은 꿈은 / 동업자, 결혼 상대자, 자손 등을 얻게 된다.

❖ 푸른색 계통의 옷을 입은 꿈은 / 성실한 사람을 만나게 된다.

❖ 낡은 옷을 입은 꿈은 / 질병에 걸리고 주택, 동업자, 신분 등이 쇠퇴한다.

❖ 본인이 귀부인이 되어 검정 예복을 입고 대리석 궁전에서 걸어 다닌 꿈은 / 유산 상속 등으로 부귀로워지거나 결혼 생활이 유복해진다.

❖ 흰옷을 입은 많은 사람들이 모여서 쳐다보거나 엎드려 있었던 꿈은 / 많은 군중들 가운데서 시비나 재판을 맡아 해결해 줄 일이 있다.

❖ 노란 비옷을 입은 꿈은 / 물질적인 유산 상속을 받거나 관청과의 관계, 일거리의 상징물이다.

❖ 상대방이 빨간 옷을 입고 있는 꿈은 / 상대방과 싸우거나 불쾌해지고, 재난을 당하거나 상대방을 극도로 미워하게 된다.

❖ 중병 환자가 새 옷을 입고 집 주위를 돌아다니는 꿈은 / 꿈속에서 본 그 사람이 좋아지게 된다.

❖ 물 속에 들어가도 옷이 젖지 않은 꿈은 / 그 사람이 휴가를 얻는다.

❖ 옷을 선물 받은 꿈은 / 일반적으로 취직, 동업자 등을 나타낸다.

❖ 양말, 스타킹, 버선을 벗어 버리는 꿈은 / 지금까지 의지하던 협조자, 육친, 배우자, 자손 직장 등과 인연을 끊거나 한동안 작

별하게 된다.

◈ 벗어 놓은 옷을 잃어버리는 꿈은 / 의지했던 협조자, 신분, 직장, 사업 등을 상실하고 고독, 빈곤, 고통을 면치 못한다.

◈ 많은 사람이 수영복을 입고 있는 꿈은 / 선동적인 출판물을 보거나 당신과 관계된 일거리, 작품 등과 관계한다.

◈ 여인의 옷을 하나 하나 벗겨 보는 꿈은 / 책 또는 애착을 가지는 기계류의 내용을 탐독 또는 조사해 볼 일이 생긴다.

◈ 군인, 경찰, 학교, 기관 등의 제복을 벗고 사복을 한 꿈은 / 휴직하게 되거나 단체에서 물러난다.

◈ 다듬이질을 하는 것을 본 꿈은 / 일이나 사업의 개수, 연마, 보완 등을 뜻한다.

◈ 바지의 단추를 채웠는데도 페니스가 노출되어 감추려고 한 꿈은 / 자기의 주장이 너무 강경하여 시비를 받고 자숙할 일이 생긴다.

◈ 속내의만 입고 걸어다닌 꿈은 / 하고 있는 일이 불안하거나 동업자의 혜택을 충분히 받지 못한다.

◈ 벗어 두었던 옷을 입지 못한 꿈은 / 의지했던 직장이나 사업

등을 상실하고 고독, 빈곤, 고통을 당하게 된다.

◈ 자기의 옷과 똑같은 옷을 입은 사람을 본 꿈은 / 정신적으로
상대방에게 압도당한다.

◈ 상대방이 입던 옷을 자기에게 벗어 준 꿈은 / 상대방의 책임
을 전가받거나 업적을 이어받는다.

◈ 백설 같은 흰 옷이 빛나고 있는 것을 본 꿈은 / 정신적 물질
적인 사업으로 성공해서 신분이 고귀해지고 명예가 주어진다.

◈ 자기의 주머니에 든 물건을 갖지 못한 꿈은 / 어느 곳에 위탁
한 일이나 장차 하려는 사업의 방도를 찾지 못한다.

◈ 잠옷을 입은 꿈은 / 배우자, 집, 직업 등을 얻거나 안식처를
얻는다.

◈ 분비물이 묻어 있는 옷을 세탁한 꿈은 / 근심, 걱정이 해소되
고 물적 증거가 없어진다.

◈ 스승, 대통령, 신령적인 존재가 화려한 옷을 입은 것을 본 꿈
은 / 은혜로운 일, 권위적인 일 등이 주어진다.

◈ 학자가 금화를 호주머니에 가득 주워서 담은 꿈은 / 학식, 방
도, 재물 등을 만족할 만큼 얻는다.

❖ 옷의 상의의 꿈은 / 윗사람, 상부층과 관계하고 하의는 아랫사람, 하부층과 관계된 상징부위이다.

❖ 주머니에서 권총이 생겨서 소지품으로 사용한 꿈은 / 집안의 어른이나 형제에게 사업의 방도를 배우게 된다. .

❖ 옷을 빨아서 손질해 놓은 꿈은 / 근심 걱정이 해소되고 새로운 일에 착수하며 생활 형편이 좋아진다.

❖ 양복점의 재단사가 자신의 옷을 재단한 꿈은 / 기관의 실무자가 꿈꾼 사람에게 청탁할 일을 진행시키고 있음을 뜻하는 것이다.

❖ 옷감을 필로 들여와서 집 안에 수복하게 쌓아 놓은 꿈은 / 넓은 토지, 직권 등을 얻고 부귀로워진다.

❖ 허리띠가 끊어지거나 없어져 버린 꿈은 / 어떤 규제, 압력 등에서 해방되거나 일의 중절, 청탁, 절연 등이 허사가 된다.

❖ 여자가 애인의 넥타이를 매어 준 꿈은 / 상대방이 남자의 뜻을 잘 받아 줄 일이 생긴다.

❖ 비단보에 그림과 글자가 수놓아져 있는 꿈은 / 자기의 사생활에 대해서 다른 사람이 시비를 걸어온다.

❖ 황금띠, 관대 등을 착용한 꿈은 / 취직이 되거나 자손을 많이 얻게 된다.

❖ 친구의 계급장에 붉은 바탕에 많은 별이 달려 있는 꿈은 / 붉은 바탕에 노란 무늬가 박힌 옷을 입은 사람을 만나게 된다. ·

❖ 이유도 없이 옷을 갈기갈기 찢는 꿈은 / 직장, 동업자, 부부, 친척 등과 멀어진다.

❖ 장롱이나 가방에 여러 가지 옷을 챙겨 넣거나 차곡차곡 쌓아 놓은 꿈은 / 주변에 있는 것을 정리 정돈하게 된다.

❖ 상대방이 회색옷을 입은 것을 본 꿈은 / 이중성격을 가진 사람을 만난다.

❖ 투명한 옷을 걸치고 적진을 활보해도 알아보는 사람이 없는 꿈은 / 남의 눈을 피해서 염탐하거나 교제한다.

❖ 새옷을 만드는 꿈은 / 혼담이 생긴다. 만일 이옷 저옷 입으면 흉하다.

❖ 자기의 옷이 바람에 날린 꿈은 / 건강에 이상이 있거나 구설수가 생길 징조이다.

✧ 결혼식장에 상복을 입은 사람이 나타나는 꿈은 / 결연, 계약, 결사 등에서 우두머리가 되거나 돈을 탈 사람을 본다.

✧ 모자나 코트가 바람에 날아가 버린 꿈은 / 직장이나 신분 등 사회 정화나 법규에 저촉되어 상실케 된다.

✧ 누가 옷 보따리를 가져다 주었으나 풀어 보지도 않은 꿈은 / 오랫동안 근심 걱정을 하게 된다.

✧ 호주머니 속의 물건을 찾지 못한 꿈은 / 하고 있는 일이 안정을 찾지 못하고 갈팡질팡한다.

✧ 옷을 염색소로 들고 간 꿈은 / 종교 단체에 가입하거나 교도소에 갈 일이 있다.

✧ 옷을 세탁하고 다른 색으로 물들이는 꿈은 / 사업 내용, 경영 방침 등을 변경시키고 직장을 옮기게 된다.

✧ 양복감이나 비단 옷감을 사 온 꿈은 / 동산, 부동산, 재물 등을 나타낸다.

✧ 다른 사람에게 실이나 솜을 주는 꿈은 / 윗사람의 신임을 얻거나 사랑을 받게 된다.

✧ 바늘에 꿰인 실의 꿈은 / 결혼, 연결, 인연 등을 상징하고 시

간의 길고 짧은 것을 나타내기도 한다.

❖ 재봉틀을 사거나 집 안에 들여놓은 꿈은 / 일을 추진하거나
어떤 기관에서 많은 도움을 준다.

❖ 헝클어진 실을 푸는 꿈 / 계획한 일이 뜻대로 되지 않는다. ·

❖ 다른 사람이 준 실꾸러미를 가지고 있는 꿈은 / 계획한 일,
질병 등이 오래 간다.

❖ 바늘에 손가락을 찔린 꿈은 / 연인에게 다른 사람이 나타나거
나 아내가 딴 마음을 먹는다.

❖ 바늘이 하늘에서 무수히 쏟아져 옷에 박힌 꿈은 / 자기가 한
일에 대해서 많은 사람들이 평가를 해 준다.

❖ 바늘을 잃어버리고 찾지 못한 꿈은 / 사업 방도를 잃고 사업
이 중단된다.

❖ 바늘에 꿰인 실의 꿈은 / 단체, 결혼, 시간, 연결 등을 일반적
으로 나타낸다.

❖ 색실로 옷감에 수를 놓은 꿈은 / 상대방에게 애정을 표시하거
나 구혼을 받을 일이 생긴다.

✤ 솜, 털, 고치 등으로 실을 자아내는 것을 본 꿈은 / 근심 걱정을 해소시키지 못한다.

✤ 모자를 새로 사서 써 보는 꿈은 / 입학, 취직, 승진 자격이나 주민등록증 갱신이 있게 된다.

✤ 월계관을 쓴 꿈은 / 최고의 명예, 권리, 영광이 주어지며 크게 명성을 떨친다.

✤ 모자 꿈은 / 일반적으로 동업자, 지위, 신분증, 직업 등과 관련이 있다.

✤ 왕관을 쓴 꿈은 / 자기의 모습을 남에게 자신있게 과시할 일이 생긴다.

✤ 군인이 단체로 철모를 쓴 꿈은 / 하고 있는 일이 날로 번창한다.

✤ 군인이 군모를 벗고 집에 나타나는 꿈은 / 그 사람이 휴가를 얻는다.

✤ 사각모를 쓴 꿈은 / 학문, 공로 등을 통해서 자신을 인정받는다.

✤ 자기 외에 친척들이 굴건을 쓰고 있는 것을 본 꿈은 / 권력을

권 친척을 만나거나 반가운 사람을 접대한다.

◈ 타인이 새 관을 만들어 씌워 준 꿈은 / 자격증, 주민등록증, 신분증 등을 갱신한다.

◈ 장례식에 굴건을 쓴 사람이 많이 있는 꿈은 / 유산 분배자, 제자 등이 많이 있다.

◈ 군인들이 군모를 여기저기에 벗어 놓은 꿈은 / 군인은 임무를 완수하고 제대하다.

◈ 모자를 벗어서 금은 보석, 과일, 재물 등의 물건을 담은 꿈은 / 좋은 아이디어를 개발하여 이득을 본다.

◈ 감투를 새로 만들어 쓴 꿈은 / 남에게 자신의 모습을 자신있게 과시한다.

◈ 사병이 꿈에 장교모를 쓴 꿈은 / 자신의 일이 남에게 인정을 받거나 상사의 보호를 받는다.

◈ 모자를 쓰지 않은 경찰관의 꿈은 / 기자, 회사원, 기관원 등과 접촉할 일이 생긴다.

◈ 모자를 태우거나 찢어버린 꿈은 / 새로운 것을 시도하려고 계획을 세운다.

❖ 어른이 학생 시절로 돌아가 학생모를 쓴 것을 본 꿈은 / 학업, 연구 등에 몰두하거나 단체에 가입한다.

❖ 신발을 얻은 꿈은 / 이것이 태몽이라면 자수성가를 해서 세인의 이목을 한몸에 받는다.

❖ 구두 두 켤레가 우편으로 배달된 꿈은 / 외국 서적을 보거나 여권이 나온다.

❖ 새 신이 발에 딱 안 맞는 꿈은 / 하고 있는 일이 분수에 맞지 않거나 불안하다.

❖ 영적인 존재가 주는 신발을 받아 신는 꿈은 / 학자, 지도자, 권력자 등의 도움을 많이 받는다.

❖ 짚신을 신은 꿈은 / 집, 가정부, 고용인 등을 얻는다.

❖ 고무신 한 켤레가 물에 빠져서 건졌는데 여러 켤레의 고무신이 나온 꿈은 / 투자를 적게 하여 많은 이득을 본다.

❖ 다 떨어진 신을 신는 꿈은 / 직업, 사업, 동업자 등이 무력해지거나 질병이 생긴다.

❖ 자기 신을 찾지 못하고 남의 신을 찾아 신는 꿈은 / 직장, 사

업, 배우자, 주택 등이 바뀌게 된다.

◈ 문전에 여러 사람이 신을 벗어 놓은 것을 본 꿈은 / 일을 청탁하거나 협력해 줄 사람 또는 기관이 생기게 된다.

◈ 신었던 신발을 잃어버리는 꿈은 / 부모, 자손, 친지, 배우자, 직장, 재물, 집, 협조 기관, 기타 의지가 되는 모든 것 중에 그 어떤 것을 잃는다.

◈ 옥색, 흰색, 고무신을 신다가 나중에 검은 고무신을 신은 여인의 꿈은 / 세 번 결혼한 후에야 정착한다.

2) 화장품·화장 도구

◈ 남이 화장하는 것을 보는 꿈은 / 남이 본심을 위장하거나 과대한 선전을 하는것에 대해서 불쾌감을 갖게 된다.

◈ 사랑하는 사람이 화장품을 사 준 꿈은 / 상대방이 선물을 주거나 애정의 표시를 한다.

◈ 친구가 몰라보도록 화장을 짙게 한 꿈은 / 다른 사람에게 주도권을 빼앗기고 사업체 간판, 명의 등이 바뀜을 본다.

◈ 거울에 아무것도 비쳐지지 않은 꿈은 / 먼 곳에서 반가운 소

식이 온다.

✦ 머리 기름을 발라 머리에 윤기가 있는 꿈은 / 자신의 모습이 남에게 돋보이고 소원이 성취된다.

✦ 거울이 떨어지거나 저절로 깨진 꿈은 / 가깝게 지내던 사람과 멀어지게 되다.

✦ 거울 속에 비친 자신의 얼굴이 예뻐 보인 꿈은 / 젊고 예쁜 여자를 만나게 된다.

✦ 거울에 자기의 모습이 비치는 꿈은 / 어떤 소식통이나 중계소, 매개물 등을 통해서 일이 이루어지거나 소식을 받게 된다.

✦ 거울을 우연하게 줍는 꿈은 / 좋은 아내를 얻게 되다.

✦ 거울이 아주 선명하고 밝은 꿈은 / 밝으면 길하고 어두우면 흉하다.

✦ 오색찬란한 옷을 입고 거울을 본 꿈은 / 동업자, 반가운 사람 등을 만난다.

✦ 화장이 지워져 흉하게 보인 꿈은 / 상대방을 미워하게 되고 간판, 벽화 등이 퇴색한 것을 보게 된다.

◈ 여러 종류의 화장품을 놓고 화장을 하는 꿈은 / 주변에 변화를 주거나 자신이 돋보이는 일이 있다.

◈ 자신의 얼굴을 거울에 비춰 보니 검게 보인 꿈은 / 반갑지 않은 사람을 만나 기분이 불쾌해진다.

◈ 거울을 보면서 화장을 하는 꿈은 / 자기 이외에 다른 사람의 마음까지 움직이게 한다.

◈ 머리를 빗는데 비듬이나 이가 떨어진 꿈은 / 근심 걱정이 해소되고 미궁에 빠졌던 일이 순조롭게 풀린다.

◈ 헝클어진 머리를 빗으로 빗는 꿈은 / 복잡한 일, 근심걱정 등이 제3자의 도움으로 원만하게 해결된다.

◈ 황금으로 만든 비녀와 빗을 보는 꿈은 / 애첩이 생길 징조이다.

◈ 황금 장식이나 금비녀가 요동쳐 보이는 꿈은 / 먼 길을 가게된다.

3) 소지품

◈ 선글라스를 쓴 사람을 본 꿈은 / 신분, 학력, 본심 등을 속이

거나 위장하고 있는 사람과 상관하게 된다.

◈ 큰 시계를 팔에 차지 못하고 배에다 찬 사람을 본 꿈은 / 큰 생활 능력, 지휘력, 권리, 사업체 등을 소유하게 된다.

◈ 안경의 꿈은 / 일반적으로 동업자, 지폐, 통찰력, 선전 등의 일을 나타낸다.

◈ 안경 쓴 사람과 마주 본 꿈은 / 상대방이 자기에 관해서 여러 모로 알려고 한다.

◈ 벗어 놓은 안경을 다시 쓴 꿈은 / 동업자를 만나 도움을 받는다.

◈ 망원경을 통해 무엇인가를 보려다 육안으로 본 꿈은 / 남을 통해서 일을 하지 않고 직접 나서서 일을 처리한다.

◈ 안경을 새로 구입해서 쓴 꿈은 / 주변에 있는 모든 것이 새롭게 단장된다.

◈ 망원경을 통해 먼 곳의 광견을 가깝게 본 꿈은 / 미래의 일을 알거나 먼 곳에서 소식이 온다.

◈ 지갑에 지폐가 가득 들어 있는 꿈은 / 여러 방면으로 만족할 만한 재물이 생긴다.

❖ 남자용 손가방, 여자용 핸드백의 꿈은 / 가정, 직장, 기관, 사업, 기반, 자금 등의 고달픈 일거리 등을 상징한다.

❖ 금테안경을 쓴 꿈은 / 어떤 단체에서 자신을 인정해 준다.

❖ 시계가 소포로 발송된 꿈은 / 주어진 임무를 성실하게 수행한다.

❖ 시계가 고장난 꿈은 / 집안 사람이 병들거나 사업이 부진해지고 교통 사고를 당할 일이 있다.

❖ 시계를 선물 받은 꿈은 / 동업자, 재물, 직장 등을 얻는다.

❖ 손수건을 새로 구입하거나 만든 꿈은 / 고용인, 가정부, 등을 구하거나 계약서를 쓸 일이 생긴다.

❖ 수건을 어깨에 둘렀는데 그 자락이 손까지 처져 있는 꿈은 / 많은 사람들이 자신의 직업을 인정해 준다.

❖ 남이 준 손수건을 받은 꿈은 / 남의 고용인이 되거나 도움을 받고 그의 뜻에 동조한다.

❖ 승리라고 쓴 수건을 머리에 동여맨 꿈은 / 정신적으로 어려운 문제에 부딪히지만 잘 극복해 나간다.

❖ 여자가 수건을 쓰고 앉아 있는 것을 본 꿈은 / 자기의 주장을 다른 사람이 받아 주지 않는다.

❖ 여러 사람들이 수건으로 머리를 동여매고 뛰는 것을 본 꿈은 / 남의 명령에 불복하고 자기 주장을 내세우는 사람을 접하게 된다.

❖ 담배를 상대방에게 준 꿈은 / 상대방의 소원을 충족시켜 주므로 자기에게 손실이 온다.

❖ 담배를 남에게 주어 피우는 것을 본 꿈은 / 자기가 원하는 것을 남이 반드시 들어 준다.

❖ 라이터를 남에게 준 꿈은 / 하고 싶은 일이 뜻대로 이루어지지 않는다.

❖ 심지, 휘발유, 라이터의 돌 중 어느 한 가지라도 없어서 불을 켜지 못했던 꿈은 / 남에게 부탁을 하지만 상대방이 들어 주지 않는다.

❖ 성냥갑이 젖어 부뚜막에 말린 꿈은 / 다른 사람에게 일을 청탁할 일이 있다.

❖ 담배꽁초를 버린 곳에서 불이 난 꿈은 / 고민하고 있던 일이

순조롭게 풀린다.

◈ 미혼녀가 재떨이를 얻은 꿈은 / 자신을 잘 이해해 주고 어려운 일을 같이 풀어 나갈 남성을 만난다.

◈ 재떨이를 얻은 꿈은 / 이것이 태몽이라면 카운슬러나 경리 등에 관계된 직업을 갖는 자손을 얻는다.

◈ 담뱃대를 새로 산 꿈은 / 직장이 알선되거나 사업을 시작한다.

◈ 상아로 된 파이프를 가지고 있는 꿈은 / 사회적으로 인정을 받거나 좋은 작품을 쓴다.

◈ 지팡이로 옆에 있는 사람을 때린 꿈은 / 하고 있는 일에 압력을 받거나 그 일로 시비가 생긴다.

◈ 연못 속에 꽂혀 있는 지팡이를 얻어 사용한 꿈은 / 어떤 단체에서 자신에게 임무를 부여한다.

◈ 지팡이의 형태가 갑자기 변한 꿈은 / 권력, 지휘 능력 등이 확장됨을 나타낸다.

◈ 쌍지팡이를 짚고 걷는 꿈은 / 동업자와의 일이 잘 해결된다.

❖ 무거운 책가방을 방에다 놓고 나온 꿈은 / 근심 걱정이 해소된다.

❖ 우체부가 들고 오는 가방이 열려 있는 꿈은 / 여러 곳에서 소식이나 편지가 온다.

❖ 가방 속에 문서가 수북이 쌓인 꿈은 / 하고 있는 일이 계획대로 잘 추진된다.

❖ 신분증을 제시하고 검문소를 통과한 꿈은 / 증명서를 남에게 보여 주거나 정신적, 육체적 고통에서 해방된다.

제 20 장
탈것과 통신기에 관한 꿈

1) 하늘을 날으는 것

◈ 비행기가 포격해서 건물이 폭발하는 꿈은 / 구태의연한 기성세대, 봉건사상, 고루한 학설 등을 두드려 부술 수 있게 된다.

◈ 수많은 비행기들이 떠서 싸움을 벌이거나 우왕좌왕 떠다닌 것을 본 꿈은 / 머리가 아프거나 복잡한 일에 얽매인다.

◈ 착륙한 비행기가 자가용 승용차로 변한 꿈은 / 국영기업체가 어떤 전환기에 개인 기업체로 바뀌는 것을 뜻한다.

◈ 자신의 뒷모습을 기자가 비행기에서 촬영한 꿈은 / 어떤 공공단체에서 자기의 신변에 관해서 조사한다.

◈ 물건을 비행기가 실어다 준 꿈은 / 어떤 단체에서 책임을 지어 주거나 일거리를 가져다 준다.

❖ 무수한 편대 비행이 계속되는 것을 본 꿈은 / 하고 있는 사업이 점차 발전되어 가는 것을 여실히 느끼게 된다.

❖ 적기를 격추시킬 수 있었던 꿈은 / 자기가 계획한 일이나 소원이 협조자에 의해서 무난히 성취된다.

❖ 비행기가 공중에서 폭파되거나 추락한 꿈은 / 자기의 신변이 새롭게 바뀐다.

❖ 비행기 안에서 비둘기가 나온 것을 안고 들어간 꿈은 / 이것이 태몽이라면 사회 봉사원, 간호사 등으로 활동할 자손을 얻게 된다.

❖ 비행접시나 인공위성을 타고 다닌 꿈은 / 좀더 부귀로운 고급 기관에서 생활하게 된다.

❖ 샐러리맨이 우방국가 원수의 전용기를 탄 꿈은 / 근무하고 있는 거래처와 관련이 있고 같은 회사 계열로 전근하게 된다.

❖ 적기와 아군기가 공중전을 하는 걸 본 꿈은 / 남의 세력에 의한 방해적인 여건을 물리친다.

❖ 종이비행기가 소리를 내며 날아가고 또 다른 비행기가 폭음과 함께 하늘을 날아간 꿈은 / 두 개의 감동적인 작품이 매스컴을 통해서 널리 알려진다.

◈ 비행기가 공중에서 쏜 기관총 탄피를 주운 꿈은 / 복권, 경품 권 등에 당첨될 가능성이 있다.

◈ 엔진이나 프로펠러가 여러 개 달린 큰 비행기가 바다에 착륙 한 것을 본 꿈은 / 어떤 연구 기관이 해외에 정착해서 큰 빛을 보게 된다.

◈ 비행기의 심한 폭격으로 여기저기에서 사람들이 도망친 꿈은 / 출품한 작품이 탈락된다.

◈ 풍선이 떴던 위치에 수송기가 날아온 꿈은 / 어떤 사업을 시 작하는데 협조자의 도움을 많이 받는다.

2) 땅에서 달리는 것

◈ 대합실에 앉아 출발 시간을 기다린 꿈은 / 사업이나 계획한 일이 상당한 시간 동안 어떤 기관 또는 회사에서 보류되거나 기 다리게 된다.

◈ 기분이 좋아서 자가용을 운전한 꿈은 / 어떤 기업체를 운영해 나가거나 지휘권을 갖게 된다.

◈ 차를 탄 채 하늘을 나는 꿈은 / 자신이 하고 있는 사업에 세

인의 관심이 쏠려 번창하며 현실에 만족한다.

✤ 애인과 함께 차를 타고 드라이브한 꿈은 / 애인이 실제인이면 혼담이나 결혼 생활을 원하게 된다.

✤ 자기가 타고 있는 차가 수렁에 빠진 꿈은 / 사업이 운영난에 빠지고, 몸만 빠져 나와 부실기업에서 손을 뗀다.

✤ 많은 사람이 차 둘레에 몰려 있는 꿈은 / 어떤 기업체에 많은 사람이 청원하거나 시비가 있게 된다.

✤ 펑크가 난 차바퀴를 고친 꿈은 / 하고 있는 일을 다시 한 번 재검토한다.

✤ 차바퀴가 빠진 꿈은 / 활동력, 수하자, 세력, 방도의 일부가 상실된다.

✤ 버스에 타고 서 있었는데 빈 자리가 생기지 않았던 꿈은 / 외근 관계직에서 내근을 맡게 되거나 완전한 책임을 부여받는다.

✤ 철길을 여러 개 지나거나 기차 밑을 지나간 꿈은 / 어려운 난관을 지혜롭게 잘 극복해 나간다.

✤ 자기 집 마당에 여러 대의 자가용 차들이 주차해 있는 꿈은 / 사업상 협의 대상이 여럿 있음을 뜻한다.

❖ 차가 가 버려서 승차하지 못한 꿈은 / 취직, 입학, 현상 모집 등에서 탈락하게 된다.

❖ 만원 버스를 타는 꿈은 / 직원이 포화 상태에 있는 직장, 경쟁자가 많은 사업장, 시험장 등을 상징한다.

❖ 구급차나 백차의 꿈은 / 권력기관, 감찰기관, 봉사기관, 심사기관 등을 상징한다.

❖ 자기 집의 분뇨를 분뇨차가 쳐 가는 꿈은 / 재물의 손실이 있거나 체납된 세금을 납부한다.

❖ 집으로 순찰차가 온 꿈은 / 관청에서 시비를 가리거나 집달리, 세리 등과 관계하게 된다.

❖ 탱크를 타고 쏘고 부수고 죽였던 꿈은 / 어떤 세력을 잡거나 또는 기관을 통해서 자기 능력을 행사하거나 타기관에서 법적 행사를 하는 것을 보게 된다.

❖ 차에 휘발유를 넣는 꿈은 / 사업 자금을 많이 투자하게 된다.

❖ 차가 강물에 떠내려가 사라진 꿈은 / 어떤 강한 세력의 압력에 밀려 사업 기반을 잃게 된다.

❖ 교통 사고가 나서 죽거나 다친 것을 본 꿈은 / 자기와 밀접한 관계에 있는 사람에게 보통 일 이상의 일이 생기게 된다.

❖ 차 앞이 밖으로 향해 있는 꿈은 / 자기의 일이 계획성 있게 조속히 잘 추진된다.

❖ 차에 송장을 싣고 달리는 꿈은 / 오래도록 재운이 트인다. 상해를 입은 사람을 싣고 달리면 수정 보완할 일거리 때문에 고통이 따른다.

❖ 차 안을 들여다보고 타지 않은 꿈은 / 청탁한 기관, 청혼자, 기타의 내부 사정, 가문이나 내력 등을 알아 보기만 하고 인연을 맺지 않는다.

❖ 차를 탄 채 자기 집으로 돌아온 사람을 본 꿈은 / 어떤 단체의 대표가 자기와 여러 가지 일로 타협하게 된다.

❖ 기차가 철로 위를 마음껏 달린 것을 본 꿈은 / 하고 있는 일이 순리대로 잘 진행되어 간다.

❖ 기차가 레일도 없는 산을 달리는 꿈은 / 어떤 단체나 조직체가 자유롭게 운영되어 나가거나 세상에 과시할 일이 생긴다.

❖ 트럭이 이삿짐을 싣는 것을 본 꿈은 / 어떤 기관에서 많은 일을 부탁하거나 사업을 새롭게 변경할 생각을 갖게 된다.

◈ 버스를 운저사와 자신만 타고 간 꿈은 / 어떤 방해적인 여건, 시비의 대상이 없어 자기 권한을 마음대로 과시하게 된다.

◈ 사이렌을 크게 울리며 소방차가 달리는 것을 본 꿈은 / 데모 사건으로 군대, 경찰 등이 동원하여 진압할 일이 있다.

◈ 나무 사이로 검은 화물차가 달리거나 서 있는 것을 본 꿈은 / 방비가 소홀한 틈을 타서 범죄 집단이 침범할 우려가 있다.

◈ 고장이나 사고로 인해서 차가 멈춘 꿈은 / 어떤 계획한 일이나 모임 등이 좌절된다.

◈ 버스에서 창 밖을 내다본 꿈은 / 사업 도중이나 생활 도중에 생길 문제와 사건 또는 남에 관한 일을 언론기관 등을 통해 알게 된다.

◈ 버스가 자기 집 방에 들어와 있는 것을 본 꿈은 / 기관 내에서 단체적인 합의에 부딪혀 권세가 흔들린다.

◈ 차에 치어 죽는 꿈은 / 사업, 작품, 일거리, 소원 등이 어떤 기관, 회사, 권력자에 의해서 성사된다.

◈ 차를 도중에서 탄 꿈은 / 직장에 취직되거나 어떤 단체에 가입하게 된다.

✦ 승용차 여러 대 중 한 대만 사람이 타고 나머지는 빈 차로 있는 꿈은 / 자기가 여러 회사에 부탁한 일이 한 회사에서만 성사된다.

✦ 기차의 불빛이 자신에게 비친 꿈은 / 어떤 단체에서 자기 일을 빛내 주거나 기용할 일이 있다.

✦ 기차에 치어서 죽은 꿈은 / 정치적인 일, 작품 등이 어떤 기관이나 언론사나 출판사에 의해서 성사된다.

✦ 큰 붓을 쥐고 지프차를 타고 가다가 내린 꿈은 / 어떤 잡지사에 작품을 연재하거나 문학 작품을 출판하게 된다.

✦ 검은 택시가 방으로 들어와 있는 꿈은 / 미혼자가 결혼을 서두르거나 집안 사람 중에 누가 사망하게 된다.

✦ 기차가 폭파되거나 뒤집혀서 엎어진 꿈은 / 어떤 기관의 기능이 마비되거나 사업 갱신이 있게 된다.

✦ 경사진 곳을 자전거를 타고 오르는 꿈은 / 어떤 일을 추진하는데 장애물이 많이 따라 어려움을 겪게 된다.

✦ 남의 자전거의 앞에 타고 가는 꿈은 / 강요에 못 이겨 사업을 추진하게 된다.

❖ 가마문을 열어 놓고 가는 꿈은 / 하고 있는 일이 순리대로 잘 풀린다.

❖ 병자나 노인이 가마를 타고 사라져 버린 꿈은 / 가정에 화근이 생기게 된다.

❖ 마차를 타고 자기가 왕비나 왕자가 된 것처럼 호위를 받으며 거리를 달리는 꿈은 / 어떤 단체의 우두머리가 되거나 지위가 높아진다.

❖ 들것을 타고 가는 꿈은 / 협조자의 도움으로 자신의 지위가 높아진다.

❖ 들것을 두 사람이 마주 잡고 있던 꿈은 / 서로가 사소한 일로 의견충돌이 있게 된다.

❖ 들것에 시체를 싣고 집 주변에서 서성거리는 모습을 본 꿈은 / 일의 성과를 얻으려면 상당한 시일을 필요로 하게 된다.

❖ 하늘 높이 그네를 탄 꿈은 / 자기의 소원을 충족시키고 세상에 과시할 만한 일이 있게 된다.

❖ 케이블카나 엘리베이터를 타고 오르내렸던 꿈은 / 어떤 단체에서 중개 역할을 하게 된다.

3) 물에서 가는 것

◈ 갑자기 항구가 생기고 수많은 배가 들어오는 것을 본 꿈은 / 어떤 사업 또는 연구 관계 기관이 설립되고, 수많은 동조자를 얻거나 학문적 성과를 얻는다.

◈ 아무도 없는 배를 혼자 타고 떠내려간 꿈은 / 어떤 일을 제대로 수습하지 못하고 병원에 갈 일이 있게 된다.

◈ 배 안에서 불이 난 꿈은 / 사업이나 가정 형편이 점점 나아진다.

◈ 함포를 쏘아 적함을 침몰시킨 꿈은 / 어떠한 어려움이 있어도 자신에게 주어진 일을 잘 극복해 나간다.

◈ 여성과 만족한 성교를 한 선장의 꿈은 / 물고기를 배 안에 가득하게 잡거나 어떤 회사와 유리한 계약을 맺는다.

◈ 배가 공중을 날아다닌 꿈은 / 운세가 대길하다. 배가 거꾸로 떠서 공중을 날면 동맹 파업 또는 시비가 있게 된다.

◈ 돛단배가 바람을 타고 잘 떠가는 꿈은 / 사업, 작품, 연재, 기타 소원의 경향이 순조롭게 이루어진다.

◈ 개펄에 엎어진 보트를 바로 세워서 하천을 저어나간 꿈은 / 포기했던 일을 새로운 각오로 다시 시작한다.

◈ 배 안에 물이 홍건히 고여 있는 꿈은 / 하고 있는 일이 점차 성과를 보이기 시작한다.

◈ 접대부를 손으로 더듬은 선원의 꿈은 / 배의 기물이 파괴되거나 사소한 일로 다투게 된다.

◈ 물고기가 배 안으로 뛰어든 꿈은 / 사람의 목숨을 구하거나 재물이 생기게 된다.

◈ 수많은 사람이 기선에서 내린 꿈은 / 동등한 위치에 있는 사람이 취직하거나 집회장에서 퇴장하는 것을 보게 된다.

◈ 바람을 받는 돛단배가 잘 가는 꿈은 / 하고 있는 일이 순조롭게 잘 이루어진다.

◈ 보트를 저어서 가는 꿈은 / 주어진 조건의 일을 잘 처리하게 된다.

◈ 배의 선수에 깃발이 꽂히고 자기 혼자만 탄 꿈은 / 가까운 시일 안에 불행한 일이 있게 된다.

❖ 함장이 된 자신이 적함을 공격한 꿈은 / 경쟁 회사나 정당 등에 제재를 가하게 된다.

❖ 음식을 배 안에서 먹은 꿈은 / 다른 사람이 부탁한 일을 책임 있게 해결해 준다.

❖ 수평선 너머로 배가 사라진 것을 본 꿈은 / 자기가 시작한 일의 성과를 기다리고 있거나 외국에 갈 일을 나타내기도 한다.

❖ 배에서 목재를 내려 쌓는 것을 본 꿈은 / 남을 통해서 많은 재물을 얻게 된다.

❖ 부둣가에서 자신이 아는 사람을 전송한 꿈은 / 출세를 하거나 작품을 선전할 일이 있다.

❖ 작은 배에서 큰 기선으로 한 걸음에 올라가는 사람을 본 꿈은 / 작은 기업체에서 큰 기업체로 이동, 전직, 승급 등이 이루어진다.

❖ 보트를 타고 벌판에 있는 하천에서 물고기를 많이 잡은 꿈은 / 어떤 잡지에 작품을 연재하여 후한 원고료를 받게 된다.

❖ 선장실이나 갑판에서 회의하는 것을 본 꿈은 / 새로운 단체를 조직하거나 어떤 세미나에 참석하게 된다.

◈ 짐을 만재한 화물선이 부두에 닿은 꿈은 / 뜻밖에 사업 자금이 생겨서 이득을 얻게 된다.

◈ 뱃고동 소리를 내며 여객선이 항구에 들어온 것을 본 꿈은 / 어떤 일의 성사를 위해서 나름대로 좋은 아이디어를 개발한다.

◈ 여객선이 뱃고동을 울리며 항구를 떠난 꿈은 / 어떤 새로운 일을 계획하게 된다.

◈ 뱃길의 물이 말라 버린 꿈은 / 하고 있는 일이 도중에 포기된다.

◈ 항구 도시 술집에서 술을 많이 마신 선원의 꿈은 / 남에게 꾸지람을 듣거나 사기당할 일이 있다.

4) 통신·통신기

◈ 편지를 받은 꿈은 / 연애편지는 사업이나 계약, 작품 관계의 일과 관계된 표상이다.

◈ 파란 도장이 편지 봉투에 찍혀 있던 꿈은 / 돈이 들어 있는 등기 우편이다.

◈ 연애편지를 받는 꿈은 / 사업이나 작품 관계의 일을 교섭해올

어떤 기별이 온다.

✧ 편지 봉투 안에 수표가 들어 있는 꿈은 / 주소 불명의 부전지가 붙어 반환되어 온다.

✧ 누런 봉투의 편지를 받아 본 꿈은 / 신문기사를 읽거나 청첩장을 받아 본다.

✧ 우체국이나 우체함에 편지를 넣는 꿈은 / 어떤 기관에 소청할 일이 생기고 그 소청한 일이 이루어진다.

✧ 정신 이상이 된 여자가 연애편지를 보낸 꿈은 / 잡지나 신문사에서 작품 청탁을 해 온다.

✧ 받은 소포를 뜯어 보니 죽은 사람의 유물과 사진 등이 들어 있었던 꿈은 / 스승이나 협조자가 저술한 책을 선물로 받을 징조이다.

✧ 편지 발신인의 주소를 읽는데 점점 희미하게 보인 꿈은 / 발신인의 주소가 바뀌게 된다.

✧ 우체부가 가방이 터지도록 편지를 담아 열려진 채로 걸어오는 걸 본 꿈은 / 장기간 동안 많은 편지를 받게 된다.

✧ 부모님의 사망 전보를 받는 꿈은 / 사업이 성취될 기별을 받

지 않으면 현실적으로 부고장을 받을 수도 있다.

✧ 편지 봉투 속에 우표가 들어 있는 꿈은 / 주소 불명의 부전지가 붙어 반환된다.

✧ 상대방을 전화로 불러 내는 꿈은 / 기관이나 회사에 청탁할 일이 생긴다.

✧ 전화 벨 소리를 듣는 꿈은 / 외부로부터 뉴스거리나 소식이 온다.

✧ 전화를 하는데 상대방의 목소리만 크게 들린 꿈은 / 상대방의 소식을 듣거나 그의 명령에 복종할 일이 생긴다.

✧ 전화의 통화 내용이 불분명한 꿈은 / 자문 자답할 일이 생기고 상대방의 대답이 없었다면 일방적인 소청으로 끝난다. 전화기를 새로 설치했으면 정신적인 협력자, 협력 기관이 생기고 좋은 방도가 생긴다.

✧ 공중전화를 건 꿈은 / 중개인이나 중계 기관을 통해서 상대방에게 청탁할 일이 생긴다.

✧ 수화기를 붙잡고 웃거나 짜증을 낸 꿈은 / 상대방을 제압하거나 자기의 소원이 충족된다.

✧ 새로 라디오를 사 온 꿈은 / 어떤 기관에 청탁한 일이 순조롭게 이루어진다.

✧ 키를 두드려 전문을 발신한 꿈은 / 명령, 하달, 소식, 전파 등과 접하게 된다.

✧ 자기 집에 전선줄을 설치한 꿈은 / 어떤 기관을 통해서 많은 협조를 구하게 된다.

✧ 전신주에 올라간 꿈은 / 승진, 소망 등이 이루어진다.

✧ 여러 가지 안테나에 관한 꿈은 / 두뇌, 통신, 기관, 중계 수단 등을 상징한다.

✧ TV의 화면 내용을 기억할 수 있는 꿈은 / 그것을 꿈의 한 장면으로 편입시켜서 해석하면 된다.

✧ 새로 사 온 텔레비전을 설치하는 꿈은 / 어떤 기관을 통해서 광고할 일을 마련하거나 전화, 라디오의 바꿔 놓기가 될 수도 있다.

✧ 가족이 모두 텔레비전을 보는 꿈은 / 상사의 명령 수행, 영화 관람, 교육을 받을 일이 생긴다.

✧ 라디오에서 연설을 듣는 꿈은 / 윗사람에게 잔소리를 듣게 된

다. 뉴스를 들었다면 그대로 새 소식을 듣는다.

✧ 아버님 사망이란 전보를 받아 본 꿈은 / 실제로 부고를 받거나 사업이나 소원이 제대로 이루어지지 않는다.

✧ 상대방과 대화할 수 있었던 꿈은 / 청탁이나 사건에 관한 일이 생긴다.

✧ 높은 곳에 전화기가 매달려 있어 전화를 걸지 못한 꿈은 / 남에게 부탁한 일이 뜻대로 이루어지지 않는다.

✧ 전신주에 많은 새가 앉고 날고 하는 꿈은 / 어느 신문 잡지사에서 여러 사람의 작품, 기삿거리 등을 취급하고 발표하는 일이 있게 된다.

제 21 장
스포츠와 문화 예술에 관한 꿈

1) 스포츠

◈ 경기장에 많은 관중이 모인 꿈은 / 인원에 비례해서 자기 일은 그만큼 난관에 부딪히게 된다.

◈ 관중석에 관람자가 아무도 없었던 꿈은 / 어떤 복잡한 문제라도 어려움 없이 해결하고 스스로 판단한다.

◈ 운동장, 야구장, 체육관 등을 본 꿈은 / 사건 현장, 기관, 사업장, 신문 잡지의 지면 등을 상징한다.

◈ 국제 경기장에서 우리 선수가 이기는 꿈은 / 단체 경기, 작품 응모, 이념 투쟁, 기타 사업 등에서 승리하고 명예를 얻는다.

◈ 마라톤 선수와 관계되는 꿈은 / 긴 시간 동안 고민을 안고 있는 사업, 전쟁, 이념 투쟁과 관계된다.

❖ 마라톤에서 일등으로 들어온 꿈은 / 사상, 사업, 진급 등에서 승리하고 명예를 얻는다.

❖ 마라톤에서 꼴찌로 달리고 있는 꿈은 / 하고 있는 일이 순리대로 풀리고 안전하다.

❖ 자신이 아닌 남이 일등으로 달리는 꿈은 / 사업 성과를 많은 사람들 앞에서 발표한다.

❖ 상대방이 넘겨 주는 릴레이 바톤을 받고 힘껏 뛰는 꿈은 / 후계자, 문화생 등이 되거나 단체나 개인 사업, 학문 등을 인수하여 잘 운영해 간다.

❖ 운동경기에 선두로 나선 꿈은 / 어떤 일에 실패하기 쉽고, 마음이 항상 불안하다.

❖ 상대가 늙었거나 어린 아이와 운동을 한 꿈은 / 자기 또는 자기 나이와 격차가 심한 상대방과 시비를 하게 된다.

❖ 검도나 펜싱을 시합한 꿈은 / 상대방과 열띤 논전을 벌일 일이 있게 된다.

❖ 운동 경기를 하는 꿈은 / 정신적 갈등, 사업의 성패, 이데올로기의 선택, 전쟁의 전망 등을 상징한다.

✤ 기계 체조를 한 꿈은 / 자기의 재주, 능력, 기술 등을 발표하고 공개할 일이 생긴다.

✤ 단체부서나 학생들이 도수체조를 하는 걸 본 꿈은 / 사업이나 학문적 선전 등에 잘 호응해 줄 사람이 생긴다.

✤ 요트, 스키, 승마, 사이클, 자동차 등 승용구를 이용한 경기를 본 꿈은 / 단체적인 대결, 협조자 또는 협조 세력에 의한 사업성패 등과 관계된 것이다.

✤ 야구 경기에서 자기편 선수가 홈런을 때린 꿈은 / 어떤 일을 해도 장애물 없이 잘 해결된다.

✤ 구기(球技)에서 골을 넣어 승리한 꿈은 / 사업, 학문, 논쟁 등에서 승리하고 성공한다.

✤ 권투, 레슬링, 씨름, 유도, 태권도, 역도, 줄다리기 등의 투기 경기를 본 꿈은 / 투쟁적인 일, 비명, 이데올로기, 사업의 성패 여부를 가름하는 표현이다.

✤ 공을 서로 주고받는 꿈은 / 어떤 시빗거리로 상대편 마음과 서로 엇갈린다.

✤ 공을 상대편 코트로 공격하지 못한 꿈은 / 패배 의식을 느끼고 일에 대한 불안감을 체험한다.

✠ 자기가 찬 공이 코트 밖으로 벗어나는 꿈은 / 공로를 치하받 거나 능력을 과시하는 일에 성공한다.

✠ 우승기와 메달, 상금 등을 탄 꿈은 / 어떤 난관을 극복한 다 음 소원이나 계획한 일이 성취되어 명예나 권세를 얻는다.

2) 음악과 영화 · 연극

✠ 혼자서 노래를 부르는 꿈은 / 자기의 주장을 강력히 내세워 남의 마음을 동요시킨다.

✠ 대중 앞에서 노래를 부르는 꿈은 / 자기의 사상을 피력하거나 선전, 호소를 하여 많은 사람들을 따르게 할 일이 있다.

✠ 반주에 맞춰 노래한 꿈은 / 어떤 단체의 주도권을 잡고 리드 해 나간다.

✠ 상쾌한 기분으로 산꼭대기에서 노래한 꿈은 / 남 앞에서 과시 하거나 권세와 명예를 얻는다.

✠ 낮은 언덕 밑에서 노래한 꿈은 / 부모님에게 어떤 화근이 생 긴다.

✤ 남의 노랫소리를 듣는 꿈은 / 제3자가 자기에게 호소하거나 자신의 주장이 남에게 불쾌감을 안겨 준다.

✤ 자신이 합창단원이 되어 함께 합창을 한 꿈은 / 공동 성명, 단체적인 건의, 시위 등에 가담할 일이 생긴다.

✤ 노래를 하는데 반주가 안 맞거나 가사를 잊어버려서 제대로 부르지 못한 꿈은 / 선전 등이 개인 또는 단체에 의해서 승인되지 않는다.

✤ 상대방이 노래하는 것을 보는 꿈은 / 남이 자기에게 어떤 호소를 하거나 자기 선전으로 불쾌한 체험을 하게 된다. 노래를 하다가 반주가 틀려 제대로 부르지 못하면 청원, 청탁, 선전 등이 승인되지 않는다.

✤ 노랫소리가 계속해서 들려 온 꿈은 / 어떤 소문이나 작품이 계속해서 널리 알려진다.

✤ 상대방이 춤추며 노래하는 것을 본 꿈은 / 상대방이 지상을 통해서나 실제로 자기 주장을 내세워 공박하거나 시비할 일이 있게 된다.

✤ 무당이 꽹과리를 치며 굿을 한 꿈은 / 언론이나 출판사에서 대대적인 광고를 한다.

◈ 장고, 피리, 거문고 등의 악기를 본 꿈은 / 분수에 맞지 않는 허영심이 생긴다.

◈ 자기가 악기를 연주하거나 두드린 꿈은 / 어떤 사람 또는 기관을 통해 광고하고 소기의 목적을 달성시킬 수 있다.

◈ 피리를 분 꿈은 / 상대방의 마음을 동요시키고 남을 부추기어 소문을 내게도 된다.

◈ 피아노의 건반을 두드리자 소리가 난 꿈은 / 완고한 성격을 가진 사람의 마음을 움직여서 반응이 있게 만든다.

◈ 자신이 나팔을 분 꿈은 / 상대방의 마음을 움직여 권세나 명성을 떨친다.

◈ 피아노를 열심히 친 꿈은 / 소원이 충족되거나 명성을 떨칠 수 있다.

◈ 남이 노래하는데 북을 치거나 장단을 맞추어 준 꿈은 / 자기의 선동에 놀아나거나 대변자 구실을 해 준다.

◈ 악기의 줄이 끊어진 꿈은 / 일의 실패, 중절 등이 있고, 인연이 끊어지거나 이별을 하게 될 수다.

◈ 천지가 진동하면서 울려 퍼지는 소리를 들은 꿈은 / 사회적으

로 지휘가 높아지고 소문에 시달리게 된다.

❖ 악기를 연주하는 것을 남이 본 꿈은 / 애정 표현을 하거나 자기 선전, 종교적인 전도를 상대방이 해 온다.

❖ 음악소리에 도취되어 감격한 꿈은 / 정신적으로 남에게 도움을 받거나 선전 광고에 매혹된다.

❖ 합창단의 합창을 듣는 꿈은 / 어떤 단체가 압력, 선전 등을 가해서 마음의 혼란과 동요를 가져온다.

❖ 현악기를 가지고 있는 꿈은 / 애인을 만나거나 협조자의 도움을 받는다.

❖ 칠판에 악기를 그리고 학생들에게 가르쳐 준 꿈은 / 어떤 계획을 작성하거나 고용인에게 일을 분담시킨다.

❖ 악인과 이야기하는 꿈은 / 구설이 생긴다.

❖ 저명한 음악가나 인기 가수와 함께 데이트를 한 꿈은 / 인기 있는 직업을 갖거나 인기 작품을 쓰고, 레코드판을 사다 인기 가수의 노래를 듣는다.

❖ 행진곡을 연주하며 행진하는 군악대를 많은 사람들과 함께 지켜본 꿈은 / 어떤 단체나 회사의 선전 광고물을 보거나 자기가

하고 싶은 일을 잘 추진해 나간다.

◈ 영화 스크린에 비친 화면의 꿈은 / 자기의 일, 작품, 운명적 추세 등을 암시하며 매스컴을 통해서 발표될 일을 주로 상징한다.

◈ 똑같은 화면이 영화 스크린에 여러 번 비친 꿈은 / 신문, 잡지에 같은 내용의 또는 비슷한 내용의 기사가 실리게 된다.

◈ 야외 촬영을 하는데 많은 사람이 몰려 있는 꿈은 / 사업상 여러 가지 보완 또는 고칠 일이 많거나 관심을 갖는 사람이 많다.

◈ 유명한 배우가 입고 있던 옷을 받아 입은 꿈은 / 유명한 사람의 지도를 받거나 협조를 얻어 비슷한 일을 하게 된다.

3) 미술·사진

◈ 오색찬란한 그림을 그린 꿈은 / 존경할 수 있는 인물을 만나거나 좋은 친구를 만나게 된다.

◈ 화가가 나체를 놓고 그림을 그린 꿈은 / 사주, 관상, 심리 진단, 신상 문제 상담 등 기타 운명을 감정하는 일을 상징한다.

◈ 풍경화나 사생화를 그린 꿈은 / 어떤 사람의 사적인 일을 캐

묻거나 자기 소원, 사업운, 혼담 등을 결정할 일이 있다.

◈ 나체화를 보고 성충동을 일으킨 꿈은 / 어떤 사람의 신상 문제를 보게 되거나 남의 작품을 보고 마음이 불쾌해진다.

◈ 남의 그림을 감상한 꿈은 / 남의 청원, 연애편지, 신용장 등을 읽거나 검토할 일이 있다.

◈ 여러 가지 그림이 담긴 사진첩을 넘겨 본 꿈은 / 어떤 사람을 추적하거나 도서 목록, 이력서, 프로그램 등을 보게 된다.

◈ 풍경화 한 폭을 감상한 꿈은 / 자기의 소원이나 계획한 일을 그 한 폭의 그림 내용에서 알 수 있다.

◈ 그림을 새로 구입한 꿈은 / 어떤 단체에서 자신의 성실함을 많은 사람들이 인정해 준다.

◈ 추상화를 그린 꿈은 / 어떤 계획, 애정 등을 마련할 일이 있고 정돈되지 않은 마음이 갈등을 가져오기도 한다.

◈ 상상화를 그린 꿈은 / 현재나 미래에 체험될 마음의 묘사, 운명적 추세를 예시하는 것이다.

◈ 남이 그림을 보내 준 꿈은 / 서적, 혼담, 연애편지, 예고나 경고장을 받게 된다.

✧ 고적이나 풍경을 찍은 꿈은 / 어떤 사건이나 업적을 기록에 남기거나 녹음, 인쇄 등을 하게 된다.

✧ 결혼사진을 찍은 꿈은 / 결연, 계약, 결사, 통성명할 일이 있다.

✧ 자신이 카메라를 들고 다른 사람의 사진을 찍어 준 꿈은 / 다른 사람의 행동거지를 유심히 보면서 일일이 체크한다.

✧ 자신이 집안 사람들과 함께 사진을 찍은 꿈은 / 사업이나 계약 등의 일을 문서화하거나 남에게 도움을 준다.

✧ 자기의 사진을 누가 와서 찍어 가는 꿈은 / 남이 자기의 신상문제를 따져 묻거나 기사화, 녹음 등을 해 간다.

✧ 애인이 다른 사람과 사진 찍는 걸 보고 운 꿈은 / 상대방이 하고 있는 일이 순리대로 잘 풀려 나간다.

✧ 사진기를 새것으로 구입한 꿈은 / 동업자의 도움을 받거나 연인을 만나게 된다.

✧ 사진을 찍으려 했는데 필름이 없어서 찍지 못한 꿈은 / 일의 성취가 불가능해진다.

4) 오락

◈ 흰 바둑알을 가진 자신이 상대방의 알들을 모조리 따먹은 바둑에 대한 꿈은 / 처음부터 유리한 전세, 실력 등으로 상대방 병력 또는 권리를 뺏고 섬멸함을 뜻한다.

◈ 바둑과 장기를 두는 것을 본 꿈은 / 어떤 세력 다툼, 국제 정세의 변화 등을 한눈에 보게 된다.

◈ 바둑을 두는데 내기로 두는 꿈은 / 송사가 일어난다. 만사를 신중하게 해야 한다. 경솔하면 해를 입는다.

◈ 국수급에 속하는 윗사람과 바둑을 두어 이긴 꿈은 / 최고의 세력, 권리 등을 확보할 수 있다.

◈ 동갑 나이의 사람과 장기를 둔 꿈은 / 자기의 동격이거나 상대가 될 만한 사람과 사업상 승부를 가린다.

◈ 장기를 두는데 옆에서 사람이 상관한 꿈은 / 남의 일을 옆에서 참견하거나 방해를 한다.

◈ 어린아이와 장기를 두면서 아이의 연령을 헤아린 꿈은 / 벅차고 고통스런 일거리와 남의 간섭을 받을 일이 있다.

✥ 가위 바위 보를 해서 이긴 꿈은 / 한 번 해서 이긴 경우는 그 동안 걱정하고 있었던 일이 시원스럽게 해결된다.

✥ 가위 바위 보를 했는데 승부가 나지 않았던 꿈은 / 무엇인가 결정하기 곤란한 위치에 놓이게 된다.

✥ 방 안에 화투가 여기저기에 흩어져 있는 꿈은 / 어떤 일을 마무리짓지 못하고 심적 갈등을 겪는다.

✥ 낚시 도구를 얻은 꿈은 / 사람을 판단하는 방법과 일에 대한 방도를 찾게 된다.

✥ 화투를 치려다가 그냥 옆으로 밀어 놓은 꿈은 / 남이 청원한 서류를 뒤로 미루어 둔다.

✥ 시골 노인들이 한꺼번에 몰려와 화투를 치자고 한 꿈은 / 어떤 기관에 청탁한 일이 쉽게 해결되지 않는다.

✥ 화투장을 늘어놓고 오관을 떼어 본 꿈은 / 소원 성취나 계획한 일에 대한 예지와 판단을 위해 심사숙고하게 된다.

✥ 상대방과 함께 화투를 친 꿈은 / 어떤 단체에서 시비가 생겨 옥신각신할 일이 있다.

✥화투짝이나 트럼프에 나타난 숫자의 꿈은 / 바로 현실의 어떤

일의 일시적인 의미로 해석하면 된다.

◈ 기계를 이용해서 노름하는 꿈은 / 기관을 통해서 당첨, 당선
이나 노력의 대가를 얻게 된다.

제 22 장
깃발과 무기·전쟁에 관한 꿈

1) 깃발

◈ 국기를 높이 게양한 꿈은 / 국가적인 명예와 권세가 주어지고 세상에 과시할 만한 일이 생기며 사업체나 조직체가 형성된다.

◈ 유엔기와 태극기가 동시에 꽂혀진 것을 본 꿈은 / 어떤 입학 시험, 취직, 고시 시험 등에서 합격하게 된다.

◈ 군기를 빼앗기거나 접어 둔 꿈은 / 일은 성사되지 않고 자기 세력이나 단체는 와해되고 만다.

◈ 만국기를 달거나 깃대에 나란히 꽂은 것을 본 꿈은 / 국가적 사회적인 경사가 있고 사업장 선전 광고나 과시할 일이 생긴다.

◈ 군대가 군기를 앞세우고 행군하는 것을 본 꿈은 / 자기의 이념, 정책, 권세 등이 세상에 알려진다.

2) 무기·전쟁

❖ 도끼를 보는 꿈은 / 신임을 얻게 되거나 중요한 일을 맡게 된다.

❖ 군도를 얻어서 허리에 찬 꿈은 / 지위가 높아지고 학문 연구나 정치 작전, 사업 등에 특수한 방도가 생긴다.

❖ 여성이 큰 칼을 지녔거나 가지고 있었던 꿈은 / 하는 일마다 재수가 있고 웃음이 있다.

❖ 군함의 꿈은 / 거대한 권력, 협조, 사업체 등을 상징한다.

❖ 공중에서 총구가 자기에게 겨누어져 무서움에 벌벌 떨었던 꿈은 / 데모가 일어나거나 고위급의 견책을 받는다.

❖ 칼로 물건을 잘라 내는 꿈은 / 어떤 방도에 의해서 일, 사건 등을 세분하거나 비판하는 등의 일을 하게 된다.

❖ 창이나 칼 등 병장기 같은 것을 본 꿈은 / 모든 일에 조심하고 특히 큰 소리가 나지 않도록 조심해야 한다.

❖ 아기가 큰 칼을 찬 꿈은 / 대길하겠다.

◈ 칼을 들고 나들이를 하는 꿈은 / 만사가 모두 재수가 있다.

◈ 칼이 물 속에 떨어지는 꿈은 / 가까운 사람이 죽음을 당하거나 훌륭한 인물이 사라지는 것을 보게 된다.

◈ 침상 곁에 칼이 놓여 있는 꿈은 / 모든 일이 길하다.

◈ 몸에 갑옷을 입어 보는 꿈은 / 모든 일들이 잘 되어 간다.

◈ 창이나 방패에서 광채가 나는 꿈은 / 지위와 복록이 높아진다.

◈ 여자가 칼을 빼어 든 꿈은 / 운수가 대통한다. 창이나 칼이 날카롭게 보이면 재수가 좋다.

◈ 남에게서 도검을 얻는 꿈은 / 길하며 관직이 올라간다.

◈ 무쇠칼을 보는 꿈은 / 봄, 여름은 길하나 가을, 겨울은 흉하다.

◈ 쇠붙이를 본 꿈은 / 흉하며 반드시 놀랄 일이 생긴다.

◈ 칼을 차고 먼 길을 가는 꿈은 / 재물을 얻는다.

◈ 은장도를 누가 주어 받은 처녀의 꿈은 / 훌륭한 배우자를 만나 시집을 간다.

◈ 상대방과 칼싸움을 한 꿈은 / 자기와 대등한 능력을 가진 사람과 경쟁할 일이 있다.

◈ 의사가 자기를 수술한 꿈은 / 자기가 하고 있는 일을 남에게 평가받게 된다.

◈ 처녀가 단도로 자기의 가슴을 찔렀다가 뽑으면서 깨어난 꿈은 / 병으로 인해 수술을 받게 된다.

◈ 칼로 상대방을 벤 꿈은 / 어떤 일을 성사시키려고 많은 사람들과 접촉하게 된다.

◈ 활을 쏘아서 표적을 맞추는 꿈은 / 소원하는 일, 입학, 시험, 취직, 연애 등이 이루어진다.

◈ 톱을 본 꿈은 / 다른 사람의 계교에 빠지거나 곤란한 입장에 처한다.

◈ 총을 쏘아 적을 사살한 꿈은 / 여러 방면으로 자신이 소원한 일이 이루어진다.

◈ 상대방이 쏜 총알이 몸에 박힌 꿈은 / 미혼자는 혼담이 오고가고 사업상 계약이 이루어진다.

◈ 상대방이 기관총을 겨누고 있는 곳을 피해 간 꿈은 / 어려운 난관을 극복하거나 아니면 자기 일이 어떤 기관에 의해서 성사되지 않는다.

◈ 박격포, 야포, 함포 등 중화기의 꿈은 / 강력하고 거대한 세력, 사업성과, 방도, 단체, 기관, 법령 등을 상징하고 탄환은 거대한 정신적 물질적인 자본이다.

◈ 기관총을 쏘아 적을 무참히 사살한 꿈은 / 어떤 기관을 통해 자기의 소원을 충족시킨다.

◈ 창을 던져 상대방을 겨냥한 꿈은 / 어떤 일을 서로 협동하여 성사시키게 된다.

◈ 창으로 상대방을 꿰뚫은 채 뽑지 않은 꿈은 / 어떤 일을 성취시키는 데 많은 어려움이 따른다.

◈ 전쟁이 치열하게 계속된 꿈은 / 자기 사업이 복잡해지며 난관에 봉착한다.

◈ 전쟁에 승리한 꿈은 / 일의 성취를 뜻하고 패배하면 일의 실패를 암시한다.

◈ 상대방과 싸움한 꿈은 / 언쟁, 지상을 통한 논쟁, 자기와 대등한 능력의 소유자와 경쟁, 일의 어려움 등을 겪게 된다.

◈ 자기가 선전 포고문을 낭독한 꿈은 / 성명서를 내거나 사업 계획서를 발표할 일이 생긴다.

◈ 전쟁이 격렬해진 꿈은 / 격렬해질수록 하는 일마다 복잡하고 난관에 부딪히게 된다.

◈ 전쟁이 났다고 군대가 이동한 것을 본 꿈은 / 자기가 계획한 일을 뜻대로 추진해 나간다.

◈ 포로가 되거나 폭사당한 꿈은 / 어떤 사람에게 부탁한 일이 소원대로 이루어진다.

◈ 삼팔선을 넘다가 북괴군에게 체포되어 포로가 된 꿈은 / 논문이나 문예 작품이 당국에 의해서 선택될 수 있다.

◈ 간첩을 신고한 꿈은 / 사업상 여러 군데의 거래처를 확보하기 위해서 많은 사람들과 접하게 된다.

◈ 전쟁이 나서 피난을 가는 꿈은 / 가정 사정, 기관에 청탁한 일, 시험, 경쟁 등에서 일이 잘 되지 않거나 실패한다.

◈ 적과 싸워서 상대방이 죽거나 자기가 전사한 꿈은 / 분투 노력 끝에 자기 사업이 크게 성공한다.

❖ 죽은 시체에서 권총을 뺏어 찬 꿈은 / 소원은 성취되지만 유형무형의 부채를 갚지 못해 마음의 부담을 항상 가지게 된다.

❖ 휴전선이 가로막혀 갈 수 없는 꿈은 / 어떤 기관에 일을 청탁하기 어렵고 사업이 더 진전되지 않는다.

제 23 장
동물에 관한 꿈

1) 돼지·가축

◈ 가축을 끌고 자기에게 오는 사람이 있었던 꿈은 / 꿈에서 본
사람이 실제 인물 중에 존재하는 사람일 경우 그 사람이 바로 복
있는 사람이다. 자기에게 복을 가져다 줄 사람이다.

◈ 가축이 제 발로 기어들어온 꿈은 / 이익을 주거나 혹은 해를
끼칠 사람이 찾아오게 된다. 대부분 협조할 사람이 찾아온다.

◈ 돼지우리에 있던 크고 작은 돼지 여러 마리가 새끼돼지까지
몽땅 울 밖으로 나와서 길을 막은 꿈은 / 생각지도 않은 신의 축
복으로 일확천금을 손에 거머쥐고 부자가 된다.

◈ 돼지를 파는 꿈은 / 자기 소유의 물건을 잃어버리거나 남에게
일거리를 빼앗기게 된다.

◈ 돼지가 집 안으로 들어오는 꿈은 / 복록이 굴러들어온다. 돈

이 생긴다.

◈ 돼지의 목을 얻는 꿈은 / 재판에서 이길 수 있다.

◈ 돼지고기를 상식 이상으로 많이 산 꿈은 / 뜻하지 않은 많은 재물을 얻게 된다.

◈ 돼지새끼를 산 꿈은 / 적은 돈을 얻지만 그 돈을 이용하여 큰 재물을 만들 수 있다.

◈ 돼지를 몰아오거나 또는 등에 지고 오는 꿈은 / 재물이나 돈이 생긴다.

◈ 돼지와 방에서 싸우다 돼지의 목을 눌렀던 꿈은 / 사업을 일으키거나 재물을 소유하며 경쟁하여 재판 등의 시비가 있으나 승리한다.

◈ 밭에서 멧돼지를 잡은 꿈은 / 생각하지도 않은 횡재로 인하여 집안에 희소식이 전해져 파티를 열게 된다. 재물이 생긴다.

◈ 돼지고기를 먹은 꿈은 / 따분하고 답답한 일에 종사하게 된다.

◈ 돼지머리를 제사상에 올려놓은 꿈은 / 자신의 작품 등이 제3자에게 칭찬받거나 누구에게선가 물질적인 보답을 받게 된다.

❖ 돼지를 차에 가득하게 실어다 우리에 넣은 꿈은 / 뜻하지 않은 재물이 들어온다.

❖ 황소만한 돼지가 가는 곳마다 따라오는 꿈은 / 재산이 많은 사람의 도움을 받아 경제적으로 풍족해지지만 심적 부담을 느끼게 된다. 돼지가 옆에서 따라오면 하는 일마다 실패가 없으며 남이 부러워할 정도로 순탄한 일을 걷게 된다.

❖ 돼지새끼를 쓰다듬은 후 아이를 낳은 꿈은 / 이것이 태몽이라면 재물이 많은 자식을 낳겠지만 그 자식으로 인해서 마음 고생을 한다.

❖ 돼지 한 마리가 갑자기 여러 마리로 변한 꿈은 / 재물이 생기며 사업이 번창한다. 연구하는 직업을 가진 사람이라면 좋은 결실을 맺게 된다.

❖ 맹수 이상으로 사나운 돼지가 갑자기 방에서 사람으로 변하는 꿈은 / 상대하는 사람의 겉과 속이 다를 수가 있다.

❖ 죽은 돼지를 어깨에 걸머지고 오는 꿈은 / 가정에 화근이 생긴다.

❖ 돼지우리 속에 갇혀서 돼지 행세를 하거나 돼지로 변한 꿈은 / 부자가 되며 훌륭한 집에서 살게 된다.

✦ 멧돼지 수십 마리가 한꺼번에 물려오는 꿈은 / 직계가족, 일가친척 중에 자식을 낳은 사람이 있다면 그 자손의 앞날은 밝다.

✦ 돼지가 우리 밖으로 뛰쳐나가는데도 붙잡지 못한 꿈은 / 하는 일이 심하게 꼬이거나 물질적인 손해를 보게 된다.

✦ 여러 마리의 돼지새끼를 낳아 그 돼지가 자라서 우리 안에 가득 찬 꿈은 / 부동산이나 증권 등에 투자한 돈이 몇 배로 불어날 조짐이 있다.

✦ 돼지 새끼를 여러 마리 끌어다가 마당에다 풀어 놓은 꿈은 / 많은 상품이나 재물을 얻게 되지만 곧 다시 잃게 된다. 돼지 새끼를 데리고 와서 우리 안에다 집어넣으면 큰 재물을 얻게 되며 또한 그것을 다시 잃지 않는다.

✦ 돼지의 엉덩이를 칼로 찌르고 목을 쳐서 죽인 꿈은 / 무슨 일을 하는데 시작은 잘 했으면서도 결과가 신통치 않다.

✦ 돼지를 사다가 잡아서 파는 꿈은 / 재물을 잃거나 다른 사람에게 주게 된다.

✦ 돼지를 타고 오는 꿈은 / 재물을 얻게 된다. 만사가 순조롭게 풀리고, 장사에서 이익을 얻게 된다.

❖ 여러 가지 색깔의 돼지새끼들이 태어나는 것을 보고 출산한 꿈은 / 직계가족 중에서 이별을 하거나 자손들이 제각기 다른 사업에 손을 대게 된다.

❖ 점심상을 차리려고 솥뚜껑을 열어 보니 돼지머리가 뜨거운 물 속에서 끓고 있었던 꿈은 / 아들을 낳을 태몽이다.

❖ 꿈 속에서 돼지를 보았는데 돼지들이 우글거리던 모습만 생각 나는 꿈은 / 아들을 낳을 태몽이다.

❖ 돼지 여러 마리가 교미하고 있는 꿈은 / 하는 일이 번창하거 나 축하금을 받을 일이 생긴다.

❖ 돼지머리를 삶아서 칼로 썰어 그 일부를 감추어 둔 꿈은 / 사 업상의 장부를 위조해 세금의 일부를 급한 곳에 활용할 수도 있 다.

❖ 죽여야 할 돼지나 싸워야 할 돼지가 갑자기 사람이 되는 꿈은 / 경쟁 상대가 우세해지거나 동정·실의 등으로 매사에 좌절하게 된다.

❖ 돼지를 통째로 구워서 잘라 먹은 꿈은 / 논문·작품 등에 좋은 평가가 내려져서 많은 사람들로부터 축하를 받게 된다.

❖ 가까운 친척 중의 한 사람이 돼지를 몰고 오는 꿈은 / 직계가

족 중의 한 사람이 가까운 시일 내에 돈을 가져온다.

◈ 돼지의 크기와 수효가 정비례한 꿈은 / 재물이 생기게 된다.

◈ 돼지우리에서 소변을 보는데 돼지새끼들이 한꺼번에 몰려와서 받아 먹는 꿈은 / 여러 작품이 유명인에 의해서 평가받게 된다:

◈ 개들이 서로 짖어 대며 요란스럽게 싸우는 꿈은 / 질병에 걸리게 된다.

◈ 개가 손을 물고 놓지 않는 꿈은 / 작품, 능력 등을 평가받을 일이 생긴다.

◈ 개를 죽이는 꿈은 / 하고자 하는 일이 성사되며 남에게 폐를 끼친 것을 갚게 된다.

◈ 해질 무렵에 개가 달려가는 것을 본 꿈은 / 탐정, 기자, 취재 등의 일에 종사하는 사람들은 능력을 발휘할 수 있다.

◈ 개에게 물려서 흉터가 남은 꿈은 / 주어진 일이 성사되며 물린 자리에서 피가 나면 가까운 사람에게 화를 입는다.

◈ 개 이름을 부르는 꿈은 / 주식을 사거나 장사 밑천을 얻게 된다.

❖ 개가 교미하는 것을 보는 꿈은 / 계약이 성립되거나, 동업할 일이 생긴다.

❖ 개를 따라다닌 꿈은 / 상대방에게 부탁한 일을 해결 못해서 제3자를 통해서 해결을 보게 된다.

❖ 개가 두 발로 서서 움직이는 꿈은 / 아는 사람이 자기를 인신 공격하거나 구타할 일에 직면한다.

❖ 집을 나갔던 개가 다시 찾아와서 기뻐하는 꿈은 / 생각지도 못했던 곳에서 소식이 온다.

❖ 개가 사납게 짖어 집 안으로 못들어 갔던 꿈은 / 들어가야 할 곳에 들어가지 못해서 난처한 입장에 처하게 된다.

❖ 아는 집을 방문했을 때 개에게 물린 꿈은 / 자기가 하고 있는 일이 잘 풀리게 된다.

❖ 개를 잡아서 먹은 꿈은 / 자본금을 마련해서 사업에 돌입하거나 빌려 준 돈을 못 받게 된다.

❖ 남의 집 개가 자기 집에 접근하려고 했던 꿈은 / 새로운 소식을 듣거나 나쁜 영향을 끼칠 사람이 나타난다.

❖ 개가 귀여워 쓰다듬어 준 꿈은 / 가까운 친척이 큰 실수를 저

지르게 된다.

✦ 많은 개가 하늘로 올라가는 꿈은 / 복록이 찾아오게 된다.

✦ 개가 주인을 무는 꿈은 / 가까운 사람에게 배신당하며, 재산을 탕진하게 된다.

✦ 남의 집 개가 자기 집 개와 함께 놀고 있는 꿈은 / 집안 식구 중 한 사람이 어느 단체에 가입하거나 무뢰한들과 공모할 일이 생긴다.

✦ 사나운 개가 물려고 덤벼들거나 여러 마리가 한꺼번에 덤벼드는 꿈은 / 신변에 위험한 일이 일어나거나 남의 시비를 받는다.

✦ 숲 속에서 노루를 잡아 팔려고 하지만 노루가 개로 변하여 끌지 못했던 꿈은 / 우수한 성적으로 입학 또는 입사(入社)하지만 포기할 일이 생긴다.

✦ 소가 배설하는 것을 보는 꿈은 / 어떤 사람, 또는 사업체의 암거래나 생산품의 수출 광경을 목격하고 공연히 불쾌해진다.

✦ 자기가 소 등에 타고 길을 걷는 꿈은 / 다른 사람의 협조를 얻어 사업이 확장되거나, 아니면 권세를 얻게 된다.

✦ 죽은 소를 묻으려고 하는 꿈은 / 집안에 화근이 생긴다.

✥ 밖으로 뛰쳐나간 소를 잡지 못한 꿈은 / 믿었던 사람이 배신하거나 재물의 손실을 가져온다.

✥ 외양간에 매어진 소가 머리를 밖으로 향한 꿈은 / 집 안에 있는 사람이 오래 머물러 있지 않는다.

✥ 여러 사람이 소의 등을 타고 가는 꿈은 / 여러 사람과 협조할 일이 있다.

✥ 소를 팔고 사는 꿈은 / 집안 식구, 사업, 재물 등이 바뀐다.

✥ 소가 논두렁이나 함정에 빠져 있는 것을 구해 준 꿈은 / 가까운 곳에 있는 사람들이 병들거나 모함에 빠지고, 기울던 가산, 사업 등을 구해낸다.

✥ 소를 자신이 죽인 꿈은 / 사업이 잘 풀린다.

✥ 아픈 사람이 깊은 산속으로 소를 끌고 들어간 꿈은 / 사람을 잃거나 재물의 손실을 가져온다.

✥ 자신을 보고 소가 웃는 꿈은 / 관계하고 있는 사람들이 서로 다투거나 나쁜 일이 생긴다.

✥ 소의 뿔에서 피가 나는 것을 보는 꿈은 / 사업가는 대성하게

되며, 회사원은 중역이 되고, 공무원은 그 직위가 장관에 이르게 된다.

✦ 소가 사람을 치어 받는 꿈은 / 모든 일이 뜻대로 되지를 않는다.

✦ 황소가 자신의 손가락 두 개를 꽉 물고 놓아 주지 않기에 발로 배를 차 버린 꿈은 / 아들 둘을 두게 된다.

✦ 많은 소가 목장에서 평화롭게 놀고 있는 꿈은 / 많은 사람을 대하거나 일거리가 생긴다.

✦ 소를 팔러 간 꿈은 / 집, 고용인, 재물 등을 잃게 되거나 다른 사람에게 빌려 준 물건을 찾기가 힘들다.

✦ 마구간에 가서 소나 말에게 먹이를 주는 꿈은 / 훌륭한 아들을 얻을 꿈이다.

✦ 소가 방 안으로 들어오는 꿈은 / 열심히 노력은 하지만 가난하게 살게 된다.

✦ 소 수레에 소가 없는 꿈은 / 재물을 얻을 징조이다.

✦ 성난 소가 뒤쫓아와 도망친 꿈은 / 사업상의 일이나 책 등을 접하게 된다.

❖ 누런 암소가 검정 송아지를 낳은 꿈은 / 이것이 태몽이라면 자손이 여러 사람과 자주 다툰다.

❖ 황소 여러 마리가 매어져 있는 꿈은 / 이것이 태몽이라면 자손이 많거나, 자수성가할 인물이다.

❖ 소를 기르는 꿈은 / 집안 식구나 협조자가 방황하게 된다.

❖ 뜰 앞에서 말이 춤을 추는 꿈은 / 화재를 당할 꿈이다.

❖ 소가 산이나 언덕을 오르는 꿈은 / 일이 크게 이루어진다.

❖ 소가 대문을 나가는 것을 보는 꿈은 / 흉몽이다. 재판받을 일이 생긴다.

❖ 소를 타고 거리로 나가는 꿈은 / 공공단체나 협조자에 의해서 일이 잘 추진된다.

❖ 짐을 가득 실은 소가 지쳐 있는 꿈은 / 하고 있는 일이 너무나 힘들어서 고통을 받는다.

❖ 자신이 소를 이끌고 산에 오른 꿈은 / 자신을 내세울 일이 있거나 재물이 생긴다.

❖ 목부가 여러 마리의 소를 몰고 앞으로 향하는 꿈은 / 단체의 주도권을 잡거나 재물이 한 곳으로 모인다.

❖ 소가 자기 집에 찾아들어온 꿈은 / 재물을 얻게 된다.

❖ 소가 송아지를 낳는 꿈은 / 평소에 원하던 것이 이루어진다..

❖ 많은 사람이 쇠고기를 자르는 꿈은 / 물건을 서로 나누어 가지려다 시비가 생긴다.

❖ 소의 털이 여러 가지 빛깔을 띤 꿈은 / 사람, 재물, 작품 등이 여러 가지의 특성을 나타내지만 탐탁하지 못하다.

❖ 소에다 쟁기를 매고 농사일을 하고 있는 꿈은 / 어떤 사람 또는 협조자를 시켜 일을 추진한다.

❖ 큰 암소를 끌어내어 말뚝에 매는 꿈은 / 고용인, 또는 새로운 벗을 얻게 되는 꿈이다. 노인일 경우에는 며느리를 얻거나 하인을 얻게 된다.

❖ 말에 안장이 없는 꿈은 / 그 말의 소유자가 정확하지 않다라는 것을 의미한다. 이와 같이 꿈에서 말에 안장이 없는 것은 그 말의 소유자는 내가 될 수도 있다는 의미에서 사업이 시작될 기회를 얻거나, 때로는 여행할 일이 생기기도 한다.

✥ 백마가 하늘을 나는 꿈은 / 사업을 벌여 세인의 관심을 끌지만 한편으로는 불안해할 일도 생긴다.

✥ 소녀들이 백마와 관련된 꿈 / 이것은 성(性)에 눈을 뜸과 동시에 플라토닉 러브를 동경하는 의미이다.

✥ 아름다운 말을 소유해서 타는 꿈은 / 아름다운 아내를 맞아들여 모든 일이 즐거워진다.

✥ 춤추는 말을 본 꿈은 / 남의 시비를 받아 기분이 언짢아진다.

✥ 달리던 말이 쓰러진 꿈은 / 하고 있는 일에 장애물이 생겨 고비를 겪게 된다.

✥ 말이 놀라서 사방으로 흩어져 도망친 꿈은 / 부동산, 동산 등이 흩어져 하고 있는 일이 제대로 풀리지 않는다.

✥ 말에서 떨어진 꿈은 / 사업의 실패와 함께 사람들이 배신감을 가져온다.

✥ 소나 말, 염소 등의 가축들이 모여 있는 것을 보는 꿈은 / 재산이 불어나서 부자가 될 꿈이다.

✥ 말 잔등에 재물을 싣는 꿈은 / 직위나 관직을 잃게 된다.

◈ 말에 안장이 완전히 채워진 꿈은 / 하는 일이 반드시 이루어진다.

◈ 말 잔등에 안장을 얹는 꿈은 / 먼 여행을 가게 되며, 추진하는 일이 성공리에 끝난다.

◈ 자기가 말과 더불어 다투는 꿈은 / 모든 일이 성사되지 않는다.

◈ 자기가 말에 물리는 꿈은 / 승진이 있거나 관직을 얻게 된다.

◈ 우체국 집배원이 말을 타고 오는 것을 보는 꿈은 / 기쁜 소식이나 경사스러운 일이 찾아온다.

◈ 쌍두마차를 타고 거리를 달리는 꿈은 / 여러 사람과 협조해서 사업을 경영한다.

◈ 경마를 구경한 꿈은 / 부동산, 투기, 증권 등의 일과 관련된다.

◈ 말을 타고 사람들 앞을 지나가는데 그들이 우러러보거나 엎드려 있는 꿈은 / 공공단체에서 자신이 주도권을 잡는다.

◈ 군 제복을 입고 말을 타는 꿈 / 군인은 진급을 하게 되고 공무원과 회사원은 승진운이 있다.

✧ 망아지가 굴레를 벗고 날뛰는 꿈은 / 주색잡기에 빠져 하고 있는 일이 불안정하다.

✧ 말의 성기가 팽창해 있는 꿈은 / 가까운 사람이 자기에게 반항을 한다.

✧ 말안장이 없는 꿈은 / 일을 추진하거나 여행을 떠날 일이 생긴다.

✧ 많은 말이 자기로부터 도망치는 꿈은 / 만 가지 일이 모두 잘 안 된다.

✧ 화려한 안장을 얹은 암말이 뛰어들어오는 꿈은 / 유복한 아내를 얻어 행복하게 살 꿈이다.

✧ 지저분한 암말이 뛰어들어오는 꿈은 / 악처, 혹은 악독한 첩이나 하녀를 만나 곤궁을 면치 못할 꿈이다.

✧ 준마를 탄 꿈은 / 출세할 꿈이다. 회사원은 직위가 올라가고, 사업가는 재물을 얻게 된다.

✧ 놀란 말을 탄 꿈은 / 갑자기 하고 있는 일이 곤궁에 부딪히고 파란을 겪게 된다.

✧ 험악한 길을 말을 타고 무사히 지나가는 꿈은 / 배우자의 도

움으로 출세하게 된다.

✛ 자기가 말을 타고 달리는 꿈은 / 기쁜 소식을 접하게 되거나, 직접 그 기쁨을 체험하게 된다.

✛ 준마를 타고 하늘을 나는 꿈은 / 자신의 모습을 남에게 과시한다.

✛ 말을 타고 들판을 달리는 꿈은 / 추진하고 있는 일이 몇 번의 고비를 겪는다.

✛ 죄를 지은 사람이 말을 타고 달리는 꿈은 / 손재수를 당하게 되며 액운이 찾아온다.

✛ 흰 말을 타고 가는 꿈은 / 자기가 흰 말을 타고 가면 자기가 죽게 되고, 다른 사람이 타고 가면 그 사람이 죽게 된다.

✛ 조상이 집으로 말을 끌고 온 꿈은 / 집에 사람이 오거나 재물이 생긴다.

✛ 잔디밭에 묶여 있는 말을 보고 출산한 꿈은 / 이것이 태몽이라면 재산이 많고 육영 사업에 종사할 자손이다.

✛ 흰 말을 타는 꿈은 / 예쁘고 정숙한 여인을 아내로 맞아들이게 된다.

✥ 까만 말을 타는 꿈은 / 부유하지만 음탕한 여인을 아내로 맞아들이게 된다.

✥ 말과 수레가 **흙탕물**에 빠지는 꿈은 / 일에 장애물이 생겨서 심한 고통을 받는다.

✥ 처녀가 말을 타는 꿈은 / 취직을 하거나 결혼을 하게 된다.

✥ 말을 타고 산을 오르는 꿈은 / 뭇사람의 추앙을 받아 출세하게 되며 지위나 계급이 올라가게 된다.

✥ 말이 단체나 군대가 도열해 있는 곳을 지나가거나 사열한 꿈은 / 남에게 청탁을 하지만 쉽게 이루어지지 않는다.

✥ 말이 자기에게 급히 달려오는 꿈은 / 급한 소식을 전해 듣는다.

✥ 말에다 짐을 싣거나 마차를 맨 꿈은 / 가정에 화근이 생기거나 이사할 일이 있다.

✥ 말이 울음소리를 내며 발을 구르는 꿈은 / 자신의 일거리가 남을 통해서 전해진다.

✥ 고양이가 쥐를 잡는 꿈은 / 수사관인 경우는 범인을 잡거나

처리 안 되고 보류되었던 일이 풀린다.

✧ 고양이가 집을 뛰쳐나가는 꿈은 / 데리고 있는 사람을 해고시키거나 물건을 분실한다.

✧ 고양이를 잡아 죽이는 꿈은 / 모든 일이 순조롭게 해결된다:

✧ 고양이와 강아지가 함께 있는 꿈은 / 성격이 안 맞는 사람과 가까이 있어야 할 일이 생긴다.

✧ 닭장을 들여다보는 고양이를 본 꿈은 / 자신에게 손해를 끼칠 사람이 나타나거나 재산을 보호해 줄 고용인을 채용하게 된다.

✧ 고양이를 귀여워해 주는 꿈은 / 사람을 품에 안을 일이 생기며, 힘든 일을 맡게도 된다.

✧ 호랑이라고 생각했는데 자세히 살펴보니 고양이가 있는 꿈은 / 가치가 있다고 생각한 물건이 사실은 가치가 없다.

✧ 고양이와 개가 서로 할퀴고 싸우는 꿈은 / 세력 다툼을 하거나 공박하는 일에 관계한다.

✧ 낮잠을 자고 있는데 혀로 얼굴을 핥는 기척이 있어서 놀라 눈을 떴더니 빨간 고양이 한 마리가 내려다보면서 혀를 날름거린 꿈은 / 아들을 낳을 꿈이다.

❖ 고양이가 울고 있는 것을 보는 꿈은 / 우환, 질병이나 불상사가 발생하고 말썽과 손재 및 집안에 좋지 못한 궂은 일이 발생하게 된다.

❖ 고양이의 눈이 반짝거리는 꿈은 / 창작품, 학설 등이 뚜렷한 이미지를 나타내어 사람들에게 감동을 준다.

❖ 토끼장에 많은 토끼를 기른 꿈은 / 일을 여러 가지로 해 보거나 어느 단체에서 사람들이 직무에 종사함을 본다.

❖ 토끼장에서 토끼가 나오려고 하는 꿈은 / 소속되어 있는 곳에서 나오려고 한다.

❖ 토끼가 새끼를 낳고 있는 꿈은 / 많은 재물이 생기거나 어떠한 일에 몰두하게 된다.

❖ 양에 관한 꿈 / 선량한 사람, 신자, 교육자, 진리, 정신적 또는 물질적인 재물의 상징이다.

❖ 양이 풀밭에서 풀을 뜯는 꿈은 / 자기 직업에 충실하게 되며, 어떤 사업을 시작하거나, 안정을 찾게 된다.

❖ 양을 한꺼번에 몰아다 집에다 매놓은 꿈은 / 좋은 사람이 들어오고, 재물을 얻기도 한다.

✥ 양떼를 몰고 다닌 꿈은 / 성직자, 교육자 등이 되거나 인재를 양성하는데 종사한다.

✥ 양의 젖을 짜는 것을 본 꿈은 / 하고 있는 일이 잘 되어서 재물이 생긴다.

2) 들짐승

✥ 원숭이에게 먹이를 준 꿈은 / 친한 친구에게 배신을 당할 수 있다.

✥ 원숭이가 높은 곳으로 기어오르는 꿈은 / 하고 있는 일이 잘된다. 원숭이가 위에서 내려다보면 헤어진 사람이 자기 주위를 항상 맴돌고 있다.

✥ 원숭이의 귀가 가위나 칼 등에 잘려 나가는 꿈은 / 주위에서 은근히 자기를 부리던 사람과 절교하게 된다.

✥ 원숭이끼리 싸우고 있는 꿈은 / 문화생활을 즐기거나 자기 일에 간섭하는 사람을 책망한다.

✥ 자기가 원숭이를 타는 꿈은 / 재판할 일이나 싸움할 일이 생긴다.

❖ 사슴이 도망을 치는 꿈은 / 자기의 머리로 이익을 본다.

❖ 사슴을 죽여 그 뿔을 자기가 갖는 꿈은 / 뜻밖에 횡재한다.

❖ 기린을 보는 꿈은 / 명성을 날리게 된다.

❖ 노루나 사슴이 집 안으로 들어오는 꿈은 / 사업가는 사세가 확장되고, 샐러리맨은 승진되며, 공무원은 관직이 올라간다.

❖ 사슴고기를 먹는 꿈은 / 돈이 생기며, 부유해진다.

❖ 사슴을 죽이는 꿈은 / 친하던 사람과의 사이가 멀어진다.

❖ 사슴뿔을 구하는 꿈은 / 재물, 학설 등을 얻게 되고 자신을 평가받게 된다.

❖ 자기가 사슴을 잡는 꿈은 / 시험에 우수한 정적으로 합격한다.

❖ 여러 사람과 함께 사슴을 쫓아가서 자기가 잡는 꿈은 / 단체 행동을 하며 자신이 인정을 받는다.

❖ 깊은 산 속에서 사슴을 잡는 꿈은 / 공공단체나 기업체에 가입하게 된다.

❖ 여우가 닭을 물어 가는 꿈은 / 다른 사람에게 사기를 당한다.

❖ 여우를 보는 꿈은 / 다른 사람에게서나 회사에서 의심을 받게 된다.

❖ 자기가 여우를 기르는 꿈은 / 어려운 일이 닥쳐옴을 예고한 꿈이다.

❖ 자기가 여우와 싸우는 꿈은 / 머지않아 교활한 사람이 자기의 일을 방해하게 된다.

❖ 여우를 죽이는 꿈은 / 뜻하지 않은 재물이 생긴다.

❖ 어둑한 곳에서 여우를 만나 놀라는 꿈은 / 다른 사람으로 인해서 불안을 느낀다.

❖ 저녁에 여우 울음소리가 들리는 꿈은 / 불길한 소식을 듣게 된다.

❖ 여우를 쫓아가서 잡는 꿈은 / 공공단체에서 인정을 받는다.

❖ 늑대가 산골짜기에서 사납게 노려보고 있는 꿈은 / 제3자에 의해서 심판을 받게 된다.

❖ 늑대를 따라 이리저리 다니는 꿈은 / 사기꾼에게 홀려 쓸데없이 돈과 시간을 허비만 한다. 실패가 생긴다.

❖ 사육하는 짐승을 늑대가 물어서 죽인 꿈은 / 뜻하지 않은 사람에 의해서 일이 쉽게 풀린다.

❖ 숲 속에서 늑대가 노려보고 있는 꿈은 / 경찰관에게 신문을 당하거나 검사의 논고를 받게 된다.

❖ 너구리를 잡아 물에 끓였더니 엄청나게 양이 불어난 꿈은 / 다른 사람의 과장된 말을 듣거나 하고 있는 일이 고비를 겪는다.

❖ 쥐와 개가 어울리는 것을 본 꿈은 / 아내에게 사랑을 느끼며 뜻밖의 곳에서 기쁨도 느낀다.

❖ 자기의 발가락을 쥐가 물고 놓아 주지 않는 꿈은 / 뜻밖에도 은인이 나타나 자기의 일이나 사업 등을 도와 준다.

❖ 창고에 쌓아 둔 곡식을 쥐 떼들이 먹어 치운 꿈은 / 하고 있는 일이 크게 번창한다.

❖ 쥐와 개가 뛰어가는 꿈은 / 기쁜 일이 생긴다.

❖ 쥐가 달려들어 물어뜯는 꿈은 / 갑자기 원하던 일이 성취된다.

❖ 하얀 쥐가 안내를 하는 꿈은 / 많은 사람들이 자기를 따르고 복종한다.

❖ 쥐가 다른 형태로 변한 꿈은 / 장애물 없이 하고 있는 일이 순리대로 풀려나간다.

❖ 잡으려던 쥐가 쥐구멍으로 도망친 꿈은 / 계획했던 일이 제대로 풀리지 않는다.

❖ 방 안에 들어가 있는 쥐를 잡으려고 하는 꿈은 / 정당하지 못한 자를 가려내고, 일의 협조자를 만난다.

❖ 음식을 먹어 치우는 쥐 떼를 본 꿈은 / 하는 일이 뜻대로 되지 않고 몇 번의 고비를 겪는다.

❖ 산등성이의 구멍에 쥐가 들어 있는 꿈은 / 자신이 맡고 있는 일이 세인의 관심의 대상이 된다.

❖ 실험용 흰 쥐가 우리에 있는 꿈은 / 갖가지의 물건을 손에 넣을 수 있는 일이 생긴다.

❖ 쫓기는 쥐를 때려잡는 꿈은 / 약삭빠른 사람을 설득시켜 일을 성사시킨다.

✦ 쥐가 물건을 쓸거나 물체 밑을 파는 꿈은 / 큰 일을 시작하거나 단체 활동에 가입한다.

✦ 다람쥐가 나무에 오르는 꿈은 / 권위를 남 앞에 내세운다.

✦ 쥐구멍에서 쥐가 머리를 내민 모습이 인상적으로 보인 꿈은 / 자기에게 관심을 가지고 지켜보는 사람이 있다.

✦ 박쥐가 덤벼든 꿈은 / 원인을 알 수 없는 병증세가 나타난다.

✦ 박쥐에게 물린 꿈은 / 자기에게 직분이 주어진다.

✦ 산토끼가 숲 속이나 바위 속으로 몸을 숨긴 꿈은 / 좋은 일이 있을 뻔하다가 말고, 하고 싶지 않은 일을 접하게 된다.

✦ 산토끼를 따라다닌 꿈은 / 잃어버린 물건을 찾고 좋은 귀인을 만나 도움을 받는다. 경사, 기쁜 소식이 생긴다.

✦ 산에서 여러 마리의 토끼가 노는 것을 보는 꿈은 / 선거전을 치루는 정객(政客)을 보거나 특별한 책 등이 서점에서 판매되는 것을 보게 된다.

✦ 족제비를 붙잡거나 몸으로 부딪힌 꿈은 / 이것이 태몽이라면 영리하고 재주 있는 자손을 낳는다.

✧ 족제비를 만나는 꿈은 / 질병에 걸린다.

✧ 도망치고 있는 기린을 본 꿈은 / 계획한 일이 뜻대로 이루어지지 않고 재물을 잃게 된다.

✧ 기린의 목을 잘라 죽인 꿈은 / 기쁜 소식이 있고 어렵던 일이 성사된다.

✧ 코끼리 코를 잡고 하늘로 올라가는 꿈은 / 실력자의 도움을 받아 입신양명하게 된다. 승진, 합격, 당선, 승리, 성공 등의 길조이다.

✧ 자기가 코끼리를 타고 간 꿈은 / 학위를 받게 되거나 부귀영화를 누리게 된다. 단체의 지도자가 되기도 하고 사업체의 대표가 되기도 한다.

✧ 타고 있는 코끼리가 움직이지 않아 채찍질을 해서 걷게 한 꿈은 / 풀리지 않은 일을 여러 각도로 구상하여 푼다.

✧ 여자가 코끼리를 탄 꿈은 / 부귀로운 사람을 만나거나 남에게 인정을 받는다.

✧ 낙타를 끌고 온 꿈은 / 가축, 부동산, 작품 등이 생긴다.

✧ 상아 종류의 제품을 구한 꿈은 / 금은보화나 희한한 물건을

보게 된다.

✥ 낙타의 육봉이 기억 속에 남는 꿈은 / 여러 가지 특징을 가진 기업체나 작품을 접하게 된다.

✥ 낙타를 타고 끝없는 사막을 걸었던 꿈은 / 추진하고 싶은 일이 난관에 부딪히게 된다.

✥ 캥거루가 집 안으로 들어온 꿈은 / 부인과 새댁은 임신을 하여 예쁜 딸을 낳는 태몽이다. 재물, 먹거리 등의 길운이다.

✥ 사슴이 집 마당에 있는 꿈 / 사슴은 신령님의 사랑을 받는 동물로 행운의 상징이며, 명성과 재물 등의 소원이 이루어질 것이다.

✥ 두더쥐가 땅 속에서 헤엄을 친 꿈 / 위법성을 띤 어떤 일에 손을 대게 되어 정부기관에 해를 끼치게 된다. 또는 지하 조직의 일원으로 활동하다 어떤 기관에 영향을 미칠 일이 생긴다.

✥ 다람쥐가 쳇바퀴를 돌리는 꿈 / 허송세월로 아까운 청춘을 보낸다. 어떤 일에 분주다사하나 실속은 없다.

✥ 동물의 머리가 여러 개인 꿈은 / 자신이 가입한 단체에 우수한 사람들이 많이 있다.

✦ 동물의 뿔이 여러 개 난 꿈은 / 여러 방면으로 실력 발휘를 하여 인정을 받게 된다.

✦ 짐승이 사람과 함께 대화를 하는 꿈은 / 지독한 흉몽이다.

3) 맹수

✦ 사자나 호랑이, 표범 등에게 물리는 꿈은 / 명예나 권세를 얻게 되며, 작품이 크게 이루어지거나 집권하게 된다. 사업가는 대기업으로 확장하고, 회사원은 간부로 승진하게 된다.

✦ 자기가 사자나 호랑이를 타고 달리는 꿈은 / 다른 사람의 큰 도움을 받아 출세하게 된다.

✦ 태몽 중 호랑이를 보는 꿈은 / 남자를 낳으면 물론 큰 인물이 되며, 여자 아이를 낳더라도 크게 성공하거나 훌륭한 사람이 된다. 호랑이 꿈을 꾸고 여자 아이를 낳으면 팔자가 사납다는 말은 미신이다.

✦ 산을 넘어가고 있는데 갑자기 여자들이 나타나 앞을 가로막더니 무서운 호랑이로 변해 버린 꿈은 / 아들을 낳은 태몽이다.

✦ 돌아가신 시아버지께서 큰 호랑이를 타고 웃으면서 신나게 달리는 모습을 본 꿈은 / 아들을 낳을 태몽이다.

✥ 호랑이 한 마리가 새끼호랑이를 품에 안고 혀로 핥아 주는 꿈은 / 태몽이다. 모친의 지극한 정성의 보살핌을 받고 태어나는 아들이 되겠다.

✥ 적룡과 흑룡이 뒤엉켜 하늘로 오르는 것을 멍하니 쳐다본 꿈은 / 아들을 낳을 태몽이다.

✥ 호랑이가 사자를 타고 달리는 꿈은 / 권력자나 공공단체 등의 도움을 받는다.

✥ 토끼만한 동물이 점차 커져서 호랑이가 된 꿈은 / 작은 일부터 시작하여 점차 번창해 간다.

✥ 표범을 만나는 꿈은 / 사자의 꿈과 마찬가지로 승진이나 승급, 또는 일약 이름을 떨치게 된다.

✥ 호랑이를 끌고 다니는 꿈은 / 사람들을 마음대로 움직이게 하거나 큰 일을 성사시킨다.

✥ 호랑이가 무서워 부들부들 떨었던 꿈은 / 제3자에 의해서 정신적인 고통을 받는다.

✥ 돼지가 해치러 오는 표범과 사자를 때려잡는 꿈은 / 이것이 태몽이라면 출산이 순조롭게 이루어진다.

❖ 들판에서 여러 마리의 호랑이나 사자가 어울려 노는 꿈은 / 어떤 단체에서 지식인이 많은 것을 보거나 책을 읽을 일이 있다.

❖ 호랑이나 사자가 우는 소리를 듣는 꿈은 / 남의 이목을 한꺼번에 받는다.

❖ 사자의 고기를 먹는 꿈은 / 출세할 꿈이다. 높은 지위에 오르며 부귀를 얻는다.

❖ 사방에서 호랑이가 개처럼 졸졸 쫓아다닌 꿈은 / 남에게 도움을 받거나 계획한 일을 추진해 나간다.

❖ 집에서 기르는 동물이나 사람을 표범이 물어 간 꿈은 / 제3자에 의해서 근심 걱정이 해소되거나 재물의 손실이 있다.

❖ 사자나 호랑이가 자기 앞에 앉아 있는 꿈은 / 여러 계층의 사람들을 굴복시킨다.

❖ 호랑이와 성교한 꿈은 / 사업, 작품 등이 이루어진다.

❖ 궁궐 같은 집으로 호랑이를 탄 채 들어간 꿈은 / 권력자가 되고 재물을 얻는다.

❖ 호랑이나 사자가 자신을 피해서 도망친 꿈은 / 일반적으로 권

리 상실, 사업 실패 등의 결과가 뒤따른다.

✥ 사자나 호랑이를 죽인 꿈은 / 장애물을 제거하게 되고 일이 성사된다.

✥ 독수리와 호랑이가 치열하게 싸움을 하는 꿈은 / 경쟁회사와 라이벌 관계로 필요 없는 힘만 소모하게 된다. 싸움이나, 소송을 하게 된다.

✥ 호랑이나 사자에게 쫓긴 꿈은 / 추진하고 싶은 일이 난관에 부딪힌다.

✥집 안으로 호랑이가 들어온 꿈은 / 이것이 태몽이라면 세인의 이목을 받을 자손이 된다.

✥ 곰을 만나는 꿈은 / 가까운 사람으로부터 미움을 받는다.

✥ 곰이 높은 곳으로 기어오르는 꿈은 / 하고 있는 일이 순조롭게 이루어진다.

✥ 곰의 배설물에서 옥이 나오는 꿈은 / 생산, 유통, 식품업 등에 투자하여 사업 성과를 올리고 사업이 날로 번창하여진다. 소비자 취향에 맞는 상품을 개발한다. 재물과 돈이 생긴다.

✥ 죽은 곰의 쓸개를 구한 꿈은 / 일이 잘 추진되어 세인의 이목

을 한몸에 받게 된다.

4) 날짐승

✥ 새 종류가 품 안으로 날아드는 꿈은 / 남자는 승진할 꿈이며, 여자는 잉태할 꿈이다. 여자의 경우는 득남하게 된다.

✥ 새의 날개가 바닥으로 떨어진 꿈은 / 자신의 위치가 타인에 의해서 상실된다.

✥ 새장에 갇힌 한 쌍의 새를 본 꿈은 / 자기의 생활을 그 새의 처지와 비교할 일이 생긴다.

✥ 새에게 모이를 주는 꿈은 / 자기가 하고 있는 일이 남의 심한 간섭을 받는다.

✥ 새 떼가 줄을 이어 하늘을 날아가는 꿈은 / 자기의 창작품이나 발명품이 세상에 널리 알려져 호평을 받게 된다. 시판되는 상품이라면 히트하게 된다.

✥ 날아가는 새를 잡는 꿈은 / 배우자와 머지않아 이별하게 된다.

✥ 새들이 나무에 집을 짓는 꿈은 / 여러 사람이 찾아와 어려운

일을 도와 준다.

◈ 새장의 새가 도망친 꿈은 / 가까이에 있는 사람이 떠나거나 물건을 분실하게 된다.

◈ 자기가 기르고 있던 학을 놓아 보내는 꿈은 / 돈이 생긴다.. 장사하는 사람은 많은 이익을 보게 된다.

◈ 학을 타고 날아가는 꿈은 / 반드시 높은 관직을 얻는다.

◈ 임신 중에 있는 여자가 학을 보는 꿈은 / 귀한 사내아이를 낳게 된다.

◈ 학이 공중을 나는 꿈은 / 출세하게 된다.

◈ 학을 타고 내려온 노인이 무엇인가를 준 꿈은 / 다른 협력자에 의해서 부귀영화를 누린다.

◈ 자기의 품 안으로 학이 날아들어 오는 꿈은 / 귀한 아들을 얻게 된다.

◈ 학이 자기의 몸에 앉는 꿈은 / 이것이 태몽이라면 학문적인 연구에 몰두하는 자손을 낳는다.

◈ 동자가 학을 타고 하늘에서 내려온 꿈은 / 이것이 태몽이라면

지식인이 될 아이를 낳는다.

◈ 학이 날아와서 자기 옆에 앉는 꿈은 / 유력자나 학자, 성직자 등에게 가르침을 받거나, 의사의 진찰을 받게 된다.

◈ 들판에서 학이 노는 꿈은 / 제자를 지도할 일에 종사한다.

◈ 나무 위에서 까치가 우는 꿈은 / 반가운 소식이 오거나 먼 곳에서 손님이 찾아온다.

◈ 많은 까치들이 날아가는 꿈은 / 지금까지의 나쁜 일들이 사라지고 이제부터는 만사가 순조롭게 잘 풀린다.

◈ 까치 여러 마리가 나뭇가지에 앉는 꿈은 / 자기에게 도움을 줄 사람을 만나게 된다.

◈ 까치와 까마귀가 함께 어울려 노는 꿈은 / 통장이 생기거나 주식이 생긴다.

◈ 까마귀가 우는 꿈은 / 남의 비난을 받는다.

◈ 까마귀가 여러 마리 모여서 우는 꿈은 / 구설수가 생긴다.

◈ 까마귀떼가 날아가는 꿈은 / 가는 곳마다 좋지 않은 일이 생긴다.

✛ 머리 위에서 까마귀가 우는 꿈은 / 좋지 못한 소식을 듣거나 사건에 말리게 된다.

✛ 독수리, 매, 소리개 등 육식을 하는 새의 꿈은 / 부자가 된다.

✛ 독수리가 자신을 채서 하늘로 날아간 꿈은 / 자기가 하고 있는 일이 남을 통해서 성사된다.

✛ 독수리가 푸른 하늘을 나는 꿈은 / 두목이 된다. 사업가는 사세가 확장되고 공무원은 그 직위가 장관에까지 오른다.

✛ 독수리로 변한 자신이 여러 마리의 닭을 물어 죽인 꿈은 / 자기와 관계가 깊은 사람이 출가한다.

✛ 독수리가 자신을 헤치려고 하는 꿈은 / 나쁜 사람에게 시달림을 받거나 질병에 걸릴 염려가 있다.

✛ 독수리나 솔개가 가까이 오거나 팔다리를 무는 꿈은 / 진행 중인 복잡한 일이 하나하나 풀리기 시작한다.

✛ 매를 보는 꿈은 / 남의 존경을 받으며 출세한다.

✛ 송골매가 사납게 새를 잡는 꿈은 / 금은보화가 집 안에 가득하게 된다.

◈ 매가 창공에서 원을 그리고 있는 꿈은 / 세인의 주목을 받게
된다.

◈ 앵무새가 말을 하는 꿈은 / 소식을 받게 된다.

◈ 자기가 앵무새와 함께 말하는 꿈은 / 자기의 손위 사람이 병
이 들어 고생하다가 죽는다.

◈ 기러기 Ep가 호숫가에 앉는 꿈은 / 먼 곳에서 소식이 오거나
손님이 찾아온다.

◈ 기러기를 보는 꿈은 / 먼 곳으로부터 반가운 소식이 있다.

◈ 기러기 떼가 하늘 전체를 덮고 계속해서 날아가는 광경을 본
꿈은 / 자신의 일에 충실하며 자기의 일을 과시하고 싶어한다.

◈ 두견새나 뻐꾸기 알을 얻는 꿈은 / 뜻하지 않은 곳에서 재물
이 생긴다.

◈ 두견새나 뻐꾸기를 본 꿈은 / 뜻하지 않은 곳에서 소식이 오
거나 사람이 찾아온다.

◈ 자기 집 안으로 물오리가 날아 들어오는 꿈은 / 갑자기 원하
지 않는 일이 생겨 집안이 망하게 된다.

❖ 원앙새 암수 한 쌍을 본 꿈은 / 좋지 않았던 감정이 풀리고, 자손의 혼사가 이루어진다.

❖ 원앙 금침이나 원앙 문장 또는 그림을 본 꿈은 / 자기와 일을 같이 하는 사람과 잘 타협한다.

❖ 자기 주변에서 공작새가 날아다니는 꿈은 / 자기를 남에게 과시하며 부귀영화를 누린다.

❖ 자기가 공작새를 기르는 꿈은 / 자기의 마음에 드는 이상적인 배우자를 만나 부귀영화를 누리게 된다.

❖ 자기가 기르던 공작새를 남에게 주는 꿈은 / 자기의 배우자를 남에게 빼앗기거나 재물을 잃게 된다.

❖ 공작새가 자신에게 공명의 빛을 비추는 꿈은 / 이상적인 사람을 만나거나 좋은 작품을 접하게 된다.

❖ 공작새가 날개를 활짝 편 꿈은 / 하고 있는 일이 세인의 관심을 끈다.

❖ 공작새를 보는 꿈은 / 높은 자리에 앉게 된다. 미혼 남성은 훌륭한 처녀에게 장가들 꿈이다.

❖ 공작새를 사서 큰 닭장 안에 넣고 신기해하며 쳐다보았던 꿈은 / 아들을 낳을 태몽이다.

❖ 나무에 황새가 앉아 있는 꿈은 / 자신이 하고 있는 일에 공공 단체에서 주도권을 잡게 된다.

❖ 자기가 물새로 변하는 꿈은 / 재물과 영화를 얻게 된다.

❖ 물새가 하늘에서 지저귀는 것을 보는 꿈은 / 아내에게, 또는 남편에게 기쁜 일이 생긴다.

❖ 참새 떼가 한꺼번에 나는 꿈은 / 주도권을 쥐고 있는 곳에서 사람들이 잘 따르지 않는다.

❖ 참새들이 모여 있는 꿈은 / 재물을 얻게 된다.

❖ 참새들이 집 안으로 날아 들어오는 꿈은 / 집안에 경사가 있게 된다.

❖ 참새가 품 안으로 날아 들어오는 꿈은 / 딸을 낳는다.

❖ 참새들이 모여서 서로 싸우는 꿈은 / 재판을 받게 된다.

❖ 백조를 보는 꿈은 / 몸이 건강해진다.

◈ 꾀꼬리가 숲에서 나는 것을 보는 꿈은 / 회사나 부서를 옮기게 된다. 사업가는 사업을 바꾸게 된다.

◈ 제비가 처마 밑에 집을 짓는 꿈은 / 일을 계획하거나 정확하게 추진해 나간다.

◈ 부엉이를 보는 꿈은 / 모든 일이 잘 풀리지 않는다. 항상 근심 걱정이 떠날 날이 없다.

◈ 한 쌍의 봉황을 얻는 꿈은 / 이것이 태몽이라면 사회에 공헌할 인물이다.

◈ 포수가 꿩을 잡아 몸에 지닌 꿈은 / 많은 재물을 얻는다.

◈ 꿩알을 발견하거나 얻는 꿈은 / 기발한 아이디어가 떠올라 일을 성사시킨다.

◈ 자기의 품 안으로 제비가 날아 들어오는 꿈은 / 기쁜 소식을 듣게 되거나, 귀한 자식을 얻는다.

◈ 많은 갈매기가 자신을 둘러싼 꿈은 / 이것이 태몽이라면 자손이 부귀영화를 누릴 때 많은 사람들이 재산을 탐낸다.

◈ 비둘기를 본 꿈은 / 온 집안이 화목하고 기업이 번창하게 된다. 여자가 비둘기 꿈을 꾸면 남편의 사랑을 더욱 독차지하게 된

다.

✧ 비둘기 떼에게 모이를 주는 꿈은 / 착한 사람들을 만나게 된다.

✧ 닭이나 비둘기에서 모이를 준 꿈은 / 제자를 만나게 되거나 사업에 투자할 일이 생긴다.

✧ 닭이 울며 새벽을 알리는 꿈은 / 미혼 여성이라면 시집을 가게 될 꿈이다. 기업이 번창하고 전도가 밝아진다.

✧ 닭이 몸을 씻는 꿈은 / 일자리를 얻거나 작품을 완성하게 된다.

✧ 닭 두 마리가 서로 싸우는 꿈은 / 다른 사람과 시비가 있게 되고, 그 다툼은 오래 동안 지속된다.

✧ 달걀이 한두 개 놓여져 있는 꿈은 / 기쁜 소식을 접하게 된다.

✧ 많은 달걀이 제멋대로 놓여져 있는 꿈은 / 재판할 일이 계속되며 싸움이 잦다.

✧수닭이 병아리를 품고 있는 / 손해 볼 꿈이다.

✪ 닭이 나무 위에 올라앉아 있는 꿈은 / 드디어 바라던 일이 이루어진다.

✪ 닭이 지붕 위에 올라앉아 있는 꿈은 / 남으로부터 원성 들을 일이 생긴다. 이웃 사람과 시비가 잦고, 구설수가 끊일 날이 없다.

✪ 장닭끼리 서로 싸우는 꿈은 / 다른 사람과 크게 다툰다.

✪ 닭이 알을 품는 것을 보는 꿈은 / 얼마간의 시일이 경과된 후, 멋진 아이디어나 창작물, 사업, 일거리 등이 이루어진다.

✪ 닭이 모이를 쪼아 먹고 있는 것을 보는 꿈은 / 길몽이다. 혼담이 성립되고 계약이 체결된다. 그러나 확정적은 못된다.

✪ 달걀을 숲 속에서 발견한 꿈은 / 많은 사람들이 자기의 좋은 아이디어를 인정해 준다.

✪ 장닭이 쪼려고 덤비는 꿈은 / 괴한에게 시달림을 받거나 질병에 걸린다.

✪ 지붕 위에서 닭이 우는 꿈은 / 집안에 화근이 생기거나 다른 사람에게 억압을 당한다.

✪ 장닭이 우는 소리를 듣는 꿈은 / 세인의 관심을 받는다.

✦ 장닭 같이 생긴 꼬리 없는 붉은 색 꿩이 날아든 꿈은 / 인격을 갖추지 못한 사람이 찾아온다.

✦ 죽은 닭을 많이 가져온 꿈은 / 계획하고 있는 일이 좌절된다.

5) 곤충

✦ 여러 마리의 나비들이 떼지어서 나는 꿈은 / 집안에 경사스러운 일이 있다.

✦ 자신에게 벌 떼가 덤벼드는 꿈은 / 다른 사람으로 인해 시달림을 받거나 근심 걱정이 생긴다.

✦ 많은 꿀벌들이 달아나는 꿈은 / 주위에 있는 사물이 흩어진다.

✦ 파리가 몸에 붙어서 떨어지지 않았던 꿈은 / 어떤 장애물로 인하여 시달림을 받는다.

✦ 큰 말벌을 손으로 잡은 꿈은 / 약속이 이루어진다.

✦ 벌에게 쏘인 꿈은 / 질병에 걸리거나, 작품에 대해서 평가를 받을 일이 생긴다.

❖ 하늘에서 벌 떼가 떼지어 날아다니는 꿈은 / 자기를 다른 사람들 앞에 내세운다.

❖ 많은 벌들이 나무에 매달려 있거나 벌이 벌집을 드나드는 꿈은 / 인력을 많이 필요로 하는 사업을 하게 된다.

❖ 벌통에 꿀이 많은 것을 본 꿈은 / 뜻밖의 재물이 들어온다.

❖ 곤충이 교미하는 것을 본 꿈은 / 일이 이루어지고, 단체가 조직된다.

❖ 나비 여러 마리가 떨어진 벌 주위를 나는 꿈은 / 자손이 여러 사람과 깊은 인연을 맺는다.

❖ 곤충을 거미줄에서 떼어 주는 꿈은 / 어려움에 처해 있는 사람을 도와 준다.

❖ 딱정벌레들이 양쪽 다리에 빈틈없이 붙어 있었던 꿈은 / 세일즈맨이 보험 가입 신청서나 증권 등에 관한 일로 찾아온다.

❖ 고추잠자리가 무리져서 나는 꿈은 / 귀한 사람을 만나 좋은 일이 생긴다.

❖ 반딧불이를 본 꿈은 / 일이 잘 되는 것 같으면서도 제대로 풀

리지가 않는다.

◈ 누에를 많이 사육하는 꿈은 / 재물이 생긴다.
  누에고치를 만드는 꿈은 / 건설, 결혼 등이 이루어진다.

◈ 송충이가 부엌에서 따라다니는 꿈은 / 자손이 착하고 정직한
사람으로 부모님에게 효도한다.

◈ 바퀴벌레들을 모두 잡아 자루에 넣은 꿈은 / 정보를 수집하거
나 어느 단체의 중임을 맡게 된다.

◈ 거미줄에 매달린 거미를 본 꿈은 / 누군가가 자기와 관련된
일로 계교를 부리고 있다.

◈ 거미가 먹이를 감고 있는 꿈은 / 재물이 생기거나 심복을 얻
는다.

◈ 거미 떼가 마구 덤비는 꿈은 / 사람에게 시달림을 받거나 화
를 면치 못한다.

◈ 여러 곳에 거미줄이 엉켜 있는 꿈은 / 사업이 전개된다. 그러
나 방구석이나 천장 등에 엉켜 있으면 머리가 아프거나 운세가
막힌다.

◈ 벼룩이 갑자기 없어진 꿈은 / 잡고 있는 것을 놓치기 쉽다.

❖ 빈대 때문에 잠을 제대로 못자는 꿈은 / 장애 요인이 되는 사람 때문에 세웠던 계획을 변경하게 된다.

❖ 송충이가 몸에 달라붙는 꿈은 / 큰 화를 면치 못한다.

❖ 거리에 파리 떼가 무수히 모여 있는 꿈은 / 인쇄물 등에 관계할 일이 생기지만 결과는 썩 좋지 않다.

❖ 파리를 나르고 있는 개미를 본 꿈은 / 아는 사람이 자기의 일을 도와 준다.

❖ 천장에 붙어 있는 파리 떼를 죽이거나 날려 보내는 꿈은 / 근심 걱정이 말끔히 해소된다.

❖ 개미집을 헐어 버리는 꿈은 / 가정에 화근이 생긴다.

❖ 개미 떼가 큰 벌레나 물건을 나르고 있는 꿈은 / 여러 사람이 자기의 일이나 사업을 도와 주게 된다.

❖ 개미 떼가 이동하는 꿈은 / 재물이 생기거나 물건을 생산한다.

❖ 팔다리에 개미 떼가 새까맣게 모여 있는 꿈은 / 남에게 도움을 청할 일이 생긴다.

❖ 지네에게 물리는 꿈은 / 투자나 융자를 받을 일이 생긴다. 그리고 말린 지네를 많이 가지고 있으면 재물이 생긴다.

6) 용·뱀·파충류

❖ 용이 나타나 불을 뿜어 거리를 태우는 꿈은 / 법령이나 사상 등을 공고하여 널리 세상에 알리고 악습이나 구법을 쇄신하게 된다.

❖ 하늘에서 용이 내려오는 꿈은 / 권세, 지위, 명성 등이 몰락하고 힘든 일이 성사되기도 한다.

❖ 용을 두 팔로 꼭 껴안고 있는 꿈은 / 일거리가 많이 들어오고, 뜻밖의 사람을 만나게 된다.

❖ 용이 바다에서 승천하는 꿈은 / 사회적 기반으로 인하여 성공할 발판이 마련된다.

❖ 용을 타고 하늘을 나는 꿈은 / 국가고시에 합격하거나 박사 학위 등을 받게 되며, 권력자나 기업체의 최고 관리자가 된다. 명성을 널리 떨치고 재물과 권세를 함께 얻는 길몽이다.

❖ 화재가 난 집에서 용이 승천하는 꿈은 / 하고 있는 일이 날로

번창해서 세인의 이목을 받는다.

✪ 구름 속의 용이 큰 소리로 울부짖는 꿈은 / 사업에 크게 성공하여 사람들을 놀라게 한다.

✪ 승천하려는 용의 꼬리를 붙잡았다가 놓치는 꿈은 / 꼬이기만 하던 일이 풀리게 되고 출세할 사람과 만나게 된다.

✪ 용이 물 속에서 자는 꿈은 / 어떤 기관에 소속되어 있는 일에 관계하거나, 금은보화를 얻게 된다.

✪ 유난히 머리털이 많은 용이 머리를 풀어헤치고 하늘로 올라간 꿈은 / 아들을 낳을 태몽이다.

✪ 달려드는 용을 칼이나 총으로 쏴서 죽인 꿈은 / 힘든 난관을 물리치고 큰 일을 완성하게 된다.

✪ 용이 사람을 물어 죽이는 꿈은 / 권세가에 의해서 일이 성사되거나 반대로 어떤 사람이 파탄을 보게 된다.

✪ 용이 승천하는데 희미하게 보이는 꿈은 / 한때 세인의 주목을 받지만 곧 잊혀지게 된다.

✪ 이무기가 용이 되어 구름 속에서 불덩이 두 개를 떨어뜨린 꿈은 / 자손이 크게 성공하며 세상을 놀라게 하고 업적을 남길 것

이다.

◈ 용이 연못 가운데 잠자고 있는 것을 보는 꿈은 / 하는 일이 벽에 부딪힌다.

◈ 용이 우물 속으로 들어가는 꿈은 / 기관에서 수난을 겪는다.

◈ 자기의 귀를 용이 무는 꿈은 / 귓병을 앓게 되고 귀머거리가 된다.

◈ 용의 조각품이나 문신을 보는 꿈은 / 세상이 널리 아는 사람들의 기사를 읽거나 희귀한 서적이나 물건을 보게 된다.

◈ 쌍룡이 몸을 꿈틀거리며 승천하는 꿈은 / 자손이 문무 겸비한 훌륭한 인물이 되고, 남녀의 결합을 나타낸다.

◈ 용과 싸우다 쫓기는 권세가의 꿈은 / 뜻한 대로 일이 이루어지지 않는다.

◈ 하늘을 나는 용이 말을 하거나 우는 꿈은 / 세상에 소문낼 일이나 업적 등이 있다.

◈ 용을 붙잡고 꼼짝 못하게 하는 꿈은 / 자신의 사업 성장을 위해서 고군분투한다.

❖ 용이 죽는 것을 보는 꿈은 / 사업이 망하고, 직장을 잃게 된다.

❖ 용이 대문을 통과하여 집 안으로 들어온 꿈은 / 가업이 번창하고 만사가 형통되어 부자가 된다.

❖ 용을 타고 산으로 오르는 꿈은 / 원하는 바가 모두 이루어진다.

❖ 공중에서 용이 담배를 피우는 꿈은 / 단체, 기관, 매스컴을 통해서 자신의 활동을 알리며 사회 풍조를 쇄신할 일이 생긴다.

❖ 짐승이나 사람의 모습으로 변한 용이 도전을 해 오는 꿈은 / 사업을 하는데 있어서 어려운 고비를 여러 번 겪은 다음에 일이 성취된다.

❖ 용이 불을 뿜어 몸이 뜨겁게 느껴진 꿈은 / 권력자의 협조를 받아 하는 일이 쉽게 풀린다.

❖ 울 안에서 헤매는 용을 보는 꿈은 / 자손이 초년에는 발전이 있으나 중도에 장애물이 생겨 빛을 못 본다.

❖ 가지고 있는 물건이 갑자기 용으로 변하는 꿈은 / 귀인이 나타나 자기의 일을 도와 준다.

❖ 자기가 용으로 변하는 꿈은 / 천하에 그 이름이 알려질 정도로 출세하고 성공한다.

❖ 임신 중에 용을 보는 꿈은 / 훌륭한 아이를 낳는다.

❖ 푸른빛이 나는 구렁이나 붉고 누런 구렁이를 보는 꿈은 / 인기인이 된다. 인기 작가, 인기 연예인, 인기 가수, 인기 선수 등이 된다.

❖ 뱀이 오이를 휘감고 있는데 그것을 고양이가 지켜보는 꿈은 / 자기가 다른 여자와 간통하게 되는데, 그 장면을 아내가 지켜보게 된다.

❖ 사람만큼 큰 도마뱀을 보는 꿈은 / 사업을 크게 이루거나 출세하게 된다.

❖ 큰 뱀이 또아리를 틀고 앉아 혀를 날름거리고 있는 꿈은 / 무엇인가 꿍꿍이속이 있는 사람이 자기를 해치려 하고 있다.

❖ 많은 뱀이 연못 속에서 꿈틀대는 것을 보는 꿈은 / 오래 된 골동품이나 고분 등의 유물을 얻게 된다.

❖ 임신 중 큰 구렁이를 보는 꿈은 / 태어나는 아기가 재주가 뛰어나서 큰 정치가나 사업가, 학자, 작가가 된다.

✧ 뱀이 칼을 씹어 먹거나 삼키는 것을 보는 꿈은 / 재물을 얻고 지위가 높이 올라간다.

✧ 백사를 자기가 죽이는 꿈은 / 경쟁자를 물리치고 자기가 승리한다.

✧ 화살을 쏘아 뱀을 맞추는 꿈은 / 하는 일이 척척 맞아 떨어지고, 만사가 형통한다.

✧ 뱀이나 이무기가 칼을 가진 사람을 호위하는 꿈은 / 귀한 사람이 된다.

✧ 뱀이 자기의 몸이나 손, 발 등을 무는 꿈은 / 귀한 사람이 되며, 부자가 된다.

✧ 청구렁이가 숲 속에 길게 늘어져 있는 꿈은 / 이것이 태몽이라면 남에게 선망의 대상이 될 자손을 얻는다.

✧ 쫓아오던 뱀이 사람으로 탈바꿈한 꿈은 / 하고 싶지 않은 일을 회피하려고 하지만 어쩔 수 없이 일을 해 주게 된다.

✧ 큰 구렁이를 죽여 피가 난 꿈은 / 장애물을 제거하여 뜻대로 일이 성사된다.

✧ 뱀이 나무의 줄기처럼 길게 늘어져 있는 꿈은 / 남의 잔꾀에

넘어가기 쉽다.

❖ 뱀을 토막내어 먹는 꿈은 / 자기가 모르는 것을 남을 통해서
안다.

❖ 자기의 몸을 감고 있던 뱀이 풀어져 사라진 꿈은 / 가난하케
될 징조이다.

❖ 큰 뱀이 자기를 쫓아오는 꿈은 / 배우자의 마음이 변하여 자
기로부터 떠난다.

❖ 뱀이 자기를 물고 늘어지는 꿈은 / 횡재할 꿈이다. 큰 재물이
생긴다. 또한 큰 고생을 않고 많은 재물을 얻게 된다.

❖ 두꺼비가 울면서 뛰어가는 꿈은 / 남에게 비방을 듣는다.

❖ 거머리를 보는 꿈은 / 재물을 잃어버리게 된다.

❖ 자기 방 안이나 집 안에서 뱀이 바깥으로 나가는 꿈은 / 집안
이 패가망신할 흉몽이다. 병이 들거나 하는 일이 제대로 안 되어
가산을 탕진하고 가난해지게 된다.

❖ 큰 구렁이에게 물린 꿈은 / 이것이 태몽이라면 큰 일을 할 자
손을 얻는다.

❖ 산정에서 청구렁이가 몸 전체를 아래로 늘어뜨린 꿈은 / 이것이 태몽이라면 공공단체에서 우두머리가 될 자손을 얻는다.

❖ 뱀에게 물려 독이 몸에 퍼진 꿈은 / 자신을 남에게 과시하거나 재물이 생긴다.

❖ 온몸에 구렁이가 감겨 있는데 호랑이가 바위로 쳐서 토막을 낸 꿈은 / 어떤 세력을 꺾거나 협조자와 더불어 일을 성사시킨다.

❖ 구렁이가 자신을 문 꿈은 / 제3자에게 도움을 많이 받는다.

❖ 새빨간 뱀이 치마 속으로 들어온 꿈은 / 이것이 태몽이라면 건강하고 정열적인 아이를 얻는다.

❖ 축 늘어져 있는 황색 구렁이가 사라져 버린 꿈은 / 누군가가 나타나 자신에게 도움을 주기는커녕 불쾌하게 만든다.

❖ 수많은 뱀이 길바닥에서 우글거리는 꿈은 / 이것이 태몽이라면 남을 가르치는 직업을 가질 자손이다.

❖ 온몸을 감은 뱀이 혓바닥을 날름거리고 있는 꿈은 / 악한 사람이 자기에게 피해를 준다.

❖ 큰 구렁이가 용마루로 들어간 꿈은 / 이것이 태몽이라면 공공

단체의 주도권을 쥐게 될 자손을 얻는다.

◈ 구렁이가 허물을 벗고 사라진 꿈은 / 자신의 잘못을 뉘우치고 새로운 사람이 된다.

◈ 큰 구렁이와 관련된 꿈은 / 이것이 태몽이라면 진취적이고 ·재주가 뛰어난 자손을 얻을 것이다.

◈ 자기 발을 문 뱀을 그 자리에서 밟아 죽인 꿈은 / 이것이 태몽이라면 자손에게 나쁜 영향이 미친다.

◈ 수많은 뱀이 문틈 사이로 들어온 꿈은 / 여러 계층의 사람과 접하게 되고 자신의 신변에 관한 이야기를 타인에 의해 듣게 된다.

◈ 수많은 황구렁이들이 늘어서 있는 꿈은 / 이것이 태몽이라면 정치가, 사업가, 권력자 등이 될 자손을 낳는다.

◈ 뱀이 자신을 물고 사라진 꿈은 / 순간적으로 마음의 상처를 받고 남을 통해서 재물이 생긴다.

◈ 치마로 싼 구렁이를 때려잡은 꿈은 / 가정에 화근이 생긴다.

◈ 뱀이 온몸을 감고 턱 밑에서 노려 본 꿈은 / 가까운 사람으로 인해 구속받거나 사소한 말다툼으로 신경을 쓴다.

❖ 큰 구렁이가 작은 구멍 속으로 들어간 꿈은 / 가정에 좋지 않은 일이 생긴다.

❖ 전신을 감고 있는 뱀을 죽인 꿈은 / 어려웠던 난관이 순리대로 풀린다.

❖ 머리가 여러 개인 뱀이 물 속에 있는 꿈은 / 교양 있는 책을 읽거나 귀한 물건을 보게 된다.

❖ 집 안으로 뱀이 들어온 꿈은 / 집안 식구가 늘어나거나 사업상 일이 생긴다.

❖ 뱀과 성교한 꿈은 / 계약을 하거나 다른 사람과 동업을 한다.

❖ 연못 속의 수많은 뱀을 들여다 본 꿈은 / 유물, 골동품, 금은 보화 등을 얻게 된다.

❖ 구운 구렁이 토막을 먹는 꿈은 / 출판된 서적을 읽고 많은 지식을 얻는다.

❖ 큰 구렁이 주위에 뱀들이 우글거리는 꿈은 / 권세를 잡거나 사회 단체의 주도권을 쥐게 된다.

7) 물고기·조개·게·기타

◈ 마른 물고기를 얻어 오는 꿈은 / 일거리나 재물, 서적 등을
얻게 된다.

◈ 낚싯줄이 길게 늘어져 있는 꿈은 / 계획한 일에 착수하면 결
과가 빠른 시일 안에 나타난다.

◈ 물고기들이 죽어서 연못에 있는 꿈은 / 재난, 유행병, 전쟁 등
으로 화를 입는다.

◈ 붉은 금붕어 세 마리가 자신의 발 밑에서 예쁘게 놀고 있었던
꿈 / 아들을 낳을 태몽이다.

◈ 물고기를 저수지에서 많이 잡은 꿈은 / 남에게 도움을 받을
어려운 일이 생긴다.

◈ 물고기를 시장에서 사는 꿈은 / 노력의 대가, 융자 등을 받게
된다.

◈ 아내나 혹은 남편이 물고기를 잡아오는 꿈은 / 돈을 벌어오게
된다. 물고기를 많이 잡아오는 꿈을 꾸면 돈도 많이 벌어오게 된
다.

◈ 여러 가지 빛깔의 물고기를 치마로 받는 꿈은 / 인기인이 되

어 사회적으로 유명하게 될 아이가 태어날 태몽이다.

◈ 말라가는 저수지나 흙탕물 속에서 많은 물고기를 잡는 꿈은 / 정당하지 못한 행위로 재물을 모으게 된다.

◈ 연못에서 잉어가 뛰는 꿈은 / 아내가 귀한 자식을 갖는다. 입신 출세하게 된다.

◈ 물 속에서 도미가 꿈틀대는 꿈은 / 장사에 이익이 있고, 기쁜 소식이 있다.

◈ 물고기가 물 위를 날아다니는 꿈은 / 마음이 어수선해지고 한 가지도 되는 일이 없다.

◈ 여러 가지 빛깔이 나는 물고기를 보는 꿈은 / 환자가 완쾌된다. 그러나 다른 사람과 다툴 일이 생기기도 하다.

◈ 임신한 아내가 물고기를 출산하는 꿈은 / 예쁜 아기를 낳는다.

◈ 낚시질을 해서 싱싱한 물고기가 걸리는 꿈은 / 계획하고 있는 일이 성사된다.

◈ 배를 타고 나가서 그물로 많은 물고기를 잡는 꿈은 / 남을 통해서 일확천금의 꿈이 실현된다.

✥ 저수지 등의 물이 말라 물고기가 보이거나 물고기가 다른 동물로 변하는 꿈은 / 생활 환경이나 신상에 나쁜 변화가 생긴다.

✥ 물고기를 고르는 꿈은 / 어떠한 작품을 심사하거나 재물의 분배가 있게 된다.

✥ 물고기 떼가 민물 속에서 노니는 것을 보는 꿈은 / 재물을 얻게 된다. 금의환향하게 된다.

✥ 마른 물고기가 하천으로 떠내려가는 꿈은 / 어려움이 가시고 운수가 대통하게 된다.

✥ 물고기가 새끼를 낳는 꿈은 / 모든 일이 잘 풀리고, 재물을 얻게 된다.

✥ 냇가에서 물고기를 잡는 꿈은 / 큰 고기를 잡으면 재물을 얻게 되나, 작은 고기를 잡으면 직장을 옮기게 된다.

✥ 우물이나 연못에 잉어를 넣는 꿈은 / 하는 일이 번창하거나 크게 출세한다.

✥ 대나무 꼬챙이나 창으로 물고기를 찌르는 꿈은 / 병이 들고 건강이 악화된다.

✥ 배 위로 물고기가 뛰어오르는 꿈은 / 시험에 합격하거나 또는 입신 출세한다.

✥ 남에게서 물고기를 선물로 받는 꿈은 / 먼 곳에서 반가운 소식이 있다.

✥ 자기가 물고기를 풀어 놓아 주는 꿈은 / 만사가 형통한다. 어려움이나 근심 걱정이 가시고 새 희망 새 기분으로 꽉 찬다. 하는 일마다 소원 성취하게 된다.

✥ 자기가 물고기로 변하는 꿈은 / 재물을 잃고 거지나 다름없이 된다.

✥ 저수지에서 많은 물고기를 잡는 꿈은 /공적인 공금은 되도록 손을 안 대는 것이 좋다.

✥ 자신이 물고기가 되어 바닷물에서 마음대로 헤엄치는 꿈은 / 연구, 탐험, 추리, 출세 등을 하게 된다.

✥ 게를 논두렁에서 잡는 꿈은 / 생각지도 않았던 재물이 생긴다.

✥ 조개를 까서 그릇에 담는 꿈은 / 자금에 대해서 논하거나 청탁을 받는다.

✥ 물이 없는 개울이나 산에서 조개를 줍는 꿈은 / 어떤 재물을 얻거나 학설에 관한 것을 수집하게 된다.

✥ 물고기를 토막내서 누구에겐가 주는 꿈은 / 사업 자금을 나누어 받거나 생각지도 못했던 곳에서 돈을 얻는다.

✥ 폭포 위로 잉어가 뛰어오르는 꿈은 / 사업이 번창하여 사람들을 놀라게 한다.

✥ 바위틈에서 잡은 물고기가 두 토막이 나는 꿈은 / 하고 있는 일이 타인에 의해서 가치가 없어진다.

✥ 어항에 있는 물이 마르거나 어항이 깨지는 꿈은 / 행복, 재물 등이 깨지고 아는 사람 중에 병들거나 하고 있는 일이 침체된다.

✥ 자기 몸에서 물고기가 배설되는 꿈은 / 질병이 다 낫는다. 건강한 사람은 근심거리가 사라진다.

✥ 새우가 물고기로 변하는 꿈은 / 손재수가 있다. 다른 사람에게 사기당할 염려도 있다.

✥ 낚시질을 하는 꿈은 / 기쁜 일이 생긴다. 사업을 계획하거나 작품 구상을 하게 된다.

✥ 그물로 고기를 잡는 꿈은 / 모든 일이 계획대로 잘 이루어진

다.

◈ 자기 집 우물 안에 커다란 물고기가 들어 있는 꿈은 / 직장이나 관직을 옮기게 된다. 사업가는 이사를 하게 된다.

◈ 배의 갑판으로 물고기가 뛰어오르는 꿈은 / 사람을 구하거나 횡재할 일이 생긴다.

◈ 맑은 물이 고인 논바닥에서 물고기 떼가 놀고 있는 꿈은 / 하고 있는 일의 성과를 기대할 수 있다.

◈ 장어 같은 종류의 미끄러운 물고기를 잡는 꿈은 / 취직, 입학 시험, 혼담 등이 이루어진다.

◈ 어항 속의 금붕어를 가만히 들여다보고 있는 꿈은 / 많은 직공을 거느리는 기업가가 될 아이가 태어날 태몽이다.

◈ 두꺼비가 물고기로 변한 꿈은 / 물건을 도난당하거나 재물을 잃게 된다.

◈ 물고기가 지하실이나 방 안에서 노는 꿈은 / 자손이 경제적으로 풍족한 사람이 될 태몽이다.

◈ 물고기를 반두질해서 잡는 꿈은 / 돈을 한꺼번에 벌지 않고 여러 번 나누어서 벌 일이 생긴다.

◈ 강물 속에서 여러 마리의 물고기가 헤엄치는 꿈은 / 계약이 성사되거나 사람을 양성할 수 있는 일이 있다.

◈ 어물, 또는 포육 등의 마른반찬을 얻거나 사 오는 꿈은 / 재물, 증서, 책 등이 바뀔 수가 있다.

◈ 물이 담긴 그릇에 잉어를 집어 넣는 꿈은 / 창작 작품으로 많은 사람들에게 인정을 받는다.

◈ 해변이나 개천에서 많은 조개를 잡는 꿈은 / 미혼녀는 혼담이 오가고, 자기가 새발한 창작물을 남에게 보여 줄 기회가 생긴다.

◈ 소라를 얻거나 보는 꿈은 / 이별수가 있다.

◈ 조개를 열어 보는 꿈은 / 높은 지위를 얻지 않으면 귀한 아들을 얻는다.

◈ 조개에서 진주가 나온 꿈은 / 만사형통할 운수이다.

◈ 많은 조개를 잡는 꿈은 / 임신한 사람은 여아를 낳기 쉽다. 아기가 장차 많은 재물, 사업체, 창작물 등을 성취시킬 사람이 된다.

◈ 하늘에서 떨어지는 조개를 받아먹는 꿈은 / 공적으로 재물을

얻는다.

❖ 강변에 있는 방게가 깜짝 놀라 숨어 버리는 꿈은 / 일은 크게 벌이지만 실속이 없다.

❖ 게 한 보따리를 방으로 가지고 들어가는 꿈은 / 세일즈맨이 자기를 찾아온다.

❖ 게를 보는 꿈은 / 흉몽이다. 방해물이 많아서 제대로 되는 일이 없다.

❖ 방게가 해변가에서 기어다니는 꿈은 / 사업상의 거래처를 많이 확보할 수 있다.

8) 바다동물·수륙 양서동물

❖ 몰려오는 상어 떼를 본 꿈은 / 괴한들이 방해를 놓거나 여러 사람의 시비를 받는다.

❖ 악어 떼를 차례로 한 마리씩 쳐죽이는 꿈은 / 풀리지 않던 일이 하나하나 해소되고 재물이 생긴다.

❖ 거북의 목덜미를 잡는 꿈은 / 소속되어 있는 집단의 일이 풀리게 된다.

❖ 상어에게 다리를 잘린 꿈은 / 가까운 곳에 있는 사람을 잃게 된다.

❖ 고래 떼가 몰려와서 배를 뒤엎은 꿈은 / 하고 있는 일이 위태롭거나 파산된다.

❖ 고래 뱃속으로 사람이 들어간 꿈은 / 진급이 되거나 많은 재물을 얻는다.

❖ 물고기의 발이 무수히 많이 달린 꿈은 / 능력, 권력, 재주 등이 강대한 사람을 만나게 된다.

❖ 고래등을 타고 달리는 꿈은 / 교통 수단을 이용하거나 어느 단체의 주도자가 된다.

❖ 뱃길에 고래가 앞장선 꿈은 / 도움을 받을 사람이 있어서 일이 쉽게 추진된다.

❖ 물에서 나온 물개를 도구로 쳐서 죽인 꿈은 / 어떤 사업체나 기관에서 장애물이 되는 것을 제거하게 된다.

❖ 밖으로 나왔던 물개가 다시 물로 들어간 꿈은 / 광범위한 사회 활동을 하다가 몇 번의 고비를 맛본 다음 다시 유복해진다.

❖ 인어를 붙잡아온 꿈은 / 이것이 태몽이라면 자손이 이색적인 직업을 갖게 된다.

❖ 물개를 붙잡는 꿈은 / 많은 재물이 생긴다. 물개가 가까이 오는 꿈은 단체에 가입하거나 그 곳의 사람과 만나게 된다.

❖ 거북의 몸을 도구로 쳐서 피가 흐르는 꿈은 / 남에게 도움을 받거나 일이 성사된다.

❖ 거북이 거처하고 있는 곳에 들어간 꿈은 / 부귀 영화를 누린다.

❖ 거북을 쫓아가다가 잡지 못한 꿈은 / 치밀한 계획을 세우지만 뜻대로 이루어지지 않는다.

❖ 자라가 거북이로 변해 옆에 있는 꿈은 / 적은 자본으로 큰 소득을 얻는다.

❖ 거북의 등을 타고 가는 꿈은 / 장차 큰 인물이 될 아들을 낳는다.

❖ 거북이가 기어가는 것을 보는 꿈은 / 모든 일이 순조롭게 잘 풀리고 재물을 충족하게 얻는다.

❖ 거북이가 집 안으로 들어오거나 우물 속으로 들어가는 꿈은 /

재물이 많이 생기고, 큰 부자가 될 꿈이다.

◈ 자라를 보는 꿈은 / 관직을 얻게 된다.

◈ 거북이가 앞장서서 뱃길을 따라가는 꿈은 / 타인의 도움을 받아 하고 있는 일이 번창해진다.

제 24 장
식물에 관한 꿈

1) 꽃

◈ 꽃들이 만발한 아카시아나무 밑에서 아기를 안고 있었던 꿈은 / 재주가 많은 딸을 낳게 된다.

◈ 활짝 핀 꽃나무 밑을 걷는 꿈은 / 기쁜 일이 생긴다. 예쁜 애인이 생기거나 작품의 성과 등이 호평을 받게 된다.

◈ 크고 탐스러운 꽃송이를 본 꿈은 / 일의 성과나 작품, 명예 등이 뛰어나다.

◈ 꽃송이에서 천사가 나와 하늘로 올라간 꿈은 / 작품이나 발명품, 업무 성과 등이 크게 뛰어나 세상에 널리 알려지게 된다.

◈ 시집 식구가 붉은 장미꽃 한 송이를 선물로 가지고 온 꿈은 / 예쁘고 영특한 딸을 갖게 된다.

✧ 꽃나무를 다른 사람에게 나누어 준 꿈은 / 자기의 재산이 없어지게 된다.

✧ 꽃을 씹어먹는 꿈은 / 사람들과의 만남이 자연스럽게 맺어 진다.

✧ 꽃을 꺾어 든 꿈은 / 이것이 태몽이라면 사회적으로 자수성가할 자손을 얻는다.

✧ 매화꽃이 활짝 피었던 꿈은 / 명성이 널리 알려지고 재복이 있게 된다.

✧ 꽃이 시든 꿈은 / 생명의 단절, 질병, 사업의 실패 등을 나타낸다.

✧ 들꽃이 만발한 것을 본 꿈은 / 어떤 기관, 사업장 등에서 자신을 인정해 준다.

✧ 꽃 속에 자기가 파묻혀 있었던 꿈은 / 좋은 사람을 만나거나 행복한 결혼 생활을 한다.

✧ 고목에 핀 꽃 한 송이를 얻은 꿈은 / 남의 사업을 인수받아 그것을 발판으로 대성한다.

✧ 이름을 알 수 없는 꽃을 한아름 꺾어서 치마폭에 담거나 가슴

에 안아 본 꿈은 / 미적 감각이 뛰어난 딸을 낳게.된다.

✡ 고목에 꽃이 피는 꿈은 / 자손이 번창해진다.

✡ 만발한 꽃을 한꺼번에 꺾어 놓은 꿈은 / 업적, 성과, 수집 등을 나타낸다.

✡ 꽃향기를 맡는 꿈은 / 자신을 남에게 과시하고 그리운 사람 등을 만난다.

✡ 예식장이 온통 화환으로 장식된 꿈은 / 단체나 집단에서 자신의 성실함을 인정받는다.

✡ 꽃을 꺾는 꿈은 / 급한 일이 생긴다. 급하게 처리하면 이익이 되나 늑장을 부리면 손해가 된다.

✡ 꽃나무를 뿌리째 캐낸 꿈은 / 계약, 투자, 증권 등이 이루어진다.

✡ 스님이 옥반에 어사화를 담아 준 꿈은 / 사회 기관, 학원 등에서 자신을 인정해 준다.

✡ 꽃을 보거나 꺾은 장소가 유난히도 돋보였던 꿈은 / 이것이 태몽이라면 사회적으로 기반을 튼튼히 잡을 자손을 얻는다.

◈ 영적인 존재가 꽃다발을 안겨 준 꿈은 / 어떤 기관에서 자신을 인정해 주거나 미혼자는 결혼이 성립된다.

◈ 험한 산에 꽃이 만발한 꿈은 / 국가나 사회적인 일로 자신을 내세운다.

◈ 연못 속에 연꽃을 심는 꿈은 / 다른 사람의 질투를 받게 된다.

◈ 씨앗을 본 꿈은 / 인적 자원, 정신적 물질적인 자본이다.

◈ 꽃송이에서 아름다운 소녀가 나와 하늘로 사라져 버린 꿈은 / 감명 깊은 서적을 읽거나 일이 성사된다.

◈ 꽃나무의 꽃이 떨어진 꿈은 / 단체나 개인의 세력이 몰락함을 나타낸다.

2) 나무

◈ 낙엽을 긁어모으는 꿈은 / 다른 사람이 나타나 자기의 사업 자금을 대 준다.

◈ 방 안에 나무가 있는데 뿌리는 방바닥에 박혀 있고 줄기는 천장을 뚫고 하늘로 솟은 것을 보는 꿈은 / 대성할 꿈이다. 기업체

를 갖게 되거나 학자가 된다.

◈ 정원에 나무를 옮겨다 심는 꿈은 / 사업이 발전하거나 재물을 얻는다.

◈ 높은 나무에 앉아 있는 새 꿈은 / 미혼자는 혼담이 오고간다.

◈ 큰 나무가 뿌리째 뽑혀져 쓰러져 있는 꿈은 / 큰 인물이 소속한 곳을 떠나게 되고, 그로 인하여 그가 소속했던 단체가 곤경을 면치 못하게 된다.

◈ 푸른 나뭇잎이 시들어서 낙엽이 되는 꿈은 / 재해나 천재지변으로 많은 사람이 죽게 되다.

◈ 큰 고목 위를 자연스럽게 걷는 꿈은 / 하고 있는 일이 순조롭게 이루어진다.

◈ 강 한가운데에 나무가 우뚝 서 있는 꿈은 / 중개자를 통해서 자신의 사업이 이루어진다.

◈ 나무가 말라 죽는 꿈은 / 집안에 어려운 일이 겹친다. 가족이나 자기가 아프든지 아니면 가난해진다.

◈ 나무가 지붕 위에 쓰러져 있는 꿈은 / 재물이 생기고, 출세하게 된다.

✧ 거목이 부러지는 꿈은 / 사람이 죽게 된다.

✧ 거목 위에 자기가 올라가 앉는 꿈은 / 관직이 올라가고 출세하게 된다.

✧ 나무에 오르다가 떨어져서 다치는 꿈은 / 불길한 꿈이다. 시도하는 일이 실패로 끝나게 된다.

✧ 과수원에 들어가거나 본 꿈은 / 학문 연구, 작품, 상담 등의 일과 관계된다.

✧ 나무를 베어 마차나 트럭으로 운반하는 꿈은 / 인재나 재물 등을 얻는다.

✧ 큰 나무를 자기 집에 옮겨다 심으려고 했던 꿈은 / 훌륭한 인재를 얻거나 단체에서 주도권을 잡게 된다.

✧ 자기가 나무를 심는 꿈은 / 출세할 수 있는 기반이 열리게 된다.

✧ 문간에 있는 나무에 열매가 맺은 꿈은 / 귀한 자식을 얻을 꿈이다.

✧ 나무에 사람이 올라가 있는 꿈은 / 어떤 기관에서 사업, 작품

등에 관해서 상의할 일이 있음을 통보해 온다.

◈ 나뭇가지에 매달려 물을 건너거나 뛰어오른 꿈은 / 어려운 일을 남을 통해서 극복해 나간다.

◈ 무덤 위에 나무가 서 있는 것을 본 꿈은 / 남의 도움을 받아 어떤 기관의 지도자가 된다.

◈ 쓰러지려는 나무를 버팀목으로 받쳐 놓은 꿈은 / 어려운 난관에 부딪혀도 잘 참아낸다.

◈ 나뭇가지가 부러진 꿈은 / 건강이 좋지 않아지고 믿던 사람에게서 화를 입는다.

◈ 죽은 나무가 되살아나는 꿈은 / 타격을 받았던 일이 다시 활기를 되찾는다.

◈ 거목 밑에 앉거나 서 있는 꿈은 / 제3자의 협조를 받는다.

◈ 녹색 나뭇잎을 딴 꿈은 / 공공단체에 가입하여 자신의 성실함을 인정받는다.

◈ 타인이 자기 집에 낙엽 한 짐을 짊어지고 온 꿈은 / 자기에게 자본을 댈 사람이 생긴다.

✥ 큰 나무를 짊어진 꿈은 / 재물을 얻을 꿈이다.

✥ 나무 위에서 난초가 자라고 있는 꿈은 / 자손이 많고 유복해진다.

✥ 과일이 주렁주렁 매달린 과일나무 아래에서 산책하는 꿈은 / 돈이 생기고, 사업이 활기를 띠기 시작한다.

✥ 사과나 대추 배 등의 과일이 잘 익어 보이는 꿈은 / 자손이 번성한다.

✥ 뽕나무가 꽉 찬 숲을 보는 꿈은 / 자손이 번창하고, 가세가 확장된다.

✥ 뽕나무 잎이 떨어져 보이는 꿈은 / 모든 일이 잘 안 된다. 시도하는 일마다 중도에 포기하게 된다.

✥ 대문 앞이나 앞마당에 뽕나무가 나 있는 꿈은 / 집안이 망할 징조다. 하는 일이 제대로 되지 않아 고민하게 된다.

✥ 죽순을 꺾어가지고 집으로 돌아오는 꿈은 / 아들을 낳게 된다.

✥ 나무 밑에 앉았거나 누워 있는 꿈은 / 병이 완쾌된다. 어려운 난관이 사라지고 한시름 놓게 된다.

❖ 월계수를 보는 꿈은 / 시험에 합격하며, 미혼여성은 결혼을 하게 된다.

❖ 앞마당에 대나무가 나 있는 꿈은 / 근심걱정이 사라지고 온 가족이 건강하다.

❖ 대나무 숲에서 헤매는 꿈은 / 일에 몰두하거나 마음이 안정되지 않고 항상 불안하다.

❖ 배나무를 보는 꿈은 / 싸움할 일이 생긴다.

❖ 늙은 소나무 아래에 동물이 쪼그리고 앉아 있는 꿈은 / 태몽이다. 장차 큰 인물이 될 아이가 태어난다.

❖ 여러 개의 배나무를 단계적으로 심는 꿈은 / 순리대로 사업이 이루어진다.

❖ 소나무나 대나무 등이 울창해 보이는 꿈은 / 하는 일이 모두 잘 된다.

❖ 집 안에 상록수가 보이는 꿈은 / 집안 식구 중에서 훌륭한 인재가 나온다.

❖ 떡갈나무가 커다랗게 솟아 하늘을 찌르는 꿈은 / 어려운 일이

점점 풀리고 만사가 대통한다.

◈ 소나무 가지에서 무궁화꽃이 핀 꿈은 / 사랑의 애정 문제로 번뇌하게 된다.

◈ 단풍나무를 지붕 위에 옮겨다 심는 꿈은 / 자신이 소원하는 것이 이루어진다.

◈ 버들가지가 늘어진 것을 스케치한 꿈은 / 외로운 사람을 만나 이야기를 주고받는다.

◈ 여성이 버들가지를 꺾어 든 꿈은 / 떠돌아다니는 사람을 만나게 된다.

◈ 노송 밑에 동물이 있는 꿈은 / 이것이 태몽이라면 공공단체의 지도자가 되거나 성실한 사람이 된다.

◈ 나무뿌리나 풀뿌리를 잡고 일어서는 꿈은 / 도움을 받을 사람을 찾아서 어려운 고비를 넘긴다.

◈ 방바닥에 뿌리를 박은 거목이 지붕을 뚫고 나오는 꿈은 / 사회적인 이목을 한몸에 받는다.

◈ 과일나무 아래에 앉아 있는 꿈은 / 재물이 많이 생긴다.

✥ 뽕잎이 저절로 떨어진 꿈은 / 재물의 손해를 본다. 그러나 바구니에 따 오면 사업 자금이 생긴다.

3) 곡식

✥ 곡물의 씨앗을 만지거나 보는 꿈은 / 인적 자원이나 물질적 자본이 풍부해진다.

✥ 자기가 농사를 짓는 꿈은 / 사업을 추진하거나 작품을 완성한다.

✥ 아직 벼를 심지 않은 논두렁을 혼자 걷는 꿈은 / 사업을 시작할 계획이나 회사에서 어떤 일을 추진할 계획을 세우게 된다.

✥ 논밭에서 많은 사람이 일하는 것을 본 꿈은 / 어떤 기관의 도움으로 많은 사람과 유대를 갖게 된다.

✥ 곡식이 전혀 없는 논두렁을 걷는 꿈은 / 사업체, 여건, 환경 등에 변화가 따른다.

✥ 중에게 쌀을 시주한 꿈은 / 시험에 합격한다. 잡곡을 시주하면 불합격된다.

✥ 쌀, 곡식이 집 안 가득히 쌓인 꿈은 / 상인은 대길하므로 부

자가 되거나 정신적 물질적인 사업성과를 얻는다.

◈ 탈곡하는 것을 본 꿈은 / 정신적 물리적인 자본을 얻게 된다.

◈ 들판 가득히 벼가 익은 것을 보는 꿈은 / 사업이 성공하거나 작품이 결실을 맺는다.

◈ 볏가마를 밖으로 실어낸 꿈은 / 자본의 손실이 따른다.

◈ 씨앗이 많이 달린 곡식을 본 꿈은 / 오목조목한 사업이나 학문 연구 등을 한다.

◈ 쌀이 하늘에서 눈 내리듯 쏟아진 꿈은 / 재물이 많이 생기거나 좋은 일이 있다.

◈ 쌀을 남에게 조금 준 꿈은 / 불안했던 마음이 안정된다.

◈ 벼 베는 것을 본 꿈은 / 사업이 잘 운영되어 재물을 얻는다.

◈ 물이 마른 논의 꿈은 / 재정의 결핍, 세력권 등을 나타낸다.

◈ 자기가 논에 벼를 심는 꿈은 / 멀리 외출하게 된다.

◈ 창고에 들어 있던 벼가 쌀이나 해바라기씨로 변한 꿈은 / 좋은 양서를 읽고 많은 지식을 얻는다.

◈ 곡식의 이삭을 얻는 꿈은 / 여러 방면으로 도움을 받아 자본이 생긴다.

◈ 잡곡밥을 먹는 꿈은 / 힘든 일을 하거나 하고 있는 일이 썩 마음에 내키지 않는다.

◈ 들판에 벼가 가득하나 아직 여물지 않은 꿈은 / 점차적으로 큰 부자가 된다.

◈ 다른 사람이 자기에게 쌀을 가져다 주는 꿈은 / 남의 도움으로 부자가 된다.

◈ 쌀가마나 볏섬을 다른 사람이 가져간 꿈은 / 세금을 내고 재물의 일부를 남에게 준다.

◈ 알곡식과 쭉정이를 가려낸 꿈은 / 공적인 것과 사적인 일을 구분할 일이 생긴다.

◈ 우마차로 볏단을 실어다 놓거나 몰래 갖다 놓는 꿈은 / 재물이 생기고 좋은 아이디어를 개발한다.

◈ 집 안으로 볏섬을 들여온 꿈은 / 물질적인 자본이 생긴다.

◈ 자기가 쌀 위에 앉아 있는 꿈은 / 먹고 사는 데 걱정이 없게

된다.

✧ 곡물을 저울에 달아 보이는 꿈은 / 다른 사람과 협상할 일이
생기며 그 결과는 만족스럽게 끝난다.

✧ 물이 넘쳐 남의 집 논으로 들어간 꿈은 / 재물의 손해를 보거
나 사상적 침해를 받을 일이 생긴다.

✧ 들판에 수북이 쌓인 쌀을 본 꿈은 / 부지런하고 검소하게 생
활하면 많은 재물을 모은다.

✧ 동물들이 논두렁 밑에서 우글거리는 것을 본 꿈은 / 어느 단
체의 지도자가 된다.

✧ 집 안에 짚이 쌓여 어찌할 바를 모르는 꿈은 / 집안이 차츰
기울어져 패망한다.

✧ 물방아를 보는 꿈은 / 자기보다 더 나은 사람을 만나 뜻밖에
좋은 일이 생긴다.

✧ 다른 사람에게 시켜서 농사를 짓는 꿈은 / 어려운 일이 가시
고 좋은 일이 찾아온다. 대길한 꿈이다.

✧ 탈곡을 열심히 하는 꿈은 / 미혼자는 혼담이 오고간다.

✤ 신령적인 존재에게 쌀밥을 드리는 꿈은 / 입학 시험, 고시, 취직 시험 등에서 합격한다.

✤ 계단식 논의 논두렁을 여러 사람이 따로따로 걸어가는 꿈은 / 친구를 사귀어도 일하는 분야가 각각 다르다.

✤ 곡식이 익은 들판에 세워 놓은 허수아비를 흔드는 꿈은 / 이것이 태몽이라면 그림에 관해서 공부할 자손을 얻는다.

✤ 모를 심는 꿈은 / 자신이 하고 있는 일을 다른 사람에게 널리 알리고 싶어한다.

✤ 볍씨, 밭곡식의 씨앗을 많이 취급하고 있는 꿈은 / 정신적, 물질적 자원이나 자본 등을 나타낸다.

✤ 개간을 해서 논밭을 일군 꿈은 / 개척적이며 계몽적인 일을 계획해서 추진한다.

✤ 밭이랑을 만드는 꿈은 / 여러 분야로 나누어 사업을 계획한다.

✤ 호박이나 오이 구덩이에 비료를 넣은 꿈은 / 정신적, 물질적 투자를 나타낸다.

✤ 지붕 위에 곡물의 싹이 돋아나는 꿈은 / 출세할 꿈이다. 높은

관직을 얻게 된다.

✥ 콩이나 보리쌀을 보는 꿈은 / 자손이 싸움을 하거나 병에 걸려 고생한다.

✥ 콩, 밭, 녹두 등을 먹는 꿈은 / 집안에 다툼이 있고, 자손들 간에 의가 상한다.

✥ 팥이나 콩을 휘저어 놓은 꿈은 / 집안에 화근이 생긴다.

✥ 잡곡의 이삭을 줍는 꿈은 / 자본을 얻게 되고, 사업을 무난히 이끌어 나가게 된다.

✥ 방아를 찧는 꿈은 / 정신적, 또는 물질적으로 풍부해진다.

✥ 콩을 많이 본 꿈은 / 사업성과, 작품, 재물 등을 나타낸다.

✥ 들판이나 산 속에 있는 농가로 자기가 가 보는 꿈은 / 점점 출세하여 복록을 누리게 된다.

✥ 오곡이 무성하게 보이는 꿈은 / 재물과 행운이 찾아든다.

✥ 곡물이 풍년이 들어 알찬 열매를 맺고 있는 꿈은 / 집안이 화평하고 자기의 신변이 편안하며 큰 재물이 생긴다.

❖ 숲이나 들에 곡물을 심는 꿈은 / 재물이 풍족해진다.

❖ 남이 만든 화학 비료를 이유 없이 담는 꿈은 / 남의 좋은 점을 자기가 이용한다.

❖ 여러 곡식이 자라는 밭에 수수 이삭이 여물어 가는 것이 인상적으로 보인 꿈은 / 자기 자신을 내세워 세인의 이목을 한몸에 받고 싶어한다.

❖ 수북이 쌓아 놓은 콩깍지가 썩은 꿈은 / 사업 자금, 재산 등이 탕진된다.

❖ 보리 타작을 하는데 낟알이 하나도 떨어지지 않는 꿈은 / 도박을 하여 큰 돈을 없앨 흉몽이다. 될듯 될듯 하면서도 원하는 바가 결코 이루어지지 않는다.

❖ 승려 또는 거지에게 잡곡을 시주하는 꿈은 / 시험이나 취직 면접 등에서 낙방한다.

❖ 곡물을 사방에 널어 놓은 꿈은 / 노력한 대가를 지불받게 된다.

❖ 오곡이 집 안에 가득 쌓인 꿈은 / 재판에 이기고, 재물이 불어난다.

❖ 해바라기, 참깨, 담배 등 특용작물을 본 꿈은 /·하고 있는 일이 순리대로 이루어진다.

❖ 들판에 메밀꽃이 활짝 핀 꿈은 / 하고 있는 일이 순리대로 이루어진다.

❖ 보리 이삭이 팬 꿈은 / 하고 있는 일이 어느 한계에 이른다.

❖ 전답을 파는 꿈은 / 남에게 사업 자금을 대 준다.

4) 숲

❖ 숲속을 걷는 꿈은 / 사업, 학업, 연구 등을 나타낸다.

❖ 숲속에서 꽃을 꺾어 든 꿈은 / 어떤 기관에서 자기를 남 앞에 내세우는 일이 있다.

❖ 숲속에 앉거나 누워 있는 꿈은 / 병원에 갈 일이나 사업상 조용히 기다릴 일이 생기게 된다.

❖ 나무를 베고 숲을 개간한 꿈은 / 묵은 것을 버리고 새로운 것을 개척한다.

❖ 숲속에서 냇물이 흐르는 것을 본 꿈은 / 사업, 학문 등이 순

조롭게 이루어진다.

❖ 밀림 속을 헤매는 꿈은 / 질병에 걸리거나 하고 있는 일이 난관에 부딪힌다.

❖ 망령이 손을 잡고 숲속으로 끌어들이는 꿈은 / 교양 있는 서적을 읽거나 여러 방면으로 아는 사람을 소개받게 된다.

❖ 숲속에서 거목을 베어 껍질을 벗긴 꿈은 / 어떤 단체에서 대의원 등에 출마할 추천을 받게 된다.

❖ 숲속으로 걸어 들어간 꿈은 / 견학, 직무 수행, 독서 등을 나타낸다.

❖ 산에 서 있는 나무가 허술하게 보인 꿈은 / 방어 태세가 완벽하지 않다.

❖ 들에서 나물을 캔 꿈은 / 자손에게 좋은 일이 생긴다.

❖ 개간지 한가운데서 물이 유유히 흐르는 꿈은 / 여러 가지로 자원이 풍부함을 나타낸다.

❖ 산의 숲이 우거져 보인 꿈은 / 방어 태세가 안전함을 나타낸다.

❖ 숲속의 개울에서 물고기를 잡는 꿈은 / 계획하고 있는 일을 추진하며 성과를 얻는다.

5) 채소와 과일

❖ 시장에서 채소나 과일을 사 가지고 오는 꿈은 / 직장이나 사업체 등에서 돈이나 재물, 자료 등을 얻게 된다.

❖ 시장에서 무를 사거나 밭에서 뽑아 손에 쥐었던 꿈은 / 귀여운 딸을 출산하게 된다.

❖ 무나 파밭이 무성한데, 그 옆에 배추밭이 또한 무성해 있는 꿈은 / 혼담이 오고가서 결국 성사된다.

❖ 풋고추 한두 개를 보는 꿈은 / 사내아이를 낳게 된다.

❖ 무성하게 자라고 있는 채소류를 본 꿈은 / 사업, 혼담, 계약 등이 이루어진다.

❖ 가지를 따먹는 꿈은 / 혼담이 성립되며, 임신하게 된다.

❖ 가지를 따는 꿈은 / 입신 출세한다.

❖ 가지를 다른 사람에게 주는 꿈은 / 재산이 차츰 없어져서 가

난하게 된다.

❖ 껍질을 깐 양파가 수북하게 쌓여 있는 것을 보고 사고 싶다는
생각을 했던 꿈은 / 첫딸을 낳을 태몽이다.

❖ 파나 마늘을 먹은 꿈은 / 밑에서 일하던 사람이나 동업자가
배신한다.

❖ 호박이 여기저기 많이 열린 꿈은 / 작품, 일의 성과 등을 나
타낸다.

❖ 밭의 신선한 채소를 본 꿈은 / 남을 통해서 자기 사업이 발전
한다.

❖ 채소밭에 꽃이 만발한 꿈은 / 사업 성과, 작품 등을 통해서
경사스러운 일이 있다.

❖ 뱀이 오이를 감고 있는 꿈은 / 배우자 이외의 다른 사람과 관
계를 맺게 된다.

❖ 오이를 먹는 꿈은 / 가족 중에 질병이 생긴다.

❖ 약초를 달여 먹거나 즙을 내어 먹는 꿈은 / 건강이 회복되고
근심 걱정이 없어진다.

❖ 산삼이 모자를 쓰고 산봉우리를 향해 우뚝 솟아있는데 그 곳을 둘러싸고 많은 사람이 우러러본 꿈은 / 이것이 태몽이라면 자선사업을 할 자손을 낳는다.

❖ 인삼을 얻거나 본 꿈은 / 여러 방면으로 남의 이목을 한몸에 받게 된다.

❖ 수삼이나 건삼을 많이 캐 오거나 사 온 꿈은 / 많은 재물이 생기고 여러 방면으로 가치 있는 제품이 생산된다.

❖ 고추가 집마당에 널려 있는 꿈은 / 사업을 추진하려고 여러 가지 계획을 세운다.

❖ 물에 떠 있는 시든 배추를 건진 꿈은 / 집안에 불길한 일이 있다.

❖ 해초류를 바다에서 건져 온 꿈은 / 어떤 단체에서 재물과 관계되는 일로 시비가 생긴다.

❖ 채소를 좋은 것으로 고른 꿈은 / 연구, 사업, 재물 등에 이득이 생긴다.

❖ 소금으로 배추를 절인 꿈은 / 집안에 화근이 생긴다.

❖ 바구니에 붉은 고추를 가득 따 온 꿈은 / 이것이 태몽이라면

사업, 작품 등에 관련이 있을 자손을 얻는다.

❖ 미역국을 먹는 꿈은 / 입학, 취직, 청탁 등이 자기 뜻대로 안 된다.

❖ 죽순을 꺾어 온 꿈은 / 사업 성과, 작품 발표 등의 일을 보게 된다.

❖ 죽순이 갑자기 크게 자란 꿈은 / 하고 있는 일이 자기 뜻대로 이루어진다.

❖ 집 안에 심은 과일나무에 과일이 주렁주렁 열린 꿈은 / 결혼, 사업, 작품 등을 나타낸다.

❖ 한 개뿐인 빨간 과일을 따 먹는 꿈은 / 여자를 만나거나 고시에 합격한다.

❖ 안 보이던 호도를 찾아내는 꿈은 / 뜻밖에 재물을 얻어 넉넉해진다.

❖ 귤을 먹는 꿈은 / 가까운 친구가 죽는다.

❖ 귤을 먹는데 무척 시게 느껴진 꿈은 / 손재수가 있다. 재물을 잃어버리게 된다.

❖ 다른 사람이 따 준 과일을 받아 먹는 꿈은 / 다른 사람의 청탁을 받아 주거나 계약이 성립된다.

❖ 꽃은 졌는데 열매를 맺지 않은 꿈은 / 하는 일이 발전이 없거나 궁지에 몰리게 된다.

❖ 자지가 대추를 먹는 꿈은 / 재주가 비상한 아이를 낳는다.

❖ 신선한 청과류를 많이 보유한 꿈은 / 사업 성과, 재물 등이 생긴다.

❖ 나무에 매달린 열매를 따 먹으며 선악과라고 생각하는 꿈은 / 옳고 그름을 분별할 줄 아는 판단력이 생긴다. 수도 중에 있는 사람은 깨달음을 얻는다.

❖ 많은 사람들을 초대하여 과일을 권하며 연회를 베푸는 꿈은 / 차츰 부자가 될 꿈이다.

❖ 과일을 먹는 꿈은 / 건강이 악화될 징조이다.

❖ 누런 과일과 푸른 과일을 몰래 훔친 꿈은 / 제3자를 통해서 혼담이 이루어진다.

❖ 노란꽃 화분을 방 안에 들여왔는데 열매를 맺은 꿈은 / 이것이 태몽이라면 예술 작품으로 세인의 이목을 받을 자손을 얻는

다.

✤ 풋과일을 어른이 따 줘서 먹은 꿈은 / 제대, 퇴직, 불합격 등
에 관한 일이 생긴다.

✤ 나무 중간에 열린 과일을 딴 꿈은 / 이것이 태몽이라면 별 어.
려움 없이 일을 추진해 나갈 자손을 얻는다.

✤ 혼담이나 사업상의 일로 썩은 과일을 얻어 온 꿈은 / 결혼,
사업 등이 불행을 가져온다.

✤ 전주에 달린 과일을 모르는 사람이 따다 버린 꿈은 / 계약이
깨지고 사람이 행방불명된다.

✤ 잘 익은 과일을 따 먹는 꿈은 / 좋은 일을 책임진다.

✤ 은행잎이 수북이 쌓인 것을 본 꿈은 / 재물이 생기고 작품성
과 등을 얻는다.

✤ 쪼개진 과일을 얻은 꿈은 / 확실하지 않은 사업에 손을 댄다.

✤ 산 중턱에서 과일을 따 온 꿈은 / 이것이 태몽이라면 운세가
서서히 호전되어 일을 성취시키는 자손을 얻는다.

✤ 과일을 통째로 삼킨 꿈은 / 권리, 명예 등을 얻는다.

❖ 앵도과에 속하는 작은 열매의 꿈은 / 재물, 키스, 일의 성과 등을 나타낸다.

❖ 청과류를 시장에서 사 온 꿈은 / 사업체, 단체, 기관 등에서 재물이 생긴다.

❖ 청과류의 모양이 길쭉하게 보였던 꿈은 / 일반적으로 남성을 상징한다.

❖ 자기가 과일나무 위에 올라가서 과일을 따 먹은 꿈은 / 원하던 일을 성취하게 된다. 취업이나 입학 등이 결정되고 부진했던 이성간의 사귐이 본격화되어 육체적인 결합에 성공한다.

❖ 과수원의 전경을 바라보거나 자기가 그 안으로 들어가는 꿈은 / 학문 연구나 작품 계획, 상담 등 추진하고 있던 일이 본 궤도에 오른다.

❖ 과수원이나 밭에 푸른 과일이 주렁주렁 열리는 것을 보는 꿈은 / 사업이나 하고 있는 일이 잘 되어 그 결실을 크게 맺는다.

❖ 땅에 떨어진 밤알을 주워 먹거나 한두 개를 호주머니에 넣는 꿈은 / 다른 사람과 싸움할 일이 생긴다.

❖ 밤알을 호주머니에 가득 채워 넣은 꿈은 / 상당한 재물을 얻

거나 학과성적 또는 직장에서의 근무성적이 우수해진다.

◈ 밤알을 벅찰 정도로 많이 가져온 꿈은 / 이것이 태몽이라면 부귀영화를 누릴 자손을 얻는다.

◈ 붉게 익은 사과 여러 개를 따 온 꿈은 / 여러 가지 일에 종사해서 성과를 얻는다.

◈ 사과를 먹는 꿈은 / 즐겁고 기쁜 일이 생긴다. 덜 익고 맛이 새콤한 사과를 먹으면 재판받을 일이 생긴다.

◈ 붉은 대추를 많이 따 온 꿈은 / 재물이 생기고 여러 가지로 사 업성과를 나타낸다.

◈ 잘 익은 복숭아를 얻는 꿈은 / 남녀 간의 교제가 자연스럽게 이루어지고 학생은 학업 성적이 우수해진다.

◈ 복숭아를 먹는 꿈은 / 남으로부터 비방을 듣게 되며, 걱정거리가 생긴다. 건강도 그다지 좋지 않다.

◈ 복숭아나 살구꽃이 만발한 곳을 걷는 꿈은 / 자신을 내세우거나 남녀가 관계를 맺는다.

◈ 호두알을 까먹는 꿈은 / 매사가 불쾌하고 짜증스러워진다. 그러나 그 기간은 짧다.

✥ 떨어진 연시를 주워 먹는 꿈은 / 남에게 무시당할 일이 생긴다.

✥ 여러 그루의 감나무에서 감이 떨어진 것을 주워 모은 꿈은 / 여러 기업체, 여러 작품 등에서 좋은 성과를 얻는다.

✥ 꽃이 달린 채 떨어진 풋감을 주워 담은 꿈은 / 연구 자료를 수집하거나 자본을 구하게 된다.

✥ 감나무에 오르거나 감을 따 먹는 꿈은 / 일을 단계적으로 차근차근 진행해 나간다.

✥ 감을 차에 싣고 운반한 꿈은 / 출판된 서적을 판매한다.

✥ 연시를 따 먹거나 사 먹는 꿈은 / 맡고 있는 일이 쉽게 풀리고 자기에게 이득이 있다.

✥ 곶감꽂이에서 곶감을 한 개씩 빼먹은 꿈은 / 마무리 단계에 있는 일을 맡게 된다.

✥ 감나무에 붉은 감이 주렁주렁 달려 있는 것을 정신없이 쳐다본 꿈은 / 아들을 낳을 태몽이다.

✥ 하늘에서 포도알이 떨어진 꿈은 / 이것이 태몽이라면 지도자,

교사, 작가 등의 직업을 갖는 자손을 얻는다.

✧ 포도를 많이 따 먹는 꿈은 / 헤어진 사람과 다시 만난다.

✧ 포도밭에서 가장 알이 큰 포도를 따 가지고 오는 꿈은 / 학교나 직장에서의 성적이 우수하게 평가된다.

✧ 배나무에서 배를 네 개 정도 따서 가방이나 봉지에 담아 온 꿈은 / 아들을 낳을 태몽이다.

✧ 배를 따 온 꿈은 / 이것이 태몽이라면 대범한 자손을 얻는다.

✧ 배나무의 꽃이 만발해서 달빛에 빛나는 것을 본 꿈은 / 좋은 작품을 써서 여러 사람에게 지식을 제공해 준다.

✧ 배나무에 배가 주렁주렁 달린 것을 본 꿈은 / 하고 있는 일이 순리대로 풀린다.

✧ 나무 밑에 떨어진 상수리를 많이 줍는 꿈은 / 여러 방면으로 많은 재물을 얻는다.

✧ 상수리나무를 돌로 쳐서 상수리가 우수수 쏟아진 꿈은 / 신상 문제, 체험담, 독서, 기관 재물 등과 관계된다.

✧ 뽕나무 열매를 따 가진 꿈은 / 성교, 입학, 계약, 잉태 등이

이루어진다.

◈ 모과를 따 먹는 꿈은 / 큰 재물을 얻게 되어 일약 부자가 된다.

◈ 수박을 먹는 꿈은 / 구설수가 있게 된다. 특히 이성 간의 문제로 고민한다.

◈ 석류를 먹는 꿈은 / 가족과 자손에게 좋지 못하다.

◈ 자잘한 앵두를 따서 한웅큼 쥐거나 입에 넣고 우물거린 꿈은 / 딸을 낳게 된다.

◈ 바나나들이 거꾸로 달린 밭에서 유일하게 남아 있는 푸른 바나나를 한아름 딴 꿈은 / 착하고 엄마와 유난히 사이가 좋은 아들이 태어난다.

다양한 꿈을 풀이한 꿈해몽의 결정판

88% 꿈해몽 지식사전

2025년 1월 5일 **2판 인쇄**
2025년 1월 10일 **2판 발행**

편 저 김영진
발행인 김현호
발행처 법문북스(일문판)
공급처 법률미디어

주소 서울 구로구 경인로 54길4(구로동 636-62)
전화 02)2636-2911~2, 팩스 02)2636-3012
홈페이지 www.lawb.co.kr

등록일자 1979년 8월 27일
등록번호 제5-22호

ISBN 978-89-7535-795-4 (03180)

정가 14,000원